现代政治知识评论 第2辑

社会科学的历史资源

郭台辉 主编

创于1897
商务印书馆
The Commercial Press

图书在版编目（CIP）数据

社会科学的历史资源 / 郭台辉主编. -- 北京 : 商务印书馆, 2025. -- (现代政治知识评论). -- ISBN 978-7-100-25083-2

I . C3 ; K0

中国国家版本馆 CIP 数据核字第 2025KY8282 号

现代政治知识评论（第 2 辑）

社会科学的历史资源

郭台辉 主编

商 务 印 书 馆 出 版

（北京王府井大街 36 号 邮政编码 100710）

商 务 印 书 馆 发 行

北京虎彩文化传播有限公司印刷

ISBN 978-7-100-25083-2

2025 年 6 月第 1 版　　开本 880 × 1240 1/32

2025 年 6 月第 1 次印刷　　印张 12⅛

定价：72.00 元

序　言

《社会科学的历史资源》一书承接《现代国家的基本要素》，由参与“我们一起阅·探”系列学术活动的嘉宾的精彩发言汇编而成。该系列活动由云南大学民族与边疆学部主办，郭台辉教授领衔的“云南大学哲学社会科学创新团队”负责策划与统筹协调，并携手“政治学人”微信公众号团队在线共同推出。每一期活动在线参与的观众都数以千计，内容与形式均在学术界受到了广泛关注，并取得了良好的效果。自 2023 年 4 月至 10 月，该系列活动一共举办了六期，聚焦的主题是社会科学的历史资源，尝试从不同角度与层面关注社会科学如何借用历史资源并进入历史。每一期根据具体主题的需要，邀请国内外不同学科领域的知名学者，以重大问题为导向，从阅读经典与前沿的文本切入，与文本作者一起进行“头脑风暴”，集中探讨人类文明的根本问题、中国历史与现实的重大问题以及相关的方法论问题。

本书的开篇是社会科学研究如何转向历史，关注认识论与方法论问题，接着从制度史、思想史、概念史、观念史等具体角度切入，深入讨论历史在社会科学研究过程中的重要性与多变性。通过对历史资源的再解读和创造性运用，社会科学研究者提出具有本土特色的研究方法和理论框架，提高研究的自主意识，以历史的不同进路赓续中国历史文化传统，有助于读者以“复调历史”的方式理解中国与世界。

本书共六章，分别收录其中六期学术活动的内容。

第一章的主题为“社会科学如何转向历史”。本章围绕云南大学郭台辉教授、华中师范大学李钧鹏教授编著的《历史社会学的技艺（增订本)》和郭台辉教授的《历史社会学的力量》展开讨论,南京大学郭忠华教授担任主持人。与谈嘉宾复旦大学陈明明教授以"社会科学研究的转向:以历史发展理论"为题,阐述社会科学转向历史的三种含义,以探寻历史进程的方式来寻求对事件和行为的解释;北京大学李康教授以"转向历史是为了回归社会"为题,梳理近年来中国学术界对历史社会学的讨论,进而反思历史与社会两个面向;清华大学任剑涛教授以"如何兼得历史学与社会学的优势?"为题,深刻反思当前中国历史社会学研究的"无政府主义"现状;中国人民大学王续添教授以"从对象的'历史'到方法的'历史'"为题,从对象与方法两方面区分"历史",从而对社会科学转向历史给予准确定位;华中师范大学李钧鹏教授以"知识运动视角下的历史社会学"为题,立足于知识运动的视角,讨论历史社会学如何平衡与融合历史学与社会学研究的立场和产品。

第二章的主题为"制度史如何书写"。本章围绕武汉大学张星久教授的著作《中国政治制度史》展开讨论,武汉大学刘伟教授担任主持人。与谈嘉宾中国人民大学黄晨副教授以"何种制度？谁之制度史?"为题,探讨政治制度史遇冷的根源,强调从问题导向研究制度史的议题与方法;东北师范大学刘芮方副教授以"文明史视野下的制度史书写"为题,提出以"文明"为单位来理解制度,在制度史的书写中贯彻"文明的特色",从中华文明体自身的产生、发展、演变来书写中国政治制度史;南开大学季乃礼教授以"中国制度史研究的困境与出路"为题,指出政治学应突破传统制度史的研究范式,进行跨学科交流与合作,以吸收更丰富的学术资源;山东大学王成教授以"社会科学进驻制度史的可能进路"为题,指出制度史研究需要综合政治学与历史学的前沿研究成果,社会科学进驻制度史应该把理论与方法引入制度史。

第三章的主题为"中国思想史的方法论问题"。本章围绕韩国龙仁大学张铉根教授的著作《观念的变迁:中国古代政治思想的演变》展开讨论,山东大学葛荃教授担任主持人。与谈嘉宾吉林大学孙晓春教授以“概念分析与中国政治思想史研究”为题,强调概念是政治思想的基本要素,政治思想是政治概念的载体,中国政治思想史研究需要立足于对概念的理解;中国政法大学杨阳教授以“观念史研究的政治思想史与政治文化意义”为题,辨析政治思想与政治文化之间既交叉又区隔的关系,进而探讨政治思想社会化的途径;西北政法大学张师伟教授以“中国传统政治概念体系的理论结构”为题,指出中国传统政治思想经历数千年,中国政治思想史研究要有新发展,必须关注关键概念的历史形成与变迁;东北大学颜德如教授以“‘思想史’的书写及其‘自我规训’”为题,认为思想史研究应超越简单的二分法,在研究方法上做到自上而下与自下往上相结合,只有这样才能进行多视角的书写;河北大学胥仕元教授以“观念史视域下的礼法观念变迁蠡测”为题,提出以“礼法”为抓手,带动其他观念与相关问题的研究;云南大学郭台辉教授以“思想史论域的‘中国式现代化’之争及其超越”为题,提出应立足于古今之辩,沟通中西之学,挖掘传统文化特质,促进创新性知识生产和中西平等学术对话。

第四章的主题为“如何重写西方政治思想史”。本章围绕北京大学段德敏副教授的著作《现代民主的马基雅维利时刻》展开讨论,北京大学李强教授担任主持人。与谈嘉宾天津师范大学刘训练教授以“我们今天如何研究马基雅维利”为题,分别从内外两方面阐述马基雅维利著作中关于机运—德性论题的主要概念与术语;北京航空航天大学谢惠媛教授以“西方政治思想史书写的返本与开新”为题,指出在西方政治思想史的书写中,最重要的是了解“作者”,在紧扣文本的基础上,需结合历史语境以及作者可能存在的写作技艺进行综合分析;清华大学任剑涛教授以“走向西方政治思想史的深度书写”为题，对讨论文本及现阶段西方政治思想史的研究现状提出“三个批评”，并指明“三个方向”；复旦大学任军锋教授以“西方・政治・思想・历史”为题，分析四个概念所对应的“中方・学术・实践・当代”，阐释其内在张力机理。

第五章的主题为“全球本土化的概念史”。本章围绕南京大学孙江教授的著作《人种：西方人种概念的建构、传布与解构》展开讨论，南京大学李里峰教授担任主持人。与谈嘉宾中国人民大学黄兴涛教授以“概念史研究的功夫、视野和思想关怀”为题，指出概念史研究与全球化、各个民族密切相关，并结合全球范围内的案例，从人文情感视角探讨不同族群对其他族群形象认知的变迁；北京师范大学方维规教授以“概念史及其中国实践”为题，指出以“人种”来谈论东西方文化可能是伪命题，以国外概念比附中国研究，需要审慎；河南大学张宝明教授以“人种：三重维度下的人文语义关怀”为题，运用历史主义研究方法简要介绍相关概念，进而探讨观念史与概念史的关系；南京大学李恭忠教授以“概念史与思想文化史的新境界”为题，从“概念史”的本质出发，厘清概念与观念的区别。

第六章的主题为“观念史的写法与前景”。本章围绕中山大学陈乔见教授的著作《义的谱系：中国古代的正义与公共传统》展开讨论，中山大学黄涛副教授担任主持人。与谈嘉宾华东师范大学朱承教授以“‘义’的公共维度”为题，分析公共性领域与“群”的关联，以及社会交往中的公共性问题及公私边界问题；清华大学唐文明教授以“从‘义’到‘权利’”为题，认为从“义”引申到“权利”，需要重视公共性与私人领域的边界；复旦大学李宏图教授以“观念史研究的路径与限度”为题，在梳理中外观念史研究的脉络基础上，指出每种观念史路径都有其解释限度；南京大学张凤阳教授以“观念史与概念史研究的互补性”为题，指出单一的观念单元研究存在缺陷,并认为结合概念史研究的“四化”(时间化、政治化、民主化、意识形态化)标准可以弥补不足。

本书汇集国内外顶尖学者的前沿讨论成果,涉及政治学、社会学、历史学、哲学等多个领域。这种跨学科的对话不仅可以拓宽各领域的研究视野,还有助于促进学科之间的相互理解与合作,推动综合性研究的“新文科”兴起。该系列活动的每一期围绕不同主题展开深入讨论,展示学术界对复杂社会问题的多维度分析和创新思考,部分成果已在《中国人民大学学报》《天津社会科学》《政治思想史》《上海师范大学学报(哲学社会科学版)》《学术探索》等学术期刊上发表。在此,特别感谢所有参与活动的嘉宾对“我们一起阅·探”给予的大力支持,感谢云南大学社科处提供的必要保障,感谢商务印书馆的编辑们在出版过程中付出的辛勤劳动,但文责自负。

郭台辉

2024 年 8 月 28 日星期三

目　　录

第一章
社会科学如何转向历史

时　　间: 2023 年 4 月 8 日

地　　点: 云南大学东陆校区民族政治研究院三楼会议室

主 持 人: 郭忠华(南京大学教授)

与谈嘉宾: 陈明明(复旦大学教授)

李　康(北京大学教授)

任剑涛(清华大学教授)

王续添(中国人民大学教授)

李钧鹏(华中师范大学教授)

阅读文本: 郭台辉、李钧鹏编著,《历史社会学的技艺(增订本)》,商务印书馆 2022 年版

郭台辉,《历史社会学的力量》,商务印书馆 2021 年版

与谈作者: 郭台辉(云南大学教授)

主持人语*

郭忠华

建构中国自主的知识体系时下已成为推动中国特色哲学社会科学发展的基本目标。从历史上来看，这一目标所因应的是我国社会科学的建立和发展方式。我国社会科学兴起于 19 世纪末 20 世纪初，主要通过移植西方社会科学知识而得以建立。这种方式尽管使我国在较短时间内建立起相对完备的社会科学知识体系，但也导致诸多问题，其中之一就是对西方社会科学知识的依附及与本民族历史的脱节。从社会科学知识自主性的角度而言，只有建立在本民族历史基础上的知识体系，才是真正的自主知识体系，以移植性知识为基础的知识体系只能导致依附。基于对这一事实的认知，近年来，“走入历史”成为我国社会科学研究的明显趋势。尤其是以“历史政治学”为代表的研究潮流的兴起，在推动中国社会科学研究走入历史方面做出了重要努力。走入历史，就是要建立与中国历史相一致的社会科学知识体系。不可否认，中国社会科学研究走入历史的时间并不长，对诸多重要方面还缺乏理解。时下，尚很少有人从理论上解答社会科学研究为什么要走入历史和走入何种历史，很少有人对中国社会科学走入历史的过程和现状进行总结。本次研讨会着眼于使中国社会科学研究在走入历史的过程中变得

* 本次发言经整理后，以论文形式发表，参见郭忠华：《社会科学研究走入历史的理论基础与本土实践》，《中国人民大学学报》2024 年第 3 期。

更加自觉，从而进一步推动中国社会科学自主知识体系建构。为了从理论上回答“社会科学研究为什么要走入历史和走入何种历史”“中国社会科学走入历史的过程是怎样的”以及“中国社会科学走入历史的前景如何”等问题，我谈下自己的看法，权作抛砖引玉之用。

第一个问题是：社会科学研究为何要走入历史？社会科学研究走入历史，以社会科学与历史学存在不同的研究旨趣为前提。社会科学兴起于19世纪的西方学术界，是知识学科化和专门化发展的产物。实际上，历史学最初与政治学、社会学、人类学、经济学一起，也被纳入社会科学的范畴。但两者由于旨趣的差异而渐行渐远。这种差异体现于四个方面：一是在研究目标上，社会科学追求发现制约人类行为的普遍性法则，历史学则追求还原历史事实；二是在研究对象上，社会科学出于分析的需要而认为有必要将人类现实分成不同部类，历史学则反对这种分割，强调历史过程的整体性；三是在研究方法上，社会科学在研究过程中强调采用严格的科学方法，包括以理论为基础提出假设、严格的定量程序等，历史学则偏重文献和档案研究，计量史学即使在今天仍然地位尴尬；四是在研究资料上，社会科学偏爱通过系统方法来获得证据（如调查数据）和通过受控观察获得资料，不大喜欢普通文献及其他残剩资料，历史学则对后者情有独钟。[①] 不可否认，社会科学在其最初发展阶段更受当时一日千里的自然科学发展的影响，“科学”思维在研究过程中占据支配地位，而以涂尔干（Émile Durkheim）为代表的实证研究则是这种追求的早期典范。社会科学与历史学的分野正如吉登斯（Anthony Giddens）所指出的：“社会学家乐于把时间上的演进留给历史学家来研究，而作为交易的另一方，历史学家则把社会体系的结构性

① 参见华勒斯坦等：《开放社会科学》，刘峰译，生活·读书·新知三联书店1997年版，第8—9页。

特征留给社会学家。”[①]

然而，社会科学研究纯粹“科学”的追求很快被证明并不可行，这是历史唯物主义的规律使然。社会科学研究的对象是“社会”本身，社会则由“人”构成，作为研究对象的人不仅具有能动性和价值性，而且以之为基础的社会也具有历史延续性，社会科学研究不能只是对当下进行“横截面”或“拍快照”式的研究。社会无法切断与历史的关联，社会科学研究也无法不顾及历史的存在。在把历史带入社会科学研究方面，以韦伯(Max Weber)等为代表的经典思想家率先做出示范。韦伯不仅将价值、文化因素带入社会科学研究的视野，而且强调历史阐释在社会科学研究中的重要性。在他看来：“不论在何种情况下，对个人的社会条件及其持续存在的原因进行经验—心理的分析或历史的分析，除了进行‘理解’式的解释(understanding explanation)外，不会有任何收获。这一点丝毫不可以忽视。”[②]韦伯的《新教伦理与资本主义精神》正是其从历史文化角度对现代资本主义兴起做出解释的典范。到了20世纪中期，“历史”对于社会科学研究的重要性在西方已得到广泛承认。以历史社会学、历史制度主义等的制度化(学术团体、期刊、课程、职业市场)作为标志，历史正式成为社会科学研究中不可或缺的元素。[③] 根据丹尼斯·史密斯(Dennis Smith)的观点，西方历史社会学经历了三个发展阶段：第一阶段从20世纪50年代到60年代中期，以塔尔科特·帕森斯(Talcott Parsons)、T. H. 马歇尔(Thomas Humphrey

① Anthony Giddens, *Central Problems in Social Theory*, London: Macmillan, 1979, p. 8.

② Max Weber, *The Methodology of Social Sciences*, Glencoe: The Free Press, 1949, pp. 13-14.

③ Charles Tilly, "Future history", *Theory and Society*, Vol. 17, No. 5, 1988, pp. 703-712.

Marshall)、莱因哈德·本迪克斯(Reinhard Bendix)、塞缪尔·艾森斯塔德(Samuel Eisenstadt)和西摩·李普塞特(Seymour M. Lipset)等思想家为代表,所针对的主要是极权主义;第二阶段从20世纪60年代到80年代,以查尔斯·蒂利(Charles Tilly)、西达·斯考切波(Theda Skocpol)为代表,所针对的是当时此起彼伏的新社会运动(如女权运动、民权运动);第三阶段与第二阶段存在时间重叠,从20世纪70年代末延伸到90年代,以佩里·安德森(Perry Anderson)、伊曼纽尔·沃勒斯坦(Immanuel Wallerstein)、迈克尔·曼(Michael Mann)、安东尼·吉登斯等为代表,所针对的主要是后冷战时代的世界格局。① 社会科学研究走入历史,不是要使自身变成历史研究,而是要借助历史的意识和资源来实现对重大社会变迁的理解。历史社会学的兴起是社会科学研究走入历史的重要标志。丹尼斯·史密斯指出:"历史社会学是对过去进行研究,目的在于探索社会是如何运作与变迁的。"②著名历史社会学家理查德·拉赫曼(Richard Rahman)认为,历史社会学研究需要做到以下几点:一是区分无关紧要的人类日常活动与改变社会结构的罕见时刻;二是解释具有变革性的事件在特定时间和地点发生,而并非发生在别时他处的原因;三是揭示一个事件如何引发其后事件。③ 可见,社会科学研究走入历史并非无的放矢,而是带有明确的目的性:凭借历史来理解当代社会中具有非凡意义和深远影响的那些内容。具体而言,社会科学研究走入历史包括三个方面的含义:第一个是立场方面的,认为社会变迁具有延续性,需要将当前社会置于历史和结

---

① 参见丹尼斯·史密斯:《历史社会学的兴起》,周辉荣等译,上海人民出版社2000年版,第6—9页。

② 丹尼斯·史密斯:《历史社会学的兴起》,第4页。

③ 参见理查德·拉赫曼:《历史社会学概论》,赵莉妍译,商务印书馆2017年版,第12页。

构的视野下加以考察;第二个是方法论方面的,认为社会科学研究需要借鉴历史学的研究方法,通过对历史学方法的创造性改造来满足自身的解释要求;第三个是目标方面的,历史解释服务于理论建构的目标,即通过提炼历史进程中的规律性要素来获得对于社会变迁的理论认识。历史学侧重于对历史本身的理解,个案延展通常遭到抵制;但在社会科学研究中,共性的重要程度高于个性,社会科学研究试图通过对历史个案的解释来创建理论,从而解释更多的个案以及共性与个性的各自成因。

社会科学研究走入历史是以现代性的时间观念作为基础的。为理解现代性的时间观念,吉登斯在"历史"(history)与"历史性"(historicity)之间进行了区分:前者表示"时间流逝之中事件的发生;对这些事件的编年记载或解释说明"①;后者则表示"利用过去来帮助构筑现在……运用过去的知识作为与过去决裂的手段,或者,仅仅保留那些在原则上被证明是合理的东西"②。从时间观念上来看,历史表示人类在时间流逝中的"度过",过去的时间支配和主宰着当下与未来,体现在传统、宗教等的支配上;历史性则表明当下和未来支配过去,过去仅仅是帮助构建现在和未来的资源。前者反映了前现代社会的时间观念,后者则反映了现代性的时间观念,并且本质上是西方启蒙运动以来的一种现象。社会科学是现代性进程中的伴生物,从源头上讲,社会科学研究走入历史,也是"历史性"的体现。但必须注意的是,这种立场并不是把历史当作任人编织的发辫,对于历史事实的尊重是走入历史的基本要求。或者可以说,社会科学研究走入历史,就是要在长周期、扎

---

① 安东尼·吉登斯:《社会的构成》,李猛译,生活·读书·新知三联书店 1998 年版,第 308 页。

② 安东尼·吉登斯:《现代性的后果》,田禾译,译林出版社 2000 年版,第 44 页。

实史料的基础上理解社会发展规律，这是唯物史观在社会科学研究中的要求和体现。

至此，我们可以对社会科学研究走入历史的原因做出总结：社会科学研究走入历史以两者所具有的不同学术旨趣作为基础，社会科学旨在通过汲取历史学的方法、视野和史实来补齐自身的短板。走入历史不是要使社会科学变成历史学，而是为了使社会科学更好地服务现实和未来。

第二个问题是：社会科学研究要走入何种历史？这并非简单的问题。因为不仅社会科学包含众多学科，而且历史也是多面的，比如，在领域上包括经济史、政治史、社会史等；在主体上包括帝王史、民族史、百姓史等；在地域上包括国家史、地区史、城市史等。历史的多面性意味着社会科学研究所走入的历史是具有高度选择性的。实际上，走入历史的内容并非由历史所决定，而是由社会科学研究者面临的重大现实问题所决定。克雷格·卡尔霍恩(Craig Calhoun)在谈到历史社会学的存在意义时指出："历史社会学因何存在？最具有说服力的理由便是它在研究社会变革方面拥有的重大意义。"①走入历史就是要通过历史来理解当下事实与此前历史之间的关联。在吉登斯看来，社会学研究应该具有三种想象力，即历史的想象力、人类学的想象力和批判的想象力。他认为，只有通过历史的想象力，我们才能够理解今天的社会与此前社会存在多大的不同。② 历史的想象力立足于研究者所面临的重大现实问题，旨在通过历史来形成更好的理解。历史的想象力要求研

---

① Craig Calhoun, "Afterword: Why Historical Sociology?", in Gerard Delanty and Engin F. Isin (eds.), *Handbook of Historical Sociology*, London: Sage Publications, Ltd., 2003, p. 393.

② 参见安东尼·吉登斯：《批判的社会学导论》，郭忠华译，上海译文出版社 2007 年版，第 9—10 页。

究者把当前重大社会变革置于历史的时间序列中，依托其在时间中的位置、相对于其他事件的进程或一系列事件来确定其意义。一些事件（如战争、饥荒、瘟疫）即使类似，但由于其在系列事件中的位置不同，导致的结果也不同。因此，走入历史首先是让现实事件回归历史，通过历史的想象力来确定重大社会事件在历史时间中的位置，这是社会科学研究走入历史的第一个步骤。

以历史来理解和构建现实，即通过对历史的理解来认识当下走向良善社会所遇到的问题和寻找解决的方案。这是社会科学研究走入历史时的目标和关怀。正如之前的观点已经表明的，历史社会科学建立在“历史性”时间观的基础上，旨在引导人们更好地认识当下和走向未来。从这一点而言，历史社会科学本质上是未来导向的，它旨在探求社会自身延续和变化的深层机制，探求使人类抱负受阻或实现的深层社会结构。历史社会科学的这种价值取向既体现在以马克思、涂尔干和韦伯为代表的经典思想家那里，也体现在当代西方历史社会科学那里。面对18世纪资本主义蓬勃发展及其表现出来的种种问题，三位思想家不约而同地诉诸历史，试图从历史经验中找到有关资本主义兴起的解释，并从历史延续性中找到克服资本主义问题和建立良善社会的方案。[①] 在探讨西方历史社会学的发展时，丹尼斯·史密斯把它与自由、平等、正义等目标关联在一起，认为历史社会学就是要“探究人们试图实现或阻碍自由、平等、公正等价值观的活动的社会前提条件与社会后果”[②]。历史社会学的三波发展，表明当时的思想家旨在解决极权主义、新社会运动和后冷战格局对“资本主义民主”所造成的冲击问题，目

① 参见安东尼·吉登斯：《资本主义与现代社会理论：对马克思、涂尔干和韦伯著作的分析》，郭忠华、潘华凌译，上海译文出版社2007年版。

② 丹尼斯·史密斯：《历史社会学的兴起》，第1—2页。

的在于使资本主义民主行稳致远。史密斯的观点表明了西方历史社会学旨在解决的问题。中国社会科学研究走入历史，显然不是为了探讨资本主义民主所遇到的问题和寻求解决方法，但在诉诸历史来实现良善社会这一点上，却是共通的。

以前述时间观和目标定位作为基础，第三个问题是：社会科学研究在走入历史的过程中主要从事哪些活动？这一问题与研究者的学术角色和治学方式密切相关。在学术角色方面，存在着体制内学者和体制外学者的区分，前者在学术机构中担任领导者或骨干成员，部分甚至在国家机构中担任领导角色；后者则主要是与体制不存在多大关联的自在自为者。角色的差异在很大程度上影响了个人的治学方式：体制内学者积极“介入”现实政治，从历史的角度对体制的合理性和现实状况进行辩护；反之，体制外学者则容易采取“超然”或“批判”的治学方式，从历史的角度对现实体制的不足进行冷静观察，甚至进行猛烈批判。没有哪一种角色或治学方式一定优于其他角色或治学方式，而是各有其合理性。根据超然抑或介入、辩护抑或批判的标准，可以把社会科学研究者划分成四种类型：科学家（高度超然）、检察官（在超然与介入之间保持平衡）、鼓吹家（辩护式介入）和批判者（批判式介入）。[①] 四种类型的研究者从事的活动亦存在差异。比如，鼓吹家热衷于从历史的视角对当前体制和社会现实进行合法性论证，典型例子如李普塞特；检察官尽管介入现实，但也注重理论提炼，典型的例子如 T. H. 马歇尔；批判者热衷于从历史视角对重大社会问题进行批判，较为典型的例子如诺伯特·埃利亚斯（Norbert Elias）；相对而言，科学家则热衷于从历史

---

① 丹尼斯·史密斯根据自己所分析的 18 位历史社会学家的学术倾向，把他们划分成“明察秋毫的检察官”“有倾向的内行证人”“科学家”“鼓吹家”四种类型。但“有倾向的内行证人”与“鼓吹家”之间并无太大差异，这种划分反而忽略了持批判立场的那一部分人。参见丹尼斯·史密斯：《历史社会学的兴起》，第 214—215 页。

视角对重大社会变迁进行理论建构，将社会个案上升为具有普遍解释力的理论，典型的例子如吉登斯和帕森斯。这当然是一种韦伯意义上的“理想类型”，很少有学者纯粹属于哪种类型，而是可能兼有多重角色。从历时的角度来看，一种角色类型的学者很可能随时间的变化而发生角色和治学方式的转变。由于检察官类型介于介入与超然之间，他们从事的活动因此也与其他三种类型存在重合之处。总体而言，前述四种类型的角色划分导致社会科学研究在走入历史时主要从事三种活动。

第一，为现实提供辩护，即从历史的角度为社会现实寻找合理性依据。不论在中国还是西方学术界，从事此类活动者总是大有人在。比如，乾嘉时期，为论证清政权的政治合法性，知识界曾出现过一种以扬州学派为代表的“异族正统论”，它倒转传统华夷之辨的立场，在政治和文化立场上为异族政权的合法性进行辩护。比如，把清朝的根源追溯至宋金时期，认为宋高宗曾向金朝称臣，从而否定南宋政权的正统性而为清政权的正统性张目。① 在西方学术界，从宗教、历史等立场为西方政治价值的优越性进行辩护者亦不乏其人。

第二，与第一种立场相反，以历史为基础对现实进行批判性审视。较之于前一种立场，站在本立场上的历史社会科学研究更注重表明现实缺陷的历史根源。持这种立场者在中外学术界同样大有人在。比如，面对清中期乾隆盛世后存在的各种问题，以魏源、冯桂芬和陈鼎为代表的知识分子从历史的角度进行反思，并提出其发展构想。针对清政府的权力集中与腐败问题，在魏源、冯桂芬看来，高度的权力集中滋生腐败，频繁的文字狱则使知识界变得万马齐喑，但历史经验证明，一

① 参见刘浦江：《正统与华夷：中国传统政治文化研究》，中华书局2017年版，第173—203页。

个稳定而繁荣的王朝必须发挥知识精英的政治参与功能，在政治参与、政治竞争与政治控制之间保持平衡。面对乾隆时期的财政挥霍和浪费，陈鼎则从历史经验的角度证明，国家的税收负担必须保持在民众能够承受的范围之内，否则将导致政治稳定问题的出现。[①] 在西方学术界，对现实持批判态度者亦不胜枚举。比如，鲍曼（Zygmunt Bauman）在《现代性与大屠杀》一书中对西方现代性的问题性所做的反思性批判、法兰克福学派对西方启蒙理性的问题性所做的反思性批判等。

第三，以历史为基础的社会科学理论建构。前两种活动都与现实保持着密切的联系。相对而言，部分学者则把重点放在理论建构上，通过透视长周期的历史变迁来提炼具有普遍意义的社会科学理论。比如，英国社会学家 T. H. 马歇尔对于公民身份（citizenship）理论的建构。1949 年，马歇尔在剑桥大学发表主题为“公民身份与社会阶级”的演讲，并很快出书。在该书中，马歇尔以英国的历史经验作为基础，将公民权利（citizenship rights）与现代国家建构之间的关系演进划分成三个阶段：第一阶段是 18 世纪民事权利（civil rights）的发展，与之相应的现代国家建构体现在法院等司法机构的建立上；第二阶段是 19 世纪政治权利（political rights）的发展，与之相应的现代国家建构体现在议会等代议机构的建立上；第三阶段是 20 世纪上半期社会权利（social rights）的发展，与之相应的现代国家建构体现在教育、养老等社会保障机构的建立上。[②] 通过长时段的历史经验总结，马歇尔建立起一种完备的公民身份理论。类似的情况也体现在吉登斯有关军事暴力与国家形态的演进关系的论述上，与冷兵器时代相适应的是传统国家形态，近

① 参见孔飞力：《中国现代国家的起源》，陈兼、陈之宏译，生活·读书·新知三联书店 2013 年版。

② 参见郭忠华、刘训练编：《公民身份与社会阶级》，江苏人民出版社 2007 年版，第 7—8 页。

代军事改革导致了绝对主义国家形态的诞生，军事工业化的发展则标志着民族国家阶段的到来。[①]

合法性辩护、批判性审视和理论建构，构成了社会科学研究走入历史的三种主要活动。没有哪一种活动一定优于其他活动，毋宁说社会科学在走入历史的过程中需要在三者之间保持平衡：合法性辩护使人看到社会进步并保持乐观，批判性审视使人看到现实中存在的问题并时刻保持警醒，理论建构则使人能够超越纷繁的现象而看到内在的本质。

第四个问题是：中国社会科学研究是怎样走入历史的？

在中国，尽管从历史角度进行社会科学研究的成果时有出现，但历史社会科学作为一种明确研究意识的兴起却至今不会超过 30 年，其间经历过若干发展阶段，反映出中国历史社会科学研究的发展轨迹。

第一个阶段是历史制度主义、历史社会学在中国的兴起。在西方学术界，历史制度主义首先是经济学领域中发展起来的一个学术派别，以道格拉斯·诺斯(Douglass Cecil North)、罗纳德·科斯(Ronald Harry Coase)等为代表。随即历史制度主义被引入政治学研究，以西达·斯考切波、彼得·卡赞斯坦(Peter Kazanstein)等为代表。历史制度主义一方面继承了旧制度主义对于“国家”“政府”等正式制度的重视，另一方面又继承了 20 世纪上半期结构主义对于“结构”的重视。与新制度主义家族中的理性选择和社会学制度主义相比，历史制度主义强调从“历史”而非个体理性、利益的角度来解释政治制度的形成和演化，初始制度选择、历史结构、路径依赖是其做出解释的重要机制。正

① Anthony Giddens, *Nation-State and Violence*, Cambridge: Polity Press, 1985.

因为如此，历史制度主义被看作具有明显的“历史决定论”特征。[①] 对于政治学科而言，历史制度主义与历史社会学之间通常并不存在明显的区分，斯考切波、查尔斯·蒂利等“回归国家”学派的代表人物既被看作历史制度主义的代表人物，也被看作历史社会学的代表人物，两者分享了一个共同的解释立场——从“历史”的角度从事社会科学研究。

历史制度主义、历史社会学在中国的兴起主要是20世纪末和21世纪初的事情，很大程度上是作为一种学术潮流而被引入的。20世纪90年代，随着道格拉斯·诺斯、罗纳德·科斯和阿门·阿尔钦（Amen Alcin）等人的著作被大量翻译成中文，历史制度主义率先在中国经济学界崛起，并受到广泛重视。诺斯等的作品在政治学界同样受到优待，《西方世界的兴起》《经济史中的结构与变迁》等著作为中国政治学人理解西方现代国家的兴起提供了新的视角。但在政治学、社会学领域，以斯考切波、查尔斯·蒂利和彼得·埃文斯（Peter Evans）等为代表的“回归国家”学派的作品更受重视。这一学派成功地使学术研究的关注点从“社会中心论”转向对“国家”的重视[②]，从而更加切合政治学的研究旨趣。“回归国家”是一个群星璀璨的学术派别，其中的一部分作者被归结到历史制度主义者的阵营，大部分人则被看作历史社会学队伍中的重要成员。随着“回归国家”学派的作品被大量翻译成中文，历史制度主义和历史社会学也成为中国社会科学界的重要主题，有关这一学术思潮的介绍和研究成果大量涌现。这些学术思潮的兴起起初尽管

---

① Vivien Schmidt, “Institutionalism”, in Colin Hay, Michael Lister and David March (eds.), *The State: Theories and Issues*, London: Palgrave Macmillan, 2006, pp. 114-115.

② 参见西达·斯考克波：《找回国家——当前研究的战略分析》，载彼得·埃文斯、迪特里希·鲁施迈耶、西达·斯考克波编：《找回国家》，方力维、莫宜端、黄琪轩等译，生活·读书·新知三联书店2009年版，第3—5页。

与中国社会科学研究的历史转向不存在多大关联，但随着作为学术思潮的色彩淡化，它们作为一种研究思维为中国社会科学研究的历史转向带来重要启发，越来越多的研究者开始从历史制度主义、历史社会学的视角来理解中国国家建构、社会变迁等主题。其时，它们与中国社会科学走入历史的大趋势融合在一起，成为社会科学研究走入历史潮流中的重要组成部分。与对西方历史社会学著作的译介联系在一起的，还包括近年来海外华裔学者的研究成果在中国的影响。这些学者大多出生在中国，早期在国内接受教育，对中国历史具有切身的感知，然后再留学西方国家，接受严格的社会科学研究训练，比如赵鼎新、王裕华、李怀印等人，他们的著作近年来在国内产生了较大的影响。这些成果具有某些共同的特征，包括以中国历史作为对象，以量化研究等作为方法，旨在通过对较长历史周期的考察来得出普遍性理论。比如，赵鼎新研究“儒法国家”的历史形成及其内在韧性，表明传统中国是一种将政治力量与意识形态力量融为一体、军事权力受到严格控制、经济权力则被边缘化的“儒法国家”。[①] 王裕华以国家精英与地方社团之间的不同关系模型作为基础，阐明跨地区亲缘网络对中国古代国家建设的重要性。[②] 这些著作是社会科学研究转向历史的代表性作品，在启发国内社会科学研究的历史转向方面具有较强的借鉴意义。但由于它们在研究方法上对量化等科学方法的过分强调，也存在脱离历史语境的风险。

第二个阶段是概念史、观念史研究在中国的发展。概念史研究兴起于20世纪中期的德国，以莱因哈特·科塞勒克(Reinhart Koselleck)等人为代表。立足于基础概念是时代精神的结晶这一立场，概念史旨

① 参见赵鼎新：《儒法国家：中国历史新论》，徐峰、巨桐译，浙江大学出版社2022年版，第14页。

② 王裕华：《血浓于水：精英亲缘网络与古代中国的国家建设》，《经济与社会体制比较》2022年第6期。

在通过对历史上的基础概念的研究来理解其所处时代的历史状况。科塞勒克在《历史性基础概念》一书的导论中，提出了概念史研究的“四化”标准，即概念的民主化、时间化、意识形态化和政治化。[①] 概念史研究随后从德国扩展到拉美、东亚等其他地方，成为流行于全世界的一种学术潮流。相对于概念史集中于“概念”而言，观念史研究则把“观念”作为常数，探讨形形色色的观念在历史中的演变方式，以美国哲学家阿瑟·洛夫乔伊（Arthur Oncken Lovejoy）的《存在之链》《观念史论文集》等为代表。与概念史、观念史研究相伴而行的还有另外一个影子，那就是以昆廷·斯金纳（Quentin Skinner）等为代表的“剑桥政治思想史”研究。概念史、观念史和政治思想史研究尽管都被冠以“历史”之名，但各自存在着不同的侧重：概念史研究以“概念”为基础，取道概念路径来理解历史；观念史以“观念”为基础，探讨观念的历史演化；政治思想史则以“人物”作为切入点，考察特定历史背景下的人物思想演变或人物思想所反映出来的特定历史。当然，三者之间也彼此纠缠：概念史研究离不开观念和思想，观念史研究离不开核心概念和人物，而思想史研究最终也会落实到概念和观念上来。

概念史、观念史研究在中国的兴起是进入 21 世纪以后的事情。随着方维规等留德学者、孙江等留日学者的回国，他们也将概念史研究带回中国，后者创办的《亚洲概念史研究》集刊则成为亚洲概念史研究的理论阵地。近年来，概念史研究成为中国学术界的一种重要潮流，出现大批有关概念史研究的著作。尤其是孙江主编的“学衡尔雅文库”，规划以一百个关键概念为基础出版系列专著，成为概念史研究之集大成者。除此之外，观念史研究也同样得到发展，尤其是金观涛、刘青峰的

---

① 参见孙江：《重审中国的“近代”：在思想与社会之间》，社会科学文献出版社 2018 年版，第 357 页。

《观念史研究》[1]在中国学术界有着广泛的影响。相对而言，政治思想史研究一直是中国政治学界的“保留曲目”，但随着概念史、观念史等潮流的引入，传统政治思想史研究与之结合而出现新的调整，文化关键词、观念史等在思想史研究中也有所呈现。概念史、观念史研究在中国的兴起，与历史社会科学研究意识的兴起并不存在多大关联，而且它们在身份上也更多把自身看作“历史”研究。但随着越来越多社会科学研究者的加入，其社会科学的导向也有所显现，呈现出以概念史、观念史研究为基础的理论升华和理论建构倾向。

第三个阶段是历史政治学在中国的兴起。相对于前述学术思潮而言，历史政治学是一种土生土长的学术潮流。“历史政治学”的概念起源可以追溯到2013年前后，但它作为一种明确学术潮流的兴起则是在2019年。杨光斌发表的《什么是历史政治学?》一文，就历史政治学在中国发展的缘由、历史政治学的独特身份和理论旨趣等问题进行全面阐述，充当了历史政治学公开树立的一面旗帜。时至今日，历史政治学已从最初的理论阐发拓展到人才培养、咨政建言等领域，其在中国政治学界声誉日隆。具体而言，在历史政治学看来，西方政治科学建立在“理性人”假设的基础上，但这一假设不适合解释中国政治，中国历史所呈现出来的深厚政治史、国家史特性意味着，历史不只是历史学的研究对象，更是政治学的研究对象，历史政治学从而被定位为“一种为中国政治研究量身定制的理论和方法”[2]。这意味着，历史政治学对于中国政治研究具有“本体论意义”。历史政治学立足“中华文明基体论”“以中国为中心”“以中国为方法”的立场，力图从中国历史延续性的角度对当下中国政治价值、政治制度和政治行为作出解释。除方法论层面的

---

① 金观涛、刘青峰:《观念史研究》，中国政法大学出版社2009年版。

② 杨光斌:《什么是历史政治学?》，《中国政治学》2019年第2辑。

阐释外，历史政治学的理论建构还溢出到中国乃至世界政治学知识体系的重建等主题，形成了一个庞大的理论体系。[①]

时下，历史政治学所形成的影响已无可置疑。但随着影响的增大，它也遭到一些质疑。如有学者认为，历史政治学过于把目标定位于服务中国现实政治、局限于解释中国政治实践，从而限制了其可能的发展空间，并且导致中西学术交流上的障碍等[②]；还有学者认为，历史政治学存在着扭曲历史的风险，体现在历史与其完整而统一的经验基础相脱离、统一的历史被割裂等问题上[③]。从中国社会科学研究范式的转变而言，历史政治学所发挥的作用值得肯定。与前述几种发展潮流不同，历史政治学是第一次有意识地把本土历史带入社会科学研究的尝试，促进了中国社会科学研究的历史转向。

第五个问题是：中国社会科学走入历史的前景如何？

从前述内容可以看出，作为一种明确的意识，中国社会科学研究走入历史的时间相当短暂。不论是历史制度主义、历史社会学，还是概念史、观念史，它们最初都是作为学术思潮而被引入中国的，与历史社会科学研究的意识没有多大的关联。真正以历史为导向的社会科学研究的兴起主要是近几年的事情，与杨光斌等推动的“历史政治学”研究存在着密切的关联。经过数年的发展，不仅历史政治学成为中国社会科学研究的重要潮流，而且还将历史制度主义、历史社会学等外来思潮转变成历史社会科学研究的视野和方法，使社会科学研究的历史转向表

---

① 杨光斌：《历史政治学视野下的中国当代政治发展》，《政治学研究》2019 年第 5 期；《以中国为方法的政治学》，《中国社会科学》2019 年第 10 期；《历史政治学的知识主体性及其社会科学意涵》，《政治学研究》2021 年第 1 期；《历史政治学与中国政治学知识体系问题》，《中国政治学》2022 年第 2 辑。

② 徐忱：《浅议历史政治学的困境》，《中国社会科学报》2020 年 5 月 13 日。

③ 张树平：《政治学理论建构中的经验、历史与逻辑——对历史政治学发展的一项阶段性评估》，《政治学研究》2022 年第 1 期。

现出多元化色彩。时下，历史社会科学研究已无可否认地成为中国社会科学界的基本意识。这既体现在近年来涌现的诸多历史导向的学术成果上，也体现在近年来呈现的诸多活动上。就前者而言，近年来，不仅主流学术期刊上有关历史进路的社会科学研究成果大量涌现，而且还策划出版了"历史政治学与中国政治学自主知识体系论丛"（中国人民大学出版社）。就后者而言，既体现在历史导向的诸多社会科学学术会议上，也体现在以历史政治学为主题的人才培养上。可以预期，中国社会科学研究的历史转向趋势将会进一步增强；通过发展扎根于本土历史的社会科学研究，中国社会科学也将变得更加完善。

但不可否认，中国社会科学研究在走入历史的过程中也存在诸多问题，可以归结为以下几个方面。第一，社会科学走入历史的内容具有多维性，包括为现实存在提供合法性辩护、对现实存在进行批判性审视和从长历史周期角度进行理论建构。就当前情况而言，如果说历史政治学代表了中国社会科学研究走入历史的主流，那么，这一转向便主要集中在第一种内容上，后两种内容得到的关注则明显不足。为现实寻找合法性、合理性固然重要，它可以使我们明白中国如何一路走来，但这不等于社会科学走入历史的全部，批判性思维和理论建构同样重要，只有从更加宽广的视野走入历史，历史社会科学研究才有望得到更加全面的发展。第二，就"历史"的内容而言，社会科学研究走入历史尽管不是为了稽查历史的本来面目，但也绝不意味着可以对历史进行任意裁剪，而是必须在尊重史实的基础上进行社会科学研究。在这一方面，已有不少学者指出，社会科学研究在走入历史的过程中需要避免扭曲历史、剪裁历史的风险[①]；需要有史料鉴别能力，避免用非专业史学的

① 张树平：《政治学理论建构中的经验、历史与逻辑——对历史政治学发展的一项阶段性评估》，《政治学研究》2022年第1期。

研究成果(如儒家文化或中国哲学史研究成果)来取代专业史学的研究成果;需要避免将历史抽象化、工具化和“去历史化”的问题。[①] 第三,历史社会科学研究固然具有资政、资治的功能,但这种功能必须以客观的学术研究所获得的知识作为前提,不能出于资政的目的而消解了学术本身的追求。[②] 第四,涉及中外社会科学知识交流的问题。对中华文明基体的强调容易导致对“中国特色”的过度强调,从而忽视与世界其他国家的正常知识交流,造成中西方社会科学的阵营化和彼此隔阂。

不论对哪一个国家而言,社会科学研究都必须深深扎根于本国的历史和现实,为该国迈向良善社会贡献智慧。这一点对中国社会科学同样如此。从根本上说,中国社会科学必须为建设社会主义现代化强国提供智力支持。但能否做到这一点,又以中国社会科学能否建立起符合中国实际的自主知识体系作为前提。可以说,社会主义现代化强国是中国社会科学研究的基本目标,建立社会科学的自主知识体系则是中国社会科学研究的直接目标。前者为后者提供发展动力,后者则为前者提供理论支持。从历史来看,中国社会科学建立于 20 世纪的转折时期,主要建立在移植西方社会科学概念和理论的基础上。这种发展路径尽管有其历史原因,但也导致了习近平总书记所指出的问题:“在解读中国实践、构建中国理论上,我们应该最有发言权,但实际上我国哲学社会科学在国际上的声音还比较小,还处于有理说不出、说了传不开的境地。”[③]“有理说不出、说了传不开”是中国社会科学所面临的现实困境。只有建立切合中国实际的自主知识体系,这一困境才能从根本上得到破除。而要做到这一点,则必须使社会科学研究从对外来

① 杨阳:《历史真实、世界视野与现代价值取向——历史政治学研究应遵守的原则》,《探索与争鸣》2022 年第 8 期。

② 李里峰:《谨慎的喝彩:对历史政治学的反思》,《探索与争鸣》2022 年第 8 期。

③ 《习近平谈治国理政》第 2 卷,外文出版社 2017 年版,第 346 页。

知识的依赖转向扎根于中国历史和现实。从这一点而言，必须明确认识到，社会科学研究走入历史，是基于建立自主知识体系的使命和担当。要实现这一目标，必须注重以下几点。

其一是必须以历史唯物主义作为认识论和方法论基础。走入历史，首先要求研究者尊重历史发展规律，从历史的角度来分析现实重大社会变迁的原因和发展趋势。马克思在谈到革命与历史之间的关系时指出："使死人复生是为了赞美新的斗争，而不是为了拙劣地模仿旧的斗争；是为了在想象中夸大某一任务，而不是为了回避在现实中解决这个任务；是为了再度找到革命的精神，而不是为了让革命的幽灵重行游荡。"①社会科学研究走入历史，要求研究者在研究现实重大问题的过程中保持对历史的意识和想象力，从历史的角度来思考现实之成因。对于这一要求，中国古代已有朴素的认识，形成如"以古为鉴，可知兴替""观今宜鉴古，无古不成今"等经验总结。但鉴于当今社会科学"学科化"和"科学化"的巨大发展，以历史唯物主义立场贯穿社会科学研究显得尤其重要。社会科学包含众多学科，学科化尽管有助于知识的专业化，但也导致知识的碎片化，并构筑起学科之间的藩篱。同时，近年来，科学化在我国社会科学研究中也已取得长足进展，数据、模型、试验等实证方法越来越得到广泛应用。这些发展趋势尽管有助于研究的规范化，但也容易导致对历史的忽视，使知识丧失其厚重的历史根基。从这一点而言，社会科学研究走入历史，不仅切合历史唯物主义的要求，还要求研究者进一步增强这种意识。因为只有建立在深厚历史根基上的社会科学知识，才有可能真正成为自主化的知识。

其二是走入历史必须具有更加宽广的视野。当前，中国社会科学

---

① 《马克思恩格斯选集》第1卷，人民出版社2012年版，第670页。

研究走入历史，一方面体现在对西方历史制度主义、历史社会学等潮流的引介和追随上，另一方面则体现在历史政治学从历史角度对中国现实所做出的解释上。不同时期的主题演化反映出中国社会科学研究在走入历史的过程中所取得的进步。从本土历史的视角来探究中国政治发展的成因，最终成为走入历史的主流。以晚近兴起的历史政治学为例，杨光斌指出："具有实在意义的历史与当下政治价值、政治制度、政治行为的关系，就是本体论意义上的历史政治学。在这个意义上，历史政治学几乎是为中国政治学量身定做的一种学说，因为中国历史的连续性、不曾中断性造就了'恒常性'。"[①]从历史延续性的视角来解释当下的政治现实，固然是中国社会科学研究走入历史的重要组成部分，但走入历史还可以在更多场域中展开，包括对现实问题的批判性审视、以长历史周期为基础的一般性理论建构等。它们可以使我们在对现实保持信心之余也保持一份警醒，使中国的发展经验获得普遍性意义。

其三是在走入历史的过程中必须坚持学术发展规律。中国社会科学研究在走入历史的过程中还存在如何对待历史、如何对待资政、如何对待其他国家的社会科学等问题。它们属于学术规律方面的问题。比如，在对待历史方面，它要求社会科学研究者在走入历史的过程中充分尊重史实，不能出于理论建构、资政等目的而任意裁剪历史。一种建立在扭曲历史、肢解历史、抽象化历史等做法基础上的历史转向，并不是真正的历史转向。在资政建言方面，社会科学尽管存在资政、资治方面的功能，但作为一种学术研究类型，不能出于这些追求而牺牲学术本身的追求。学术研究的目的在于生产科学知识，只有在生产出大量科学知识的前提下，才能更好地资政。在对待其他国家的社会科学方面，必

① 杨光斌：《以中国为方法的政治学》，《中国社会科学》2019 年第 10 期。

须正确对待中国与其他国家的社会科学之间的关系，立足本土历史和现实，与其他国家进行平等交流和对话，相互学习、取长补短，共同促进人类知识进步。

中国社会科学研究走入历史，是社会科学发展过程中所做出的内在调整，反映了中国社会科学取得的进步。作为一个有着悠久历史的文明古国，当下的重大社会变迁无法切断与历史的关联。在社会科学日益科学化和专门化的今天，社会科学研究走入历史，不仅合乎时宜，也符合历史唯物主义的要求。明了走入之原因、廓清走入之内容、分析走入之问题、调整走入之方向，有助于中国社会科学研究在走入历史的过程中更加行稳致远。

社会科学研究的转向：以历史发展理论[*]

陈明明

社会科学研究转向历史，或更确切地说，社会科学研究走入历史，大致起自20世纪70年代，米尔斯(Charles Wright Mills)对“抽象经验主义”的批判、历史社会学概念的兴起以及一批以此为旨趣的有影响力的作品相继问世①，代表着一种新的研究风格和趋向的形成。在中国这样一个具有发达史学思维、鲜明历史复兴意识和深厚历史研究传统的国家，社会科学研究转向历史似乎更显某种自然合理性，在进入21世纪后也逐渐成为一股涌动不息的潮流，受到许多学者的关注和追逐。② 从研究实践来看，社会科学研究转向或走入历史有三个含义：第一是在分析路径上转向对历史学方法的重新审视和扩展性改造；第二是在研究议题上转向隐含着重大现实关切的历史领域，更偏重以对历

---

* 本次发言经整理后，以论文形式发表，参见陈明明：《社会科学研究的转向：以历史发展理论》，《中国人民大学学报》2024年第3期。

① 如巴林顿·摩尔(Barrington Moore)基于农业商品化中的阶级关系（涉及地主、农民和资产阶级）对不同现代化道路的分析，查尔斯·蒂利借助强制与资本相互作用框架对长期战争如何“制造”欧洲民族国家的讨论，西达·斯考切波从国际关系和国内统治危机的视角对一系列国家社会革命发生原因和后果的探究，都是具有重大影响的比较历史研究范例。

② 如20世纪90年代对中国学界产生重要影响的“历史制度主义”理论和研究方法，21世纪以来在中国社会学和政治学界日益引起重视和广泛讨论的“历史社会学”研究范式，以及由中国人民大学发起并得到部分高校政治学院系和学者积极响应并初成态势的“历史政治学”，都把“历史”的关键词印刻在各自希望重整知识资源、自成学术体系、再造学科新知、开创研究新局的探索之旅上。

史经验的讨论来丰富和深化人们对于当代问题的认知；第三是在研究取向上转向以探究历史进程（历史法则）的方式来寻求对事件、行为和制度的解释，把历史当作本质性的存在，以深化对历史的整体性理解。接下来，我将针对这三个含义分别做出说明。

第一个含义是历史与社会科学的研究取向及其调适性互构。

社会科学研究有很多方法，自科学实证主义兴起后，诸如调查问卷、数据统计和模型建构等研究方法，至今仍然是社会科学推崇的几种主流方法。相比之下，用历史学的方法研究社会科学问题，似乎更多只是一种传统对潮流的"被迫"适应。深受历史主义治学传统的影响，历史学方法同社会科学主流方法实行对接或呈现出来的交叠，表现为对社会现象的分析和研究必须建立在对史料文献的考证与辨析的基础上，其基本要求仍然是：对史料的搜集要"竭泽而渔"，对史料的考订要"严刑拷问"，对史料的使用要谨慎节制，对史料的信任要留有余地。这种研究态度，其实和研究者的教育经历、学术训练背景，尤其是个人研究兴趣与学术取向的特质相关。在某种意义上，他们更倾向于认为，作品中如何恰当地呈现研究对象的内在关系，不仅是一个科学的问题，也是一个审美的问题[①]，如数学家觉得公式表达的世界是美的，经济学家觉得模型呈现的过程是美的，统计学家觉得数字揭示的关系是美的。但在偏好史学方法的学者看来，一堆枯燥乏味的符号试图以样本推断总体、将社会量化为数据的做法，隐含着把人的世界变成物的世界的危险。他们相信，人的世界是人际交往过程、人际复杂关系的世界，这些过程和关系只有引入时间的变量和证据的考辨来进行叙事，其中的因

---

①　这其实是兰克(Leopold von Ranke)的命题："历史必须同时是科学又是艺术。"参见利奥波德·兰克：《论历史科学的特征》，载刘北成、陈新编：《史学理论读本》，北京大学出版社2006年版，第4页。

果关系的解释才能够既真且实、既美且丰——真是指客观,实是指规律,美是指人文,丰是指多样。

历史学方法尽管事实上在许多研究领域得到广泛运用,但也一直受到社会科学的批评。最突出的批评大概是认为历史学方法追寻的"历史真实性"不是建立在从一般中理解个别的路径基础上,而是局限于个别(事件与人物)的因果关系来完成历史研究,即用前因来说明后果,因而缺乏对历史本质的抽象,不能上升为关于历史的普遍性知识——"历史真实"就蕴含在这种普遍知识之中,只有依靠抽象才能区别具体,只有抓住一般才能理解特殊。[①] 因此,"历史真实"并不取决于具体的有效性,而取决于抽象的有效性,换句话说,取决于理论的有效性。但历史学方法同样也可以对社会科学方法提出质疑:任何一项研究,从认知规律来说,都是从经验现象(现实的和既定的历史)开始,研究者当然不会是一张白纸,他们或多或少都有一定的预设或成见,但从经验开始意味着个案的观察、田野的进入或既有文献的比较阅读是"发现"的真正起点,是"问题"(questions or puzzles)形成的真正基础,他们会扬弃成见,修正预设,使得研究工作呈现出从具体分析上升为抽象的认识论过程。一系列事件的前因和后果不是单因素的,时间的展开有不同的结构,结构的作用又是通过时间或时序来展现的。他们并不否认理解构成解释的基础,但强调理解要通过发现才能有真正的理解,而发现总是通过具体个案的观察和比较来获得的,这符合认识论的规律。至于社会科学常用的那种用记载人口变化、经济扩张或萧条、税收或价格运动以及各种类似的曲线和图表来代替史料证明式的历史事实,历史学方法并不拒绝,但曲线和图表并不是理论,只是叙述和认识历史的

① 参见杰弗里·巴勒克拉夫:《当代史学主要趋势》,杨豫译,北京大学出版社 2006 年版,第 66 页。

工具。当它在做说明、概括和解释工作时，那只是从具体到抽象的演进，本质上是一种归纳法，而对演绎（“理论”）的运用，正如它对史料的态度那样，应从属于“实事求是，留有余地”的规训。这种方法上的相互挑剔在政治学的学生论文评阅中经常可以看到：政治学的老师批评学生的论文缺乏必要或足够的理论建构，没有从使用的史料中推出一般性的、可加以验证的逻辑结构；而历史学背景的老师则埋怨学生的论文缺乏充分扎实的史料支撑，其理论框架大而不当或形如空中楼阁。这种差异反映了两个学科的特点，很大程度上和两个学科持守或推崇的方法论有关。

当然，在今天，无论是社会科学还是历史学都经历了一个相互融合的阶段，现实问题引发了历史学家研究历史的动机，而社会科学家关注历史经验以解决现实问题也是其研究工作的动力所在。社会科学研究转向历史，并不是转向历史学，但构成历史学的学科边界和研究对象的历史范畴（事实及其影响）无疑是社会科学产生的起点，正所谓“历史学是关于人类社会的科学”①，这就使得历史学不仅成为社会科学的组成部分之一，而且成为社会科学的重要支撑。而站在历史学今天的立场，对历史现象的研究也不仅仅是追求历史“真相”的复原就万事大吉，历史学方法对史料的讲究从根本上说要服从史料与逻辑的合理关联，不能停留在“此话怎讲”“何以如此”，还要努力回答“此后如何”，在“过去”与“现在”之间建立起批判性的、整体性的联系，才能克服社会科学一度

---

① 尽管兰克史学所提出的“科学史学”（“历史学是科学”）观点遭到一些人的质疑，但这一观点在今天已大体站稳了脚跟。在西方，这很大程度上得益于社会科学研究方法走进历史学并与之形成交融；在中国，则是来自传统史学认知功能、反思功能与经世主义意识同马克思主义历史唯物主义世界观、认识论与实践论的长期的深度结合。习近平总书记在 2015 年 8 月 23 日给第 22 届国际历史科学大会的贺信中说“历史研究是一切社会科学的基础”，代表着中国和国际学术界的共识。见中国日报网，http://cnews.chinadaily.com.cn/2015-08/23/content_21680289.htm。

盛行的那种越专业化(科学化)越"去历史化"的研究倾向。历史只有拉长它的画卷,即作为各个世代依次交替的长时段的发展,使得重复和运动显示出规律和广度,才是有意义的。韦伯的权威类型和资本主义起源的探究、马克思的经济基础和社会发展动力研究,都是建立在对历史发展的过程和结果的分析之上,但又都是从历史过程的比较来建构理论、形成推论的。同样,社会科学研究转向或走入历史,并不意味着也不能赞同以史料来迁就理论、把史料填充到理论框架而过度解释甚至是任意解释的做法。韦伯和马克思都是社会科学及历史学公认的大师,但把韦伯的传统权威或魅力型权威套用于中国历史上的人物及其行为,或把马克思的国家起源论套用于中国早期国家的形成,都容易发生理论对于历史的不当剪裁,从而脱离或背离历史发展的真实路径。[①] 当然,在这个转向过程中表现出来的对历史学方法的重新审视和扩展性改造,在某种意义上,不仅包含了历史学对传统方法论的反思,也包含了历史学对社会科学主流方法霸权的挑战和反抗。以政治学为例,不可否认,一批具有历史学情怀的政治学者(他们正在致力于"历史政治学"的创建),深感社会科学方法论那种以普遍主义面貌出现的特殊主义和装扮成普遍法则的地方性知识使"天下苦秦久矣",希望对这个局面加以改变,也是这个历史转向趋势的内驱动力之一。

社会科学研究走入历史的第二个含义是社会科学在议题上日益关注"历史领域"。这里又可大体分三种情况。

第一种情况是现实的限制使得研究者不得不转向历史来研究社会科学。学术和政治之间的确存有某种紧张的关系,当研究现实政治有

---

① 参见文崇一:《历史社会学:从历史中寻找模式》,台北三民书局1995年版,第28—30页。

种种障碍时，学者转向历史大概是一种比较稳妥的研究策略。① 比如关于20世纪中叶的中国研究，人们不大可能讲述当时的变局而不涉及人物事件，涉及人物事件而不分析体制的成因，分析体制而不触碰政治的内核。王海光指出，当代史是刚刚走入公共空间却尚未从现实生活中完全冷却下来的历史，事虽属历史，人（当事人或当事人亲属）还在现实中，“当代史的言说环境，要受到来自现实社会多方面的影响，既有政治与学术的话语冲突，也有现实与历史的恩怨纠葛”②。尤其是，“当代史的言说不仅涉及国家现行体制的合理性，还要涉及国家现实政策的形成背景，涉及过去的政要显贵，有着直接影响现实社会的政治敏感性，这就使得当代史的研究往往与现实问题研究有着相同的言说语境和相同的政治禁忌”③。所以，研究者会去研究更久远的历史或非政治化的历史（如经济、文化、仪典、服饰等），以规避一些被认为是不宜讨论的问题，似乎越远离现实越安全、越远离政治越安全。历史在这里被视为一种对现实的距离或疏离，这并不是一个对历史真正含义的正确理解（“一切历史都是当代史”），当然也不是一个学者应有的治学态度（“以史为鉴，可以知兴替”），但对于研究者丰富、细腻、敏感而不无脆弱的心灵来说，这恐怕是社会科学研究转向历史潮流中一个隐秘的原因。但反过来，它是不是意味着我们对建设一个自由、包容、开放的学术环境应该担负起更多的责任？

---

① 这和乾嘉学派的兴起有点类似。清代乾嘉时期发展起来的以考据为主要方法的学术流派，以汉儒经学为宗，从音韵、训诂、文字等小学入手，主要从事审定文献、辨别真伪、校勘谬误、注疏和诠释文字、考证典章制度，很少有理论的发挥和建树。在其发展的全盛期，研究话题基本已与当时的社会现实脱节。乾嘉学派为何在清代兴起？一般认为与清代文化高压政策有关，士人学子不敢轻易言政，更不用说批判现实。

② 王海光：《时过境未迁——当代中国史采薇》，四川人民出版社2014年版，第239页。

③ 王海光：《时过境未迁——当代中国史采薇》，第240页。

第二种情况是研究者的偏好使然。在他们的眼中，历史是发生过但此刻已消逝的东西，消逝的东西不是说没有了、一笔勾销了，它们对当下会产生影响甚至是很大的影响，研究当下、理解当下，需要有时间上的回溯和分析。这其实就是一种关于时间的信念。以政治学研究为例，政治是在时间中进行的，时间赋予政治很多特殊的含义。研究政治会涉及不同的时间观，比如进步论的时间观、循环论的时间观、停滞论的时间观、断裂论的时间观等等。每一种时间观都给定了我们观察和研究政治的路径和方向。自19世纪孔德(Auguste Comte)的社会学以来，学术的主导思维实际上是持一种进步论的时间观，许多人都曾笃信由简单到复杂、由低级到高级的运动是人类政治世界演进的一种普遍趋势。以进化论为底色的现代化理论就是这种进步论的时间观的集中体现。和进步论的时间观对立的是停滞论的时间观，比如面对中国社会几千年的文明史，有人认为中国的历史实际上是停滞的，所谓停滞是指历史没有长出新质，甚至认为中国没有真正的历史(如黑格尔)，就产生了把中国政治的演进看作完全展不开的内卷式的发展，就有了中国的历史是一种复制的观点。和停滞论的时间观相似的是循环论的时间观。“五百年必有王者兴”，从天下大乱达到天下大治，分久必合，合久必分，从循环论的视角来认识和评估政治在时间中的作用，同样认为历史“在太阳底下无新事”。这些观点有“汤武革命”(改朝换代)的俗见，却无“社会革命”(新质替代旧质)的认知。断裂论的时间观则可看作对停滞论和循环论的批判。新旧时代的时间意义标志着新旧世界的结构的对立抗衡，新旧时代的时间是断裂的，其断裂在空间上表现为两个世界，两个世界有不同的结构组合与运行法则，新世界对旧世界的胜出要求以新法则取代旧法则，要求新世界的生活者要和“旧我”告别，即把他们在“旧日”习得的行为规范彻底弃除。但是，革故鼎新并没有截断历史的发展，推陈出新，新中有旧，依然是这个世界变迁的革命性与累积性、间断性与连续性的统一。社会科学研究转向历史，需要对时间有真正的认识和把握，在这一方面，马克思的研究（如对法国革命的研究）是一个范例和启示，他以唯物史观的总体分析方法来观察和分析社会现实，将社会现象置于社会与历史的总体过程中来确定它们的性质和意义，考察它们的产生、变化和发展。毫无疑问，这种研究既是历史的（时间的），又是理论的（逻辑的）。

第三种情况偏重从历史经验的讨论来丰富和深化人们对于当代问题的认知。历史虽已消逝，但它留存或积淀在人们的记忆之中，和当下人们遇到的问题发生“纠缠”。欲解开当下的绳结，需要知道它是如何缠绕的，也就是说需要有时间上的回溯和分析。那些没有时间、没有地点的抽象分析，仅把历史作为和现实相对独立而存在的“资料库”，就不可能真正洞悉现实何以有如此的奥秘。例如，我们都知道中国人民政治协商会议制度是中国基本政治制度的重要组成部分，政协每年的会期、开会和讨论方式和人民代表大会基本一样（故有“两会”之称）；全国政协和外国议会参议院或上议院在外交上形成“对口”互访、礼遇行仪对等；从中央到地方，政协和党委、人大、政府并列为“四套班子”，各级政协领导人列入“党政主要负责人”；政协委员对基层的定期检查、工作视察，在适用当地行政机关和有关单位规定的接待程序、汇报程序等方面，和人大代表没有什么差异。凡此种种曾使一些人把政协想象为中国的“上议院”。这种把中国政协看作类似西方国会组织一院的观点其实是从西方政治的逻辑和观念来观察中国的产物，并不见容于中国的制度安排。目前中国实行的是党治国家的权力高度集中的政治体制，它是20世纪中国革命的直接结果：中国共产党是共和国的缔造者，它的组织原则成为国家的组织原则。按照这个组织原则，“政协不能搞成国家机关，因为人大和国务院是国家权力机关和国家管理机关，如果把政协也搞成国家机关，那就成为二元了，这样就重复了、分散了，民主集中制就讲不通了”[①]。而支持中央集权的组织原理则来自历史的底层逻辑，这就是大一统的文明国家在现代化压力下的调适性转换：之所以民主集中制成为国家的组织原则，从根本上说，是因为现代中国是在历史提供的统一的多民族国家的人口和疆域基础上起步的，超大国家规模和人均资源贫弱构成国家发展的长期制约，要维护超大规模的多民族共同体，有效解决问题和应对危机，客观上要求实行集中权力，拥有一个一元性的强有力的中央权威。所以，邓小平同志说：“不搞三权分立、两院制。我们实行的就是全国人民代表大会一院制，这最符合中国实际。如果政策正确，方向正确，这种体制益处很大，很有助于国家的兴旺发达，避免很多牵扯。”[②]可见，人民政协广泛从事属于“国家行为”的工作，却被界定为非国家机关性质的体制特征，同历史与现实政治发展的需要存在内在关联。它所包含的统一战线、协商民主、多党合作、国家治理的要义植根于古老中国的大一统政治文明、百年中国的宪制经验教训和中国革命重建中央集权国家的历史之中。如果仅从比较政治学的跨国比较着眼，用诸如“公民社会”“代议民主”“两院制衡”这样的范畴或概念来做比较分析，而离开中国政治的历史逻辑和现实语境，就很难认识中国政治体制中一些重要组织和制度的定位与功能。

相对于以上所说的原因和情况，社会科学研究走入历史最有意义、最值得重视的理由是第三个含义，即在研究风格和取向上转向以探究

① 《毛泽东文集》第 6 卷，人民出版社 1999 年版，第 384 页。另见中共中央统战部编：《中国共产党统一战线史》，中共党史出版社、华文出版社 2017 年版，第 218 页。毛泽东同志此话在不同出版物和领导人讲话的引用中，文字略有出入。

② 《邓小平文选》第 3 卷，人民出版社 1993 年版，第 220 页。

历史进程的方式来寻求对事件、行为和制度的解释。从政治学研究来看，这关涉把政治作为历史过程来理解的问题。把政治理解为一种历史过程，意味着在时间长河中由人物、事件、关系、制度编织起来的图景，会在时间中表现出若干组因果关系（凡事皆有其因），过程是由因果关系支撑起来的（相关性关系是另一个问题）。当然，因果关系也可能表现为空间（结构）的。科学实证主义把因果关系置于历史的横截面来研究，主张在历史与经验的分界线上普遍应用概念的合理性，并非全无道理。但它假设因果生成机制在不同时间、空间中是不变的，违背了历史过程的丰富性和多样性。须知因果关系在时间和空间上是可变的，比如，没有限制的权力（原因）必然导致腐败（结果），但对于这个因果结构（权力—腐败）的深度观察，会看到这一因果关系背后的时间性（历史社会的演化），如腐败与经济高速增长的并存关系、腐败类型随政府与市场关系的变化而变化，终究是以时间的形式表达出来的，也恰恰是时间过程赋予的产物。政治学研究走入历史也正是借助于时间的尺度和空间的异质性才能对因果关系的表现形式赋予丰富的内容和深刻的理解，它实际上揭示了这样一个命题："政治学本质上是历史的。"

从学科的意义上说，"政治学本质上是历史的"，代表着在现代学科分类制度兴起以前，政治学的前世与历史学的勾连。从柏拉图、亚里士多德、马基雅维里（Machiavelli）一直到密尔（J. S. Mill）、托克维尔（Tocqueville），两千多年的政治学研究皆是如此。其实不仅仅是政治学，许多今天被称为社会科学的学科，从其发源上来讲，也都是历史学的。恩格斯早在《反杜林论》中就指出"政治经济学本质上是一门历史的科学"[1]，这是他对 19 世纪的政治经济学所做的判断。在熊彼特

① 《马克思恩格斯文集》第 9 卷，人民出版社 2009 年版，第 153 页。

(Joseph Schumpeter)看来，20世纪兴起的经济学就其内容而言“实质上是历史长河中的一个独特的过程。如果一个人不掌握历史事实，不具备适当的历史感或所谓历史经验，他就不可能指望理解任何时代(包括当前)的经济现象”[①]。熊彼特相信“经济分析所犯的根本性错误，大部分是由于缺乏历史的经验”[②]。他甚至断言，要了解经济与非经济的事实是怎样联系在一起的，以及各种社会科学应该怎样联系在一起，历史研究不仅是“最好的，也是唯一的方法”[③]。政治经济学、经济学和历史学之间存在关联，是因为经济活动是最重要的历史活动之一，这样的历史活动都具有深厚的政治动机和政治内容，表现为和国家兴衰紧密相关的财政、税收及立法过程。这就是政治经济学本质上具有历史(历史学)属性的意思。至于社会学和其他社会科学，英国社会学家吉登斯在谈到它们与它们所致力于分析和阐明的研究主体之间有着不可避免的反思性接触时，有一句言简意赅的概括：“人类行动是历史建构的。”[④]政治经济学如此，社会学如此，政治学就更是如此。由于历史与社会经济政治的高度融合，历史学与政治经济学、社会学、政治学长期以来并没有泾渭分明的边界。而学科分际以后，历史研究的要旨与风格作为一种“遗传”并没有消失。如果说政治经济学本质上是历史科学，那么政治学难道不是更有理由做这样的宣称和理解吗？

把政治理解为一种历史过程，就要注意到政治是一个遵循一定法则而展开和变化的世界，这个世界有大量的偶然性存在，但偶然性的背后必有某种规律性的因素，这些因素以一系列的因果关系来显现它对

① 熊彼特：《经济分析史》第1卷，朱泱、孙鸿敬、李宏译，商务印书馆1991年版，第29页。

② 熊彼特：《经济分析史》第1卷，第29页。

③ 熊彼特：《经济分析史》第1卷，第29页。

④ 安东尼·吉登斯：《政治学、社会学与社会理论》，何雪松、赵方杜译，格致出版社2021年版，第5页。

事物存亡兴衰更替的决定作用，揭示这种作用就是政治学研究的旨趣所在。例如，对欧洲和中国的“大分流”研究，有人注意到18世纪前后两地并无明显的高下之分，在工业革命前都存在着相似的发展动力，认为工业革命发生在欧洲某地而不是发生在中国，“可能只是一种偶发性联系，而不是因果性关系”①。毫无疑问，偶发因素和外部因素在历史中的确大量存在，但结论用“意外”或“偶然”来理解显然不会令人满意。事实上，包括王国斌、罗森塔尔（Robert Rosenthal）在内的加州学派后来都更强调从经济变迁、国家形成和社会抗争来比较中国和欧洲的历史经验，寻找欧洲与中国历史“大分流”的内在制度性原因。他们指出，欧洲“列国”经常的战争状态导致制造业集中于城市，中国统一帝国长期的内部和平环境允许制造业分散于乡村，由此造成两者的差异：欧洲城市资本丰裕、劳动力稀缺，使得制造业倾向于用资本代替劳动力（资本和技术密集程度越来越高），中国乡村劳动力廉价且富裕，抑制了用资本代替劳动力的冲动（无须发展技术来节省劳动力）。② 这种用历史环境的差异解释工业革命何以更可能发生在欧洲一些地方而不是中国的观点，不论正确与否，它对长时段历史考察的强调、从中西历史的内部寻找大分流的原因，至少满足了以探寻历史进程的方式来寻求对事件、行为和制度的解释的要求。在这种解释中，看到国家间的差异不是一种短时段的现象，而是在较长的历史时段中积累演变而成，长期的积累会形成难以逆转的形势；重视从内部寻找大分流的原因，国家间的差异须从各自的历史中理解，小历史会有偶然，大历史难有意外，不能归结于偶然的或外部的因素，实际上指向了对历史内在法则的探索。它

① 王国斌：《转变的中国——历史变迁与欧洲经验的局限》，江苏人民出版社1998年版，第220页。

② 参见王国斌、罗森塔尔：《大分流之外：中国和欧洲经济变迁的政治》，周琳译，江苏人民出版社2018年版，第130—133页。

后来促使更多视角的引入和“国家回归”的重大思考，包括国家自主性、国家能力、国家作用和国际体系等等，恰恰印证了历史与政治的不解之缘。

“政治学本质上是历史的”，必然要求批判性地看待至今仍然对政治学研究范式有重要影响的“理性人假设”。理性人假设及其理性选择分析路径是20世纪西方政治学研究具有重要影响的理论方法之一，它产生的许多研究成果——如唐斯（Anthony Downs）、奥尔森（Mancur Lloyd Olson）的研究——为人称道。但不得不说，撇开经验实证主义的古典传统不论，它更多是“经济学帝国主义”在政治学领域开拓的“殖民地”。[①] 理性人假设把人性视为“永恒给定”的东西，以“最大化”的个人行为偏好和由此建构的行为模型作为政治分析的逻辑起点，并以这种不变的人性来解释政治社会的变迁与制度的形成。由此导出的核心主张（个体拥有选择最佳行事方式的理性能力）和假定（个体能够对所要选择的结果进行符合其偏好的排序）其实一直受到批评，其中主要的批评是个体理性的不完全（有限理性）、个体选择无法脱离的结构约束、理性人假设的不真实与模型预测的失败。面对批评，理性人假设和理性选择路径为自己构设了厚重的保护层，如不完美的理性人、有约束前提的偏好、最大化的追求而不是最大化的实现、日常生活中概率居优的理性人行为等等。但无论如何，理性人假设及其理论特征在这一点上是始终不变的：人与人之间没有质的区别，群体行为与个体行为没有差异，也不存在人际关系的深层因果机制。这是一种“真正的变量”——人与人、人与社会之间只有数量的关系，它提供了一种数学般的简洁描

① 作为一种实证主义，它主张在社会现象之间建立起“规律性”的联系，对社会现象做出因果性的陈述，把经验性问题和规范性问题进行界分，运用理论来形成能够通过直接观察得以检验的假设，通常采用定量的研究方法，这些都大大推动了社会政治研究的发展，成为社会科学的“科学化”的重要表征。

述，极大地满足了人类对复杂现象的化约处理、对不同事物提供统一解释框架的需要。理性人假设的实证主义其实植根于“基础主义”本体论或机械本体论的世界观：这个世界被视为独立于我们关于它的知识而存在，是同质的世界，受到不变规律的决定；是无结构的世界，实体不会因整体结构改变自己的独立关系；是无内生变化的世界，系统只有连续的运动或静止。恰恰在这些方面，批评者指出社会现象和自然物理现象之间存在明显差别：社会结构不像自然结构，并不独立于行为者塑造的活动而存在，也不独立于行为者关于他们正在做什么的观点而存在，社会结构作为集体行动的结果是可以改变的，是依时间和地点发生变化的。① 这里有几个问题需要澄清。

其一，在诸多的批评中，真正需要注意的是理性人假设对人类行为理解的非历史特征，正是这种非历史特征——相信不变的人性可实现对情境、制度、关系等社会环境的免疫力，引出了对社会行动的解释应建立在个体的偏好之上的观点。但这和大量的观察与经验相悖，使理性人假设的前提变得脆弱而可疑。这里无须引用马克思对这种抽象人性的深刻批判。即使在温和的理性选择论者如西蒙（Herbert A. Simon）那里，由于环境的复杂性、信息的不完全性、人的能力的有限性及未来的不确定性，也不可能把所有的影响因素综合到单一的效用函数中。而在许多严肃的社会科学研究中，任何形式的理性都依赖于一定的认知框架，并通过认知框架而过滤信息、重组信息、解读信息，成为对行动者具有操作意义的内容。简言之，社会环境通过行动者的集体经历和文化心理机制影响认知框架，从而改变人的偏好。② 这是一个

---

① 参见大卫·马什、格里·斯托克：《政治科学的理论与方法》，景跃进、张小劲译，中国人民大学出版社2013年版，第20—21页；刘文超：《演化经济学的人类行为理论——对“理性人”假设的批判与超越》，《学术月刊》2015年第2期。

② 刘文超：《演化经济学的人类行为理论——对“理性人”假设的批判与超越》。

经验的历史事实。没有历史内容、没有历史思维和历史感是这个假设及其分析路径的最大缺陷。

其二，理性人假设试图从理性选择中排除给定的结构要素是不可能的。结构是什么？是存在于社会政治生活之中并被概括出来的个体与群体、群体与群体之间的关系，这些关系在哲学领域被看作认识论框架，在社会学领域被表述为既定的行为模式，在政治学领域被界定为制度性规范，它们一方面具有强制性（因果决定论的）、稳定性（相互关系制约的），另一方面具有阶段性（一定时期的）、可变性（主体互动调适的），因为它们毕竟不是自然科学中独立于人的物理结构，而是人们集体行动的产物，依赖于人们的实践活动，是作为一个相互联系的过程发生在时间之中。这就有了结构与行动者的关系。行动者当然有想象力和创造性，也会追求所谓最大化，会想方设法改变自己在结构中的位置，以达到“优化”结构的目的，但这个过程都是在既有的多重的结构约束中进行的。行动因人而异、因时而异，在时间和环境中形成了人的行为不确定性。这就使得以行动为中心的结构化是一个动态的过程，因此结构化不可避免要走进历史之中。这意味着，人的行为的研究并不是数理逻辑的推演，人的行为在结构的强制性和稳定性与行为的随机性和可预测性之间的平衡需要通过深刻的历史思维去把握。

其三，理性人假设的非历史特征还表现在它对规范、意识形态的独特视角。它并不是一般地否认规范与行为的关联，而是把规范看作适应最大化行为的一种心理约定，是收益—成本比较形成的行为方式。规范本身如何“规定”并不重要，重要的是每个人都会预期其他人将遵循这一规范，从而避免误判或冲突。这种功能主义的视角其实抽掉或遮蔽了历史主义的内涵。规范并不是纯粹的理性计算的结果，而是社会化（时间与环境叠加）的产物。它如果表现为惯例，一定是累积的试错性的；如果表现为规则，一定是蕴含价值的，如在利益竞争面前为保持尊严或友谊而选择放弃，在灾难降临而明知缺乏胜算时选择抗争，在众人争抢入场券时选择排队，在无人监控的路口选择等候交通灯，甚至无利可图也会一意孤行，无路可退也会冒险犯难，等等。这都是家庭、学校、公司或宗教机构等灌输给人们的“信念体系”使然。这个信念体系即意识形态，借此将累积性和价值性的“历史”来形构人类社会的基本面相。理性人假设认为存在某种独立于意识形态的个体自主性，而且意识形态是作为个体行为的结果而形成、再生产和被改变的，这恰恰是倒果为因。这里也无须赘述马克思关于意识形态的观点（意识形态是关于统治秩序存续的合法性论证的一套理论体系，为制度的辩护或改变提供理论机制，对于制度变迁和维护的成败有重要作用），仅就和理性选择论关系密切的新制度主义学说而言，例如诺斯在 1990 年发表的《制度、制度变迁和经济绩效》中，就用一种检讨“理性选择进路在制度研究方面的缺失”的方式，将意识形态因素引入行为者的主观模型中，特别指出意识形态是制度变迁的路径依赖现象产生的根源之一，人们的信念体系即意识形态在制度的路径依赖形成过程中起关键作用[①]，实际上代表了发展的社会科学对根深蒂固的完全理性假设的反思。显然，意识形态形成的根源不仅仅是社会群体交往的直接经验，还包括所谓个人一出生就无法摆脱的、作为人类过去经验浓缩的文化传统的影响。复杂的人性以及人和群体行为的可变性与多变性，只有置于历史的情境、制度、关系、意识形态的变化之中，才能得到相对完整而深刻的认知和解释。

通过分析前述三种含义，我的结论是：用历史来发展和检验理论。

---

① 参见道格拉斯·诺斯：《制度、制度变迁与经济绩效》，杭行、韦森译，上海格致出版社、上海三联书店、上海人民出版社 2014 年版，第 2、5、12 章。

如果说社会科学的历史转向表明比较的、集体行动的、历史主义的中观和宏观分析替代了理性人假设的“想象”、推演和个体抽象形式的微观分析，似乎为时尚早。但理性选择分析越来越让位于社会结构、社会运动和阶级意识的研究选题，是不争的趋势。政治学、社会学以及经济学对资本主义社会的阶级、民主、社会分层结构和不平等的研究兴趣已经加强。一些“非政治”的领域，如环境保护、疾控防疫、预期寿命、代际流动、居住隔离、婚姻家庭等问题，也成为社会科学的新研究议题，并进入政治学的视野。当然，对后者来说，国家、政体、政党、制度、权力、精英、大众等传统议题仍然富有吸引力，只是和先前的研究比较起来，在研究风格上更为重视时间变量与结构变量的结合，更为重视历史的初始条件及其演变与环境的相互作用，它们被认为在很大程度上决定了随后的社会和经济制度的形态及特征。这种显示社会科学研究转向的历史维度有助于解释当代世界，尤其是正在经历大变革时代的中国经济、政治和社会的差异或聚合。在这方面，许多不同学科背景的作者都提供了值得关注的作品。当然，社会科学研究转向的历史维度并不意味着单纯以历史中国的分析替代当代中国的现代变迁。引入历史维度，只是为了更为细致和准确地观察中国社会现代变革的具体机制及其所受到的制约和动力，从而为寻找更为有效的现代性转型之路提供思路。

这里以关于中国改革开放 40 余年快速稳定增长的一些不同意见为例来讨论这个问题。

当代中国社会主义建设是人类历史上最为壮观的实践。中华人民共和国成立 70 余年，前 30 年是工业化的探索，经历危机与反复，以较高的增长率初步改变了国家“一穷二白”的旧貌；后 40 多年在超过四分之三的时间内创造了较高的增长速度，实现了从生产力相对落后的状况到经济总量跃居世界第二的历史性突破。人们都看到，在人类现代化史上，中国用几十年的时间走完西方工业国家几百年才走完的路，而且在某些重大领域实现了对西方的超越。这是连对中国发展最具负面观点和情绪的西方政治人物也不得不承认的事实。中国成功的原因是什么？新自由主义的解释是“产权”和“市场”的并举，新权威主义的解释是“威权”和“市场”的结合。前者强调市场和产权改革的优先性及限制政府的作用，由此方可顺理成章地与世界经济接轨。但问题是：实行私有产权和市场经济并与世界经济联系密切的国家有很多，为什么这些国家没有走出发展的困境，而中国实现了高速增长和持续的发展？后者强调强势政府对于经济发展的推动作用——比如，压抑劳动权利从而降低生产成本，保护自由经济的发展。但用“威权”来描述中国政府的特征并不符合中国的制度逻辑及其过程，也不能揭示中国政府在市场经济中的特殊作用。这种来自拉美现代化经验的模式，早在20世纪70年代后便成为这些国家经济震荡及衰退的原因。作为一种比较范式（且不论其隐含的意识形态内核和政策取向），它又能在多大程度上解释“中国的奇迹”？

现代世界仍然是一个资本主义具有全球扩张优势而造成“中心—边缘”结构的世界。凡是能够在各国竞逐富强中胜出的国家，大体取决于三个因素——有利的地缘政治环境、有力的内部动员体系、有效的发展战略和路径，三者可转化为国家的竞争能力。中国在20世纪50年代先与苏联结盟，以对抗美国构筑的半月形包围圈；六七十年代在中苏关系破裂后，又经历同时对抗美苏两大超级大国的“孤立”岁月，地缘政治的环境使其战略方针不得不追求建立一个独立自主的经济体系，国家安全成为最高的目标。而把以国防工业为核心的重工业作为经济发展的优先部门，就形成了以国有企业为主体的高度集中的计划经济体制。那种批评中国没有采取比较优势、市场体制的观点是一种非历史的观点。[①] 20 世纪 70 年代中后期，中国出于联美抗苏的安全利益，逐步调整对外战略，与美国、西欧、日本形成战略合作关系。这一调整是时代和国际环境变化的结果。一方面是美苏两个超级大国的霸权政治呈现颓势，长期的军备竞赛使两大集团剑拔弩张却又谁也吃不掉谁，因而不得不谋求妥协而使局势出现缓和之机；另一方面是第三世界成为国际政治中举足轻重的力量，它们对不发达国家共同利益和发展要求的主张，同西方国家内部的社会政治运动遥相呼应，成为遏制霸权主义、维护世界和平的重要因素。这给中国的和平发展提供了历史机遇。在此过程中，信息技术革命的兴起，使得知识与科技逐渐成为世界各国竞争的中心。以资本主义的全球扩张引领的全球化进程，虽然仍保持着国际分工不合理的格局，但在科学技术和经济迅速发展的作用下，世界各国和地区已成为一个紧密联系的整体，政治和经济的一体化趋势日渐明显，对国际格局和世界经济产生了重大的影响。中国领导人审时度势，提出"和平与发展"是当代时代主题的新判断。这个判断构成了党和国家工作中心的历史性转移的认识论基础，为中国启动改革开放、推进社会主义现代化提供了战略支持。由此，以国防工业为核心的重工业优先发展的战略让位于以吸引外来投资、发展对外贸易为重点的政府决策。通过引入市场竞争机制和全面推动社会主义市场经济体

---

① 的确，在"中心—边缘"结构的强制下，"依附性发展"不是没有可能，前提是：或是服从霸权国家支配以获得援助与保护，从而进入霸权国家主导的世界市场，在其中完成产业升级，走到世界市场体系的产业链分工的高端；或是不挑战霸权国家的核心利益，利用自身的资源禀赋，发展"比较优势"部门，一定程度上实现国民经济的工业化，但在市场开放的条件下，由于无力与跨国公司竞争，只能处于全球产业链的中低端。这种"依附性发展"的前景，对于中国这样拥有深厚文明传统、实行社会主义制度的大国，既不可欲，也不合理，更不可行。参见李怀印：《从现代化和全球化到大国竞争优势——各国经济增长路径的理论建构与当代中国的发展历程》，《探索与争鸣》2023 年第 4 期。

制改革，中国迎来了经济的高速增长。

在这一历史性转变的过程中，有两个因素始终没有改变：一是被界定为社会主义经济“主体”的生产资料公有制，二是主导经济社会变革的国家政治结构和领导体制，它们构成了高速发展的基石。公有制在中国主要体现在对不可再生的土地资源实行国家所有和对金融与大型企业及事业机构实行国家控制。土地国有（集体所有）使国家可以通过对耕地和宅基地的平均分配而保持农村社会的稳定，通过对城市用地的发展规划和有偿性分配而维持工业基础设施建设的低成本与工业经济的低税率。[①] 对金融和大型企业及事业机构实行国家控制，可以使中央政府得以维持金融体系的稳定，拥有实施市场宏观调控的有效杠杆；国有工业部门从事民营部门难以承担的工业基础设施、高科技和国防工业建设，掌控具有天然垄断性的民用基础设施以维持价格的稳定性，承担着促进国家经济发展和培育国家竞争力的战略任务，使经济增长成果转化为投资以扩大再生产；同时，国家组织还发展诸如教育、科研、卫生、文化等民营部门不愿意涉足的非营利性事业。国有经济部门从1953年“一五”计划开始，到1978年大体保持着年均6%的GDP增长率，这个相当优异的增长率是改革开放后超过四分之三的时段内实现高速经济增长的基础。[②]

中国经济增长的另一个基石是主导经济社会变革的国家政治结构和领导体制。主要有三个结构性要素：一是中国共产党对国家和社会的

① 如果土地不是国家、集体所有，家庭联产承包责任制恐怕只会导致农村的阶级分化。同时，农村劳动力离土离乡进城后，无论经济发生何种变化，也将失去重返农村的可能（形成城市中的贫民窟），而城市政府也不可能通过“土地财政”为基础设施融资，进行大规模的城市改造。

② 国有经济部门（国有企业）当然有它的问题，国企改革至今仍然是改革的核心命题之一，但它和它背后的公有制，因改革开放释放出来巨大增长潜能，以及在国家竞逐富强中发挥的关键性引领性作用，堪称厥功至伟。

全面领导，它从中华人民共和国成立之初到现今，一直是不容挑战的最高原则。二是中国的根本政治制度和基本政治制度，如人民代表大会制度、中国共产党领导的多党合作与政治协商制度、民族区域自治制度和基层群众自治制度，在改革开放后都有程度不同的革新，但无论是在法理上还是在实践中，并不是被削弱，而是在调适性地加强。三是中央集权的单一制国家体制，被视为多民族国家保持国家统一、国内各民族团结和人民团结的制度形式。对香港、澳门实行“一国两制”，并不是国家结构形式上的“联邦制”，而是内地和港澳分别实行社会主义和资本主义两种政治经济制度。中央政府对港澳的全面管治权和特别行政区的高度自主权是在一国主权的前提下，基于中华人民共和国宪法而行使的权力。祖国统一以后的国家权力体制大概率也不会改变中央集权的单一制国家结构形式。这些不变的因素构成了稳定性、连续性和整体性的制度形态。

不难看出，公有制和国有部门成就了中国的工业化和国民经济体系，奠定了中国改革开放的物质和社会积累基础；中国共产党的领导排除或抑制了从市场竞争中发育出来的利益集团对决策的染指，控制和规范了政府的行为，使之呈现出某种“中性政府”①的特征；中央集权的政治结构和国家体制保证了国家的政令统一、市场统一和法制统一，为开放性和竞争性的经济提供了整体性与公平性的制度框架；强有力的政府在党的政治、组织和思想的领导下，积极扮演了改善投资环境、保护市场公平竞争、提供公共产品和服务、发挥经济导航中心的角色。没有公有制和国有经济部门的基础支撑、没有中国共产党的全面领导和中央集权政治结构的体制保障、没有政府及其政策的积极推动，仅凭市场机制和产权改革，无法实现从劳动密集型低端产业向资本技术密集型中高端

---

① 参见姚洋：《中国道路的世界意义》，北京大学出版社2011年版，第1章。

产业的升级、从典型的农业国向世界上最大制造业国家的转型、从经济总量相对落后的状态向世界第二大经济体的跃迁。如果说其他实行市场经济的发展中国家或落入“中等收入陷阱”,或长期徘徊在“依附性发展”的十字路口,而中国却一直能保持稳定发展的趋势,成为今天世界经济增长最强劲的驱动器,经济制度和政治制度无疑是最重要、最直接的原因。但除此之外,是不是还有更深层的独具中国特色的因素呢?

历史告诉我们,构成中国高速发展之基石的制度形态——生产资料公有制和政治结构与领导体制——产生于中国近现代以来的革命运动。革命是中国的“重大历史时刻”[①]的集中表征。革命最终摧毁了旧的国家政权,建构了一个强有力的庞大的中央集权的中国共产党领导的国家,它以强大的政党组织及政党特性缔造和支撑起国家自主性与国家能力,在霸权主义和世界资本主义的结构中,解决了不发达国家如何运用政权的力量独立自主地维护和实现自己的安全与发展利益的问题。革命推翻了旧的政府制度,重组了一个法律、政令、税收、辖制有机统一的政府体系。这个由党政体制构成的积极的有效政府,推动经济和社会按照国家认为最优的方向前进,发挥了经济社会发展中的引领功能,充当了经济起飞的导航机构。无论是编制国民经济和社会发展规划、制定经济产业政策,还是领导协调经济活动、统筹经济社会发展,它都成功地把国家导入现代化的赛道。革命打破了旧的经济社会结构,再造了一个使各劳动阶层拥有实质性的社会经济权利、实现人民团结和各民族团结的平等社会。这一切都深刻转化为增长和发展所需的

① 所谓重大历史时刻是指这样的特殊历史时刻:资本主义中心国家主导的世界市场的全球扩张同不发达国家试图摆脱不平等国际分工结构的民族解放运动的冲突加剧,当它投射在中国时,表现为帝国主义在华经济利益与政治军事霸权同中国独立自主的工业化与现代国家建设运动的矛盾加剧,使得现存的经济政治秩序具有极度紧张的性质,从而昭示发生重大变革的历史可能性。

巨大激励。从此以后,新国家能够在主权独立和领土完整统一的基础上,发展同其他国家的平等互利关系;新政府能够依托统一的国家政治与行政体系独立自主地统筹规划、协调发展中国的现代化;新社会能够在广泛平等的政治参与的基础上共同建设和平安定有序的公共生活。

自主国家、有效政府、平等社会通常被认为是现代化的要件,而它们在中国正是通过革命创建的。[①] 人们可以用一个马克思式的发问来理解革命的合法性:没有这样一场深刻的革命,中国能否摆脱自己所处的世界经济格局中的下端地位? 能否根本扭转长达百余年的国运颓势? 能否奠定大国竞逐富强所必需的成体系的工业框架? 能否为后来的改革开放提供坚实的现代经济基础和丰厚的人力资源? 如果不能,那么无论革命经历何种反复曲折,无论革命的过程中有过多少牺牲,就其最终形成一个强大的中央权威,使全面推进中国现代化有了集中统一的政治基础,因而卓有成效地回应资本主义全球扩张时代国家安全与发展的挑战而言,革命其实就是中国从衰败走向复兴的必不可少的历史进程。革命改变了中国、形塑了中国,每当中国的发展遇到重大的历史事变,都可以看到革命遗产的深远影响。

如果再往前追溯,中国革命造就的强大的中央集权国家,也不过是中国历史文化传统在近现代的回响。政令统一、市场统一、法制统一,这些现代经济、现代主权国家赖以为基础的结构因素,实际上是大一统疆域国家预留给现代中国的遗产。中国在20世纪要做的事情,不过是促使传统疆域国家向现代主权国家转型。用李怀印的话说,正所谓"革命的实质是国家转型"[②]。这两个历史过程交互作用的结果,便是形成

① 陈明明:《中国现代化道路的历史与政治之维》,《南京大学学报(哲学·人文科学·社会科学版)》2023年第1期。

② 李怀印:《从现代化和全球化到大国竞争优势——各国经济增长路径的理论建构与当代中国的发展历程》,《探索与争鸣》2023年第4期。

一个经济体量巨大、高度集中统一、动员能力超强、事功取向鲜明、教育素质优良的现代中国。它使得中国具有不同于其他发展中国家的特征：中国的快速发展不仅仅是市场激励和产权结构改革的结果，也不是单纯利用比较优势制定产业政策的结果（此前无条件，现在有可能），这些因素不足以解释中国的特殊性。“真正使中国从发展中国家脱颖而出的，是一系列植根于中国历史和文化的特性。中国数千年文明所带来的历史文化遗产以及20世纪中国革命所带来的制度遗产，使改革以来的中国享有一系列独特的、为他国无法复制的优势条件，其中最为突出的是一个超大体量的经济，一个具有强大执行力的政权，以及一支素质优良的劳动力大军。正是这些特殊条件的结合，构成了中国所独有的大国竞争优势，界定了中国式现代化道路的内涵。”①

这种把中国的快速发展和增长势头置于20世纪革命遗产和历史传统遗产的视野，实际上为我们揭示了革命、工业化、现代国家建设这三项历史运动，是如何构成了中国政治变动和经济成长的背景并制约着彼此发展的节律。革命在中国转为共产主义革命的原因和后两者（工业化、现代国家建设）密切关联，它们都可以追溯到晚清的富国强兵（洋务运动）和中央集权的重建运动，是在资本主义全球扩张和欧洲共产主义革命交叠的“中心—边缘”结构中展开的，而更长时段的潮流则可溯及农耕文明孕育的行为规范、儒家文化形成的大一统的“天命昭示”及变法图强的经世主义。作为一个总体历史进程，借用邹谠的分析语言说，它们反映了一种“宏观历史”（结构）与“微观机制”（主体行动）的有机对接②，后者主要表现为有力的内部动员体系（政党、政权、阶级

① 李怀印：《从现代化和全球化到大国竞争优势——各国经济增长路径的理论建构与当代中国的发展历程》，《探索与争鸣》2023年第4期。

② 参见邹谠：《中国革命再阐释》，香港牛津大学出版社2002年版，第3章。

联盟等)、有效的发展战略和路径(这些因素既为新自由主义所无视,也被新权威主义所曲解)。这种分析理路和处理方式并不只是满足于解释"中程"历史的几个"变量"及其关系,而是把改革开放视为历史中国的现代性转型,本身包含了对长时段历史的可资比较的总体性的思考。

总而言之,社会科学转向历史,不是说历史学替代社会科学,而是说社会科学的研究总是要在时间和结构中展开,也只有以揭示历史进程的方式来寻求对研究对象或研究现象的解释,社会科学才能获得或保持持久的动力,才能提出令人兴味盎然的议题。中国人民大学发起的历史政治学的讨论和研究,之所以吸引众多政治学者的关注,其中很重要的原因就在于它的这个旨趣,即从历史连续性形成的内在机理的分析中追索历史的本相与逻辑,在历史分析的路径中检验既有概念和理论的真伪与优劣,试图回答各国政治价值、政治制度以及政治行为的来路和去路,并由此提供一个关于当代中国政治与历史上的政治的关联性的解释。这种把历史政治学作为一种本体论(历史性/文明性是政治社会的基体或内在结构)、认识论(用历史/演变的眼光看问题)和方法论(以中国为中心/方法)的学术进路[①],还在跋涉与求索之中,但其精神和抱负是令人肃然起敬的。

阿瑟·斯廷奇科姆(Arthur Stinchcombe)说过:"人们不是用理论来研究(建构)历史,而是用历史来发展理论。"[②]这用来总结我讲话的主旨无疑是贴切合适的:就社会科学转向历史的表征(无论是社会科学还是历史学都经历了一个相互融合的阶段;无论是社会科学还是历史学都须以探究历史进程的方式来寻求对事件、行为和制度的解释)而

---

① 杨光斌:《什么是历史政治学?》,《中国政治学》2019 年第 2 辑。

② 斯廷奇科姆的原话是:"One does not apply theory to history; rather one uses history to develop theory."参见 Arthur L. Stinchcombe, *Theoretical Methods in Social History*, New York: Academic Press Inc, 1978, p. 1。

言，不用理论建构历史，并非指历史研究无须理论，也并非意味着人是作为一张白纸进入历史的，而是指我们对这个世界的认识和解读首先应从对历史本身复杂多变的运动的观察入手。在方法论上，历史不是理论剪裁的结果，而是理论建构和发展的源泉。正如马克思所言，人类社会运动研究的要义“不是在每个时代中寻找某种范畴，而是始终站在现实历史的基础上，不是从观念出发来解释实践，而是从物质实践出发来解释观念的形成”[①]。社会科学研究转向历史或走入历史，真正的含义、最大的意义和现实价值恐怕就在于此。

---

① 《马克思恩格斯选集》第1卷，人民出版社1995年版，第92页。

转向历史是为了回归社会

李　康

我一直专注于社会学领域，对社会学研究的政治分析方法关注较少。为了今天这个工作，我做了一些努力：查看了《社会学研究》《社会》《中国社会科学》《开放时代》《政治学研究》《中国政治学》以及曾经发表过一些历史社会学研究的《广东社会科学》《天津社会科学》《学海》等等。我省略了一些具体讨论，比如说中国传统社会思想的现代转化，或者历史社会学的经验研究，而主要关注近五年以来中国的社会学界、政治学界、人类学界、历史学界对相关问题的讨论。我将相关研究学者分成三组十二类，他们的主要研究内容是：确定历史社会学大致的学科边界、定义，历史社会学的核心意识、概念聚焦，以及什么样的社会研究方法是合适的。

在三个大组中，每个大组又可分为两个小组。第一大组的第一小组是在场的郭台辉和李钧鹏，两位学者对历史社会学发展的推动作用是厥功至伟的；第一大组的第二小组则是赵鼎新和严飞，他们也都受过美国主流历史社会学的训练，回国以后也有所反思。举例而言，他们的关注点在于研究：机制概念到底在何种意义上可以说有中国特色？这里所谓的中国特色到底和其他学者讲的中国特色有什么区别？

第二大组也有两个小组。第一小组的代表性学者是周飞舟，因为他熟练掌握中国传统文化和中国传统社会史的一些文献。第二小组是应星和孟庆延。虽然从研究的文化立场上来讲，他们与刚才的周飞舟相对接近，但是他们更侧重于20世纪上半叶以来中国革命的实际进程研究，更侧重于讨论叙事分析和机制分析之间的关系、过程事件分析的可行性问题以及口述史的实践在历史社会学的综合探索中的尝试。

第三大组的第一小组是南京大学的孙江及其领导的南京大学学衡研究院，其突出贡献在于概念史的研究。孙江有深厚的历史学训练背景，故而较多从社会史的角度讨论问题。历史学的传统社会史研究和社会学的历史社会学这两个领域，都处在范式和学科边界的革新过程中。最后一个小组是南京大学的周晓虹和刘亚秋（刘亚秋是国内相对年轻的学者，也是我列举的12位学者里唯一的女性学者），他们的口述史研究提出了两个问题：一是口述史在当代中国（除20世纪上半叶以外）能扮演什么角色？二是口述史研究在何种意义上不仅是一个研究技术、访谈技术，而且是促使我们深入讨论“社会科学如何转向历史”这个主题的推动因素？

列举这12位学者并非旨在准备精读他们的约60篇相关文献，而是引出我要讲的第一个要点，即关于立场的讨论。第一就是提问立场是如何设定的？这个提问立场指这些学者在讨论历史社会学的时候，其提问立场是怎样的。第二是我在观察他们的提问立场时，我本人的立场是什么？这个提问立场的设定有两个前提。一是今天的主题——社会科学如何转向历史，也就是“如何”，意味着既不是“是否”，也不是“为何”，这是一个最基本的设定。第二个前提与我本人的专业有关。我是社会学出身，又教社会学理论，我教的社会学理论，或是偏重某些范式，或是偏重某些维度。而社会学理论内部的差异会深刻影响讨论的主题内容。比如，当一个人在谈论历史转向时，他说的历史究竟是什么样的历史。比如，赵鼎新的研究题目和其他比较注重日常生活的研究题目可能是一致的，但它们谈的内容可能根本不是一回事。这就是提问立场的问题。

第二个要点是界分关系，即学科边界的相互塑造。这可以分为四个小点。第一个小点是，社会科学在转向历史的过程中，社会学和其他分支学科的关系有何变化？比如说社会学和民俗学的关系，社会学和艺术史的关系。在转向的过程中，当我们讨论社会科学要转型时，社会学本身原有的指标如何协调？第二个小点是，当谈及社会科学转向历史的时候，社会科学的本质和人文学（或者人的科学）是不一样的，因为研究的知识领域不一样。那么社会科学和人文科学、人文学科的关系又是什么样的？第三个小点是，既然是讨论历史社会学，那么历史学和社会学的关系是什么？历史学和社会学相互之间的学科边界、问题意识、核心范畴，以及材料的收集（例如史料）、论证方式、书写方式有什么差异？有什么交流？之所以提出书写方式的问题，是因为在转向历史的过程中（这包括法国年鉴学派、魏玛史学的经验），人们发现书写不仅是一个文笔的问题，不仅是一个科学规范的问题。无论是社会学还是政治学，学者用什么样的风格来呈现历史，呈现所谓小人物的历史，其涉及的想象力和历史感是完全不同的。第四个小点是历史社会学、社会史学和历史人类学三者之间的关系。虽然历史社会学被视为交叉学科，但更像是一个“后学科”。在当代社会科学边界分离的过程中，这个“后学科”不仅回到了“前学科”的状态，更使我们重新审视了古典时代的学者如何从基本结论和普遍性问题出发进行思考。

第三个要点是，我觉得交流对话其实是失衡的，地位是不平等的。我们先不谈国内学界，先谈国际学界。当讨论历史社会学转向的时候，或者说历史学和社会学关系的时候，不得不提到较为知名的两本书：一本是彼得·伯克(Peter Burke)的《历史学与社会理论》[1],另一本是法国社会学家布尔迪厄(Pierre Bourdieu)和法国史学家罗杰·夏蒂埃(Roger Chartier)的对话——《社会学家与历史学家》[2]。这两本书的内容其实已经不能跟上世界最新的发展步伐,所以我们既需要推动两个学科各自的演进,也要考察这两个学科在更新的过程中,其所处的外在环境的变化。我想说的是,当我们提出要建立一门历史社会科学(或者我本人更喜欢称其为历史性的社会科学),到底以哪个学科为主?这当然可以论证。但是在对话的过程中,会发现历史学和社会学不太一样。"不太一样"指的是什么呢?历史学的学统当然不及社会学。在这个对话的过程中,历史学相对而言参与得比较少,而社会学则参与得比较多。在我刚才提及的约60篇文献里,其实我们社会学家没有过多关注社会史学者的观点。这个对话交流是我们自说自话怎么去构建学科,怎么去吸收别人。但是,其他相关学科及专业——如人类学、社会史——怎么思考这个问题?这些均尚待讨论。

第四个要点是,既然要进行综述,那么我采取的角度就是多元的,但肯定不包括"中国社会学协会会长"的角度。当思考这些文献究竟体现何种研究视角时,可以引出下面四个小点。第一个小点是为何要研究历史社会学,即"为何"。第二个小点,叫作"何谓",即历史社会学研究的内涵和外延问题。不同学者所定义的历史社会学的概念有很大不同。第三个小点是怎么去做,即"如何"。第四个小点最为重要,是"何为",即历史社会学何为。关于"何为"这个问题,研究中国传统思想资源的现代转化的学者关注较多。在历史政治学领域,双方不是在进行

---

① 彼得·伯克:《历史学与社会理论》,李康译,上海人民出版社2019年版。

② 皮埃尔·布尔迪厄、罗杰·夏蒂埃:《社会学家与历史学家》,马胜利译,北京大学出版社2012年版。

一个很充分的对话，未来要将这个问题进一步放到学科规划之中。

第五个要点，就是相邻领域的范式演变问题。历史学、人类学、社会学相邻领域的范式演变是相互渗透的。其实社会学里从事历史社会学研究的学者在各个层次上——比如理论预设、实际操作、论证路线等——的看法各不相同。如果综合考察他们的文章，人们会觉得奇怪：有的被指责说不够科学，通过叙事来讲故事；有的被指责固然科学，但是不够社会；有的是凑满了社会和科学，但是不够历史。所以我觉得，如何能够把科学、社会、历史这三个层面融合进同一个历史和社会的维度——例如概念社会史或者概念史——是很有意思的。就此而言，国内学者虽然有很多探索和研究，但仍显匮乏，也是令我颇感遗憾之处。

当有这样一个概念社会史的认知后，就可以讨论后续问题。一是历史社会学、社会史和历史人类学三者如何相互借鉴。二是如何从口述史进一步推展到记忆研究。这方面值得一提的是南京大学学衡研究院以及周晓虹主持的超大型项目。这两个项目在社会学的讨论中是合理的，周晓虹提出了这两个项目可能存在的学理联系。三是从概念史到有关概念的历史社会学研究。目前国内从事概念史研究的学者除了方维规外，就是南京大学的一批学者。同时，聚焦政治史的历史社会学研究比较多，着眼社会学研究的历史社会学研究比较少。我十几年前翻译了一本小册子，即《后社会史初探》①。后社会思潮给我们展示了从社会学出发做历史学研究以及从历史学出发做社会学研究的案例，而且加入了语言学转向的一些思考，这方面还有更大的研究空间。可能目前南京大学在编的概念史丛书，还没有充分展开有关概念史的全部分析。四是史学理论和历史哲学内部如何看待历史学发展对社会关

① 米格尔·卡夫雷拉：《后社会史初探》，李康译，北京大学出版社 2008 年版。

注的缺失问题，或者说对社会科学认识的缺失问题。在这方面，郭台辉的几篇文章做出了回应。解决这一类的问题确实需要把历史两个字本身放到一个历史的维度和一个社会的维度。历史并非单纯静态的概念。我们可以说“把某物带入”(bring something back in)，但是“把某物带入”也把本来不在问题意识里的东西重新带回问题意识，后者提供了新的挑战。

最后再谈四点问题。

一是“回到社会”。人们会发现研究中国传统思想资源转化的一批学者面临着中国的社会学和西方的社会学的不同社会生成背景。比如，赵鼎新会说我们的历史社会学就是基于民族国家。这是差异的一面。但是既然看到了差异，我们应该如何重新界定 social 这个词，或者说“社会”这个词本身的历史社会意义？

二是“社会”的概念界定问题。除了做口述史研究的学者之外，其他学者较少关注这一问题。我从事的是口述史、底层叙事、非虚构写作(例如小说《北京折叠》)方面的研究。社会其实是由各个层面的群体构成的。单纯从传统或者精英文化这种角度去思考，就会忽略各个层面人群的认知方式、行为方式等互动的过程。我的自我认知地图和我的社会定位给我的地图是不同的。今天在座的各位年轻学生“佛系”也不行，“躺平”也不行，“卷”也“卷”不起来。而产生这种状态的原因是多面的，不能单纯归结为这届年轻人好吃懒做。“社会”内部其实有很多维度和层次，如何把这些层次立体地区分出来呢？这就要依靠历史社会学，就要把社会“历史化”“去自然化”，就要把原本被折叠的、模糊不清的社会存在所具有的意义和价值阐释清楚。历史社会学的学科关怀是面向当下的。

三是对于历史的反思。社会中的不同人群处于不同层面，有不同的体验。他们对于我们所谓的历史、历史感的认识存在不同。在某一特定文化中，各个人群都处在不同层次的历史舞台上，不同层面的人群有不同的历史性、生命周期。研究他们的生命周期，研究他们的记忆叙事也是一种“社会化”。在这个意义上，口述史和记忆研究，绝不仅仅是单纯的记录叙事，而是应该通过叙事研究来想象历史书写是如何层叠的、被涂抹的。这也就是所谓的“转入历史社会”。

四是我们有了“历史”的反思，有了“社会”的反思，最后则需要“学”的反思。“学”包括学科、学术、学人。我们在一个学科的内部训练中长久积累的某一种学科意识最后造成了某种学科无意识。虽然将不同学科界定得泾渭分明，但也在各学科专业之间形成了沟通的壁垒。所以，如何打破学科交流的壁垒，仍与历史化的研究、去自然化的研究、社会化的研究密切相关。在这个意义上的“社会科学转向历史”，其实也导致一种知识社会学的出现。相关的底层非虚构写作以及我们如何面对“活在当下”的历史社会学等重要问题，还有待进一步讨论。

如何兼得历史学与社会学的优势？*

任剑涛

在汉语学术界，历史社会学内蕴一点学科发动机的意味。它不但催生了学科自身的疾速发展，促成了不少专著与论文的知识产出，而且引发了相类学科的创制，历史政治学就是一个显例。但历史社会学究竟是一门什么样的学科，又以怎样的学术产出来拓展自己的学术地盘并对相类学科的建设做出示范，还是一个需要讨论的问题。近期，关于历史社会学的学科特性、学术定位的讨论，几乎已成学术热点。相关讨论激发人们思考建构历史社会学的必要性和理由，以及为相类学科的建构明确方法意识、积累学术资源。以下将从三个方面分析这些问题。

一、历史社会学如何寻求学科间优势？

历史学也好，社会学也罢，都是具有较长历史记录和深厚学术积累的人文学科与社会科学。但它们分别在自限的学科范围内，仅仅表现出自己的学科传统与学术优势。这既帮助它们清晰地划分出学科边界，也形成了容易辨认的独立学科优势。历史社会学则与之不同。历史社会学是以历史学与社会学为基础的综合性学科。它始自 19 世纪中叶至 20 世纪初期，学科典范的确立由马克斯·韦伯完成。拉长视距

---

* 本次发言经整理后，以论文形式发表，参见任剑涛：《历史社会学：如何兼得历史学与社会学的优势？》，《中国人民大学学报》2024 年第 3 期。

看,历史社会学先后出现了两次学科浪潮。“第一次浪潮,从孟德斯鸠(Charles Montesquieu)和休谟(David Hume),托克维尔和马克思到涂尔干和韦伯,持续了很长时间,最终在 20 世纪 20 年代晚期撞在右翼和左翼极权主义的墙上而一蹶不振。”[①]中经将近 40 年的沉寂,到了 20 世纪 50 年代晚期到 70 年代末,历史社会学在 T. H. 马歇尔、莱因哈德·本迪克斯、艾森斯塔德等人手里复活,并在 80 年代迎来“历史社会学的黄金时代”[②]。如今,可以说历史社会学的发展出现了第三次浪潮,在不长的时段里,已经出现了颇具活力的三代学人,出版了大量引人瞩目的历史社会学著作。

从学科性质上讲,它确实是想校正理解社会变迁,尤其是理解现代社会发展进程中出现的要么偏于历史叙事、要么流于社会结构分析的知识偏失。“历史社会学是对过去进行研究,目的在于探寻社会是如何运作与变迁的。一些社会学家缺乏‘历史意识’:在经验方面,他们忽视过去;在观念方面,他们既不考虑社会生活的时间维度,也不考虑社会结构的历史变迁。与之相似的是,一些历史学家缺乏‘社会学意识’:在经验方面,他们忽视不同社会的进程与结构的不同;在观念方面,他们既不考虑这些进程与结构的普遍特性,也不考虑它们与行动和事件的关系。相反,一些历史学家和社会学家致力于历史社会学的发展,探寻过去与现在、事件与运行、行动和结构的相互渗透交融。他们力图把澄清概念、比较归纳及探索经验紧密地结合起来。”[③]可见,历史社会学确实是一门尝试兼得历史学与社会学优势,又力图避免两门学科一般弱点的新兴学科。

---

① 丹尼斯·史密斯:《历史社会学的兴起》,周辉荣等译,上海人民出版社 2000 年版,第 2—3 页。

② 丹尼斯·史密斯:《历史社会学的兴起》,第 4 页。

③ 丹尼斯·史密斯:《历史社会学的兴起》,第 4 页。

那么，历史社会学能否兼得社会学和历史学的优势呢？如欲回答这一问题，需要优先讨论一些前置条件。

第一，历史社会学究竟是一门什么样的学科？历史社会学的学科归属很难骤然断定，因为它是试图兼得历史学和社会学学科优势的、含混的知识努力倾向的产物。“含混”指的是大家都在历史社会学的名义之下展开研究，却包含了不同的价值倾向与知识努力目标。依照社会科学研究方法的主张，各自对自己感兴趣的问题进行方法论上的、相似性的发挥，也是自认采取历史社会学研究进路的不同学者的权利。但由此却让人们知晓，历史社会学并不具有严格的知识共同体认受性，其知识努力与学术情感殊为不同。这虽然不构成在历史社会学名义下的理论研究的障碍，却构成历史社会学研究者以及学科间高度一致的学科认同的阻力。一个学科名义下聚集的学者，在面对现代社会及其发展时，依照某种相对一致的立场或进路追溯历史根源，建构研究者比较认同的规范理论问题，并为之进行阐释的知识状态，乃是构成一个知识共同体的条件。显然，目前历史社会学还很难提供一个公认的统一知识共同体的理由。中国学术界是如此，创制历史社会学的西方学术界同样如此，以至于谁是这一学科的代表性学者——“谁是名家”——的问题成为需要厘清的问题，而哪些学科被动员起来投入历史社会学的研究也漫无边际。广义的历史社会学，“包括所有倾向于在具体历史背景下关注社会变迁的社会科学家。在学科分化之后，主要参与的学科不仅是社会学、历史学，还有政治学、经济学、人类学、考古学、人口学、地理学、民俗学等等。如今，甚至人文、艺术、自然科学都加入其中”[①]。这让历史社会学看起来像是一个学术大杂烩。试图将几乎所有学科都

---

① 郭台辉：《历史社会学的技艺：名家访谈录》，天津人民出版社2018年版，第7页。

一锅煮的历史社会学，肯定需要花费巨大的功夫，才能将之理顺成一门自有规范和赢得认同的独立学科。

第二，历史社会学究竟是尝试进行理论创新，还是服务于实践需要的学科？可以说，历史社会学的研究，明显受两种基本兴趣——知识兴趣与实践兴趣——的交叠驱动。知识兴趣，即研究者追求纯粹知识的精神动力。它推动研究者对整个社会历史从古至今的发展路向，做出宏观整体的理论规划。宏观的规划可以来自偶发性的历史事件，也可以来自相互关联的历史过程以及人们对历史运作目的性的认知，源头不一。但不是基于统一的价值理念，而仅仅是基于相对一致的知识兴趣，其不同领域学者的研究，才会被认作归属于某种统一命名的研究学科。虽然在不同的分析背后，存在或强或弱的预设价值，但它不构成研究者必须明确表态的进入学科领域的先决条件。从实践的向度来看，历史社会学自然会继承社会学对现代总体社会进行研究的长过程中已经取得的知识成就，但也受制于社会学与历史学两者的学科特殊性及学科基本品质的双重要求。就社会学而言，历史社会学当然不能忘记本学科面对现代社会的取向。通过在历史向度揭示现代社会的成长，历史社会学可以显示自身兼得历史学与社会学学科优势的知识特长。所以，知识优势的兼得性，成为它的显著学科特征。不过，一些紧邻学科的边界，需要审慎对待：比如，社会学与人类学的传统边界的区分问题，就是一个不能轻率对待的问题。研究现代社会的社会学，与研究原始人群的人类学，两个学科的研究存在价值倾向差异。尽管以评价性标准看，人类学研究原始人群并不见得就是对他们的蔑视，而社会学致力探究现代社会也不等于就是对它们的赞赏。但是，两者的社会结构指向的重大差异不应被轻易忽视，否则就丧失了两个学科的独特性或学科边界。在现代中国引进社会学理论之时，聪明的前辈学者对之做过非常高超的处理，将两个学科统称为“社会人类学”。这虽可兼得两个学科优势的可能性，但也要冒失去两个学科独特优势的风险。

历史社会学的知识兴趣，并不妨碍它呈现其明确而自觉的实践兴趣。历史社会学的实践兴趣，表现为它明确解释的核心问题的实践指向。正如赵鼎新强调的，历史社会学就是要解释工业资本主义与民族国家建构的问题。围绕这个问题进行理论探究，就可以被认作历史社会学的研究；拒绝探究这个问题，则没有理由纳入历史社会学的研究阵营。这是一个可以争论的断言，但至少提示人们，历史社会学的理论探究，既不是发思古之幽情，也不是空发关乎社会问题的浩叹。它尝试解释现代社会与国家的兴起、发展、兴盛等问题，这是明确针对人类现代实践方案展开的研究，其知识兴趣在兼得历史学与社会学学科优势的雄心壮志上有明确体现，同时在推动人们普遍认同现代社会与国家发展的实践导向上，也具有不可小视的凌云壮志。

寻求诸多学科甚至全部学科的学术优势集于一身，将早已离散的学术事业聚拢起来，以审查社会何以在历史变迁中成为某一趋同样式，可能是历史社会学这一新学科的企图。凡是具有学科雄心的拓新研究者，可能莫不以此为鹄的。无疑，在当今学科高度细分的背景下，能够成功整合多种学科优势，甚至是所有学科优势以解析一个学科母题的研究，令人充满期待。这将为我们呈现一种全新的知识视角。只不过寻求学科兼得优势的两种前景会不时提醒雄心勃勃的学科拓新者：如果实现了兼得学科优势的目标，那么就会成为新的学科范式的创制者，这对任何一个尝试学科创新者都是一个极人的诱惑；如果实现不了学科的兼得优势，就可能沦落为不同学科的笑柄，被人嘲笑为“人心不足蛇吞象”的可悲人物。历史社会学需要审慎对待这样的学科拓展前景。

二、历史社会学如何明确知识扎根之地？

历史社会学以及由此衍生出来的历史政治学，其知识关怀与实践兴趣是联袂出场的。相对而言，如果一定要对两者的轻重进行差异化衡量，那么可以说：历史社会学、历史政治学的实践性驱动力更强。这与两个学科兴起的两种动力相关：第一种动力，可以称为理论与实践的对接动力；第二种动力，则可以说是勾画历史的社会运行机制，指明人类的现代努力目标。就后者讲，在赵鼎新确认的历史社会学研究主题上就可以辨认；就前者讲，这一动力的知识属性比较明显，但不能被归为知识动力。原因很简单。尝试兼得历史学与社会学或历史学与政治学两个学科的优势的知识建构尝试，不是因为研究者知识兴趣引发的新的知识建构努力，而是因为实践推动他们进行知识建构的转向。总体来看，历史学、社会学和政治学的研究在缺乏对现代目的性规范的把握和控制能力的情况下，由于受到外部权力动力和内部实践指向的影响，相关研究未能有效增强人们对现代政治性的共同意愿。因此，研究者们尝试打破学科界限，将原本局限于社会学或政治学的视角转向历史，以应对学科认同的乏力危机，激发学术活力。

若做稍微具体的分析，则可以说是相关研究者试图达到三重目的，从而展现了这类学科得以成型的驱动机制。仅以赵鼎新近期关于中国国家结构的研究为例，可以看出当前历史社会学的这类走向。

第一，将“历史”作为寻找现代社会与国家的历史位置的趋新路径。赵鼎新通过历史社会学研究中国古代的社会政治结构，建立起一个关于“儒法国家”的宏大叙事。[①] 其基本的知识状态就是把整个中国历史

---

① 参见赵鼎新：《儒法国家：中国历史新论》，徐峰、巨桐译，浙江大学出版社 2022 年版。

作为替换性的社会宏大理论的叙事对象，免除中国人在现代社会成长中的缺席与尴尬，证明中国历史对现代社会兴起可能做出的贡献，以及中国未曾缺席人类历史中的国家建构进程。诚如他自陈的，他研究的具体问题虽然是古代的，但指向的背后问题仍然是工业资本主义与民族国家的建构问题，因此是标准的历史社会学问题。尽管在具体的阐释上，赵鼎新的知识建构努力尚存疑点，如以“儒法国家”定位中国古代国家，显然不完整。这是因为从历史上讲，诸子百家都是“务为治者也”的思想，对帝制国家的兴起都发挥过不同的影响力，很难单凭儒法两家就清楚地揭示中国古代国家形态。如果不解释中国人的心灵建构，就很难揭示中国人的政治（国家）建构。前者需以儒道互补的揭示来呈现，后者才能以儒法互补的揭示来展示。但其著作属于历史社会学作品则是没有疑义的。就此而言，历史社会学的历史寻根性质展露出来，而历史社会学的社会解释意愿也同时显露。但做到两端均显成功的解释显非易事。原因很简单。从传统社会直接引申不出现代社会，这既然是历史的定案，便不是理论解释所能贯通的问题。反之亦然，从现代社会反推它的历史根源，不等于就可以将历史的发展线索顺延到当下，给出当下人们会普遍同意的社会连贯性解释。因此，赵鼎新以“儒法国家”命名的中国历史解释，作为一部历史社会学著作，需要的不仅是历史学的传统知识检验，还需要社会学的传统知识检验，与历史社会学的新知逻辑的检验。他要么以“讨好”三家而获得普遍喝彩，要么以“得罪”三家而不获接受。就第一个方面来看，赵鼎新的解释要让中国历史学界接受的难度甚大；就第二个方面来看，赵鼎新借助既有的社会学知识，尤其直接引用迈克尔·曼的四大权力形态来解释社会变迁，这种做法可能被指责为缺乏创新性和知识惰性；就第三个方面来看，历史社会学试图解释现代社会的历史源流，但这个问题闳大不经，任何结论都会有其理据，但任何结论也都会因为支持理由繁杂而让人摸不着边际。这给人一种面对历史社会学的模糊认受。

第二，历史社会学也好，历史政治学也罢，其理论意欲都是排除宏大社会理论建构，转向历史，将历史作为寻找当下社会机制的历史坐标的知识进路。此即赵鼎新明确指出的："历史社会学是基于特殊视角和方法形成的交叉学科，但它的核心议题却很清晰，甚至可以说只有一个，那就是工业资本主义和民族国家产生的原因及其后果。"[①]这是一个他自陈也得到公认的韦伯式命题，也是一个历史社会学试图扎根其中的母题。但由历史社会学做出相关解释，则是一种知识僭越，因为解释这样的问题，是一般知识建构很难完成的任务。它只能在实践的脉络中去寻求解释理由。如果尝试将实践性极强、现实性鲜明的社会机制归为一个理论解释活动，那就只能将历史固化为一个时刻的定势，而无法反映历史变迁的灵动性与人类活动方式的重构性。在历史社会学与历史政治学的研究中，不少研究者在研究预设上存在为革命辩白的意识，旨在反驳或矫正曾经流行的"革命耽误现代"的断言，认为革命其实是另类的现代努力方式。这自然是一种可以鼓励的知识探究路径。但一般而言，另类的努力肯定不是它所尝试矫正的那种努力的同一种努力，因为它的辩解方向性已经改变。无疑，在建立现代国家时，政治现代化是最重要的一个构成面。一旦未能规范国家权力，那么建构现代国家就仍然在路上。这是一种比较尴尬的处境，从结果上很难将这样的国家称为现代国家。但因为这样的国家在历史上曾做出多种多样的现代建国尝试，因此就可以从历史社会学与历史政治学的视角给予辩护。在此意义上，可以被纳入历史社会学范围的新革命史、中国古代

---

① 赵鼎新：《什么是历史社会学？》，《中国政治学》2019年第2辑。

国家研究、中国现代革命的正当性辩护，都因其运用了历史社会学、历史政治学的方法，而具有知识上的探究理由。但如果就此消解中国现代建国问题、消解中国深水区改革问题，尤其是遮蔽艰难的限权机制的建构问题，其研究的合理性势必降低，研究的有效性必然下降。这在历史社会学的创制者韦伯那里已经遭遇到相关的尴尬：尽管韦伯做出了迄今为止对“工业资本主义和民族国家产生的原因及其后果”[①]这一论题最宏大、最令人震撼的解释，但由于它是一个残缺的解释，即他的相关解释是未能完成预期研究设计的解释，所以在没能说明主要宗教如西方的天主教、东正教以及伊斯兰教等宗教伦理对工业资本主义和民族国家的产生所发挥的作用的情况下，他的学说不能构成对“资本主义何以仅仅兴起于西方”的完整且可信的解释。相应的问题就是，他对儒教等宗教伦理不利于助长工业资本主义与民族国家产生的解释，是一个固定时空条件下的静态解释，一旦解释项发生变化，其解释就不能成立了。如因为当代所谓“儒教资本主义”的兴起，对于儒教、道教与资本主义兴起关系的论述就需要改写。鉴于历史政治学尚未确立自己学科母题并随之孕生有关子课题，所以，它是否能构成一个学科，尚需接受质疑。

第三，相关学者尝试摆脱社会理论失落之后，社会学研究日益碎片化、历史学日益倾向琐碎叙事、政治学研究日益技术化的窘迫。就历史学而言，在司马迁“究天人之际，通古今之变，成一家之言”的叙史传统很难延续的情况下，历史学研究的规范进路需要解决如何自我拯救的问题。这是为了避免陷入历史叙事的无限繁杂，确保历史叙述获得目的性引导，并防止人们不知道如何面对历史、不清楚可以从历史中获得

① 赵鼎新：《什么是历史社会学?》。

何种启示。历史叙事越生动，我们在历史当中获得启发就越困难，人们久而久之就会疏远历史学的史实叙述。因此，历史学不得不在跨学科中左冲右突。历史人类学研究的兴起，也多少与之相关。但对历史的细致描写、跨学科的交叠陈述，能不能帮助历史学走出困境，还是一个疑问。就政治学而言，田野研究能不能直接上升为国家理论，公共管理化的政治学研究能不能提供有效的政治解释，社会学化的政治学能不能指向权威—服从关系的法治化建构，都是在未定之天的疑难问题。是否可以兼得两个学科边际建构的优势，从而为感兴趣的人们展现新的知识蓝图？这尚需由尝试这类研究的学者取得更具公信力的研究成果之后，才能得出结论。可见，汲汲于历史社会学的成功，就仿照"历史＋"的方式来急于建立相关学科，恐怕是吃力不讨好的事情。跨学科的研究，需要明确自己的知识扎根之地，否则就会流于一些漂浮不定的宏论。

三、历史社会学如何避免意图与结果的错位？

理性地看，历史社会学、历史政治学等诸如此类的学科，其规范理论研究兴趣和宏大理论建构能力，与其理论探究的主观意图之间存在明显错位。相关的跨学科探究常常变成琐碎问题的细微追究，而宏大主题由于难于处理，往往易被研究者回避。人们会发现，无论是社会学还是历史学、政治学，均已发展至试图解释一切问题的阶段，以至都带有明显的"学科帝国主义"的色彩。相比而言，如果说社会学的历史较为短暂的话，历史学与政治学都是历史极为悠久的学科，并已经形成了一些刚性的学术母题与研究规范。比如，历史学以社会变迁凸显历史进步，政治学以政体研究探究政治生活方式。即便是历史较短、不出百余年的社会学，也形成了探究现代社会机制的学科母题。人们完全可以根据一个研究者择定的主题与选择的研究进路，判断其研究属于哪一个学科范围。发展也相当晚近的经济学，更是以人类的谋利方式为母题，展开了全方位的经济活动分析，甚至“介入”其他学科的“领地”。人类社会诸多问题的探究，可以说大致逃不出历史学、政治学、社会学与经济学的圈套。但正因为如此，它们各自的学科畛域，也让学科探究走向了一个自我封闭的状态，以至于需要相互借取知识资源，以便闯出一个学科新天地。

历史社会学尝试证明，该学科有实质性的研究问题，有宏大的理论结构支持，不仅能够拯救人文学科（传统历史学），还能够拯救社会科学（传统社会学）。犹如赵鼎新明确指出的那样，历史社会学将曾经是明确偏向社会学的结构/机制叙事，与曾经是明显偏向历史学的事件/时间序列叙事结合起来，因此生成了一个传统社会学与传统历史学都不曾具有的学术新视野。这是因为，历史社会学发现了两者相生相随的特性，“当我们强调时间/历史的规律性的时候，我们其实也强调了某些社会结构和相应机制的重要性；如果我们完全坚信某种线性史观，我们其实也完全认可了某种社会结构决定论。反之，当我们越不相信时间/历史有规律，我们同时也轻视了社会结构/机制的重要性，强调了人类作为社会行动者能很好掌握和设计自己的未来；如果我们完全认可当今世界上盛行的观点，比如西方历史学家强调的‘每个历史都是自己的历史’，或者一味强调‘转折点’‘分水岭’和‘关键事件’对于时间/历史发展重要性的话，那么不但结构/机制分析完全失去了意义，而且会使以结构/机制分析见长的社会学和以事件/时间序列分析见长的历史学走向学术意义的同归于尽”①。这种将历史学与社会学视为一荣俱荣、一

① 赵鼎新：《权力、结构和时间性——历史社会学和宏观历史发展规律》，载赵鼎新编：《什么是历史社会学：〈历史与变革〉第1辑》，中信出版集团2023年版，第10—11页。

损俱损的内在关联学科，成为历史社会学足以成立的辩护理由。

如果信从这样的证词，那么就会相信，只要社会科学转向历史，就将面对光明前景。于是，社会学转向历史，或者广而言之，社会科学转向历史，变成历史社会学、历史政治学、历史人类学等交叉学科，就是一个学科发展的趋势，而不是一群学人的个人研究志趣。但这些学科的成就，还需要接受人们的广泛质疑：它们会不会变成"某某学科一个筐，乱七八糟往里装"呢？在知识探究的无政府主义方法主张中，往这一个个知识的大筐子随便装什么东西，倒也无妨。但这似乎并不能成功解救综合之前的各学科的生存危机。这就是在当下知识琐碎化的处境中，人们自觉回溯知识发展的宏大理论传统，呼吁宏大理论回归的原因。当然也得承认，从 20 世纪七八十年代直至现在，人们对宏大理论的召唤，成功度并不高。不但宏大理论难以回归，人文社会科学的琐碎化程度，似乎仍然在无可挽救地增强。这非常可悲。在"现代"走向"后现代"的趋势中，解构，去中心，接连宣布"上帝死了""人死了"，最终导致宏大理论的重建缺乏有效呼应的悲剧性结局。

可以说，由于不是统一的知识努力，历史社会学或其他相关学科，难以兼得历史学和社会学或者其他双学科或多学科的优势，或兼得双方对接的那些学科的优势。但这不能断言诸如历史社会学、历史政治学这样的学科尝试就没有意义。如何兼得传统人文科学和社会科学的研究优势，确实是走出分裂的人文社会科学窘态的必需之举。就此而言，历史社会学堪为两个或以上的传统学科进行综合研究的典范。何以如此？原因很简单，这是两个"帝国主义"式的学科走向新综合的宝贵尝试。就现代学术知识体系来讲，历史学构成人文学知识体系的"帝国主义"范式。这是指，不管从事人文学科研究，还是社会科学研究，无论研究任何问题，都逃不过"历史"的圈套。任何分门别类的子学科都存在历史学子学科，以至于马克思、恩格斯这两位规范理论研究颇具天分的人物，也不得不说研究哲学就是研究哲学史，因为他们也无力挣脱历史的限制。任何与时间叙事相关的具体历史故事，都有如“如来佛”的手掌；无论你是哪个学科“孙行者”式的研究者，你都无法逃脱它的限制。于是，任何学科的研究，都大致会进入历史学那种“两史一论”的框框，即历史科学理论加上世界史与国别史。这种具体学科分类法很难有强大的支持理由，因为这样很可能导致研究者深沉的历史思索被切割成细碎的历史叙事。因此，历史的理论叙述，会成为理论的概括表达或零散知识的堆砌；而历史的叙事，变成了缺少价值引导和宏观理念统摄的深挖细节。这是一种历史学的困境。但在双学科或多学科相互支持的研究中，社会学可以出来拯救历史学，反之亦然。社会学也是颇具“帝国主义”色彩的学科体系。几乎所有人文社会学科都有社会学的子学科，人们几乎无法逃出社会学的研究“套路”。但凡有新的问题域出现，社会学就会跟随而至，发展出一个新的子学科。这简直是“无所逃于天地之间”的学科罗网。假如这种相互支撑的学科结构，在任何一方缺乏自我支撑力量的时候，互补的另一个学科便提供足以弥补其缺陷的资源，那么，一种“抱团取暖”的学术效应就会浮现。

赵鼎新在阐述历史社会学的学科特性时就明确指出，历史社会学不是社会学的子学科，而是历史学与社会学的综合性学科。他抓住了历史社会学的真正学术优势所在。他指出，历史社会学的构成性母题，就是工业资本主义和民族国家建构的问题，这构成判断人们是不是从事历史社会学研究的学术理由。这也就将历史社会学的学术边界给勾画出来了：研究这个问题的就属于历史社会学，不研究这个问题的就不属于历史社会学。就此而言，历史社会学的学科结构，表现出一种历史学问题以社会学面目展现，社会学探究无限地打开了历史的复杂性闸门的独有特点。历史叙事的无限可能与社会建构的无限深度，双方互相显示魅力，实现对对方的学术“拯救”。结果当然是双方优势成功兼得，构成一个让历史学和社会学都走出困境的、极为光明的知识景象。

社会学长期以宏大叙事来展现自己的学科魅力。今日社会学，可以说与经济学一样，已成为具有“帝国主义”特色的超级学科集群。各种社会学子学科，如组织社会学、经济社会学、宗教社会学、政治社会学、知识社会学、教育社会学、法律社会学、体育社会学、军事社会学、家庭社会学、性别社会学等等，都可以佐证这一点。这与历史学已经出现了凡有学科就有该学科历史的子学科、凡属不同社会领域也有相应历史呈现的状态完全一致。这种高度发展的学科帝国主义，还想跨出学科畛域，兼得两个学科帝国主义的优势，其学术豪情可以想见，那会形成一个帝国主义学科自我放弃帝国营构、对另一个帝国主义学科致意的匪夷所思的景象。由此不会造成两个帝国主义气质的学科的互相解构，而是会生成一个具有超级帝国主义气质的新学科。这是一个诱人的前景：历史学的琐碎被克制住了，社会学的支离也消失无踪。随之浮现出来的，将是对人类现代变迁颇具恢宏气势的宏大阐释。但历史社会学或历史政治学的学科兼得性优势很容易成就吗？肯定不是，因为双方知识的建构都有各自的规范、原理与定势。作为现代专门知识的两大学科跨出各自界域可能导致的结果是：未能兼得优势不说，反而丧失原有的学科优势。这是一个必须率先警醒的事情。只有在学会一个学科爬行的本事之后，才可能去学科间的广阔天地里翱翔。

可见，尝试兼得两个或两个以上学科优势的跨学科研究尝试，存在一种知识风险，即两个学科的各自优势都可能无法保有：历史学不够“历史”，社会学不够“社会”，政治学不够“政治”。仅就历史学而言，可能会面临三个指责。一是史料不足。历史学无限地占有史料非常困难，历史学在不断发现新史料，但社会学急于把历史叙事拿来建构社会理论。二是历史学难以清晰刻画历史细节，历史社会学则明确建立有目的性的社会趋势论，结果伤害了历史真实的再现。三是想以历史目的性整合历史叙事的时候，让社会学无法真实叙述“社会”。这就让历史社会学不仅难以引入工业资本主义与民族国家建构的问题，而且让其难以在历史学与社会学的交叠向度，呈现整个“现代”的总体图景。

对历史社会学而言，是尝试建构兼得历史学与社会学优势的新学科更重要，还是回到社会理论传统更重要？这也许并不是一种互斥关系。但将之置于一个互斥的关系中考察，也许不无意义。社会学理论与社会理论有很大区别。前者重在探究社会构成机制与凸显社会问题及其机理，后者重在提供一个规范现代社会的理论建构图景。前者的叙事性较强，与历史学对接的空间较大；后者的规范性较强，叙事性较弱，很难与历史学进行学科对接。要试图找到两者的对接口，就需要创新研究大思路。历史社会学会不会只是社会理论的一种形态而已？若是如此，它就很难挣脱社会理论的传统，成为一门独立学科，它就只是一种进行社会理论阐释的方法或途径。“社会理论起源于现代早期，可以把它看成是对现代性的一种反思。从16世纪到20世纪，现代性的主题一直是社会理论当中一项起到统合作用的重大主题。为许多不同的研究途径提供了参照框架，这些途径的共同之处就在于都力求提供一种关于现代世界的解释。因此，社会理论首先是针对确定现代性形貌的各种社会、经济、文化和政治力量的兴起所做出的一种反应。”[①]既然社会理论研究已经将各种学科资源整合起来去集中探究现代性的兴起，那么只是尝试从工业资本主义与民族国家视角去解释社会变迁的

① 布赖恩·特纳编：《社会理论指南》(第2版)，李康译，上海人民出版社2003年版，第32页。

历史社会学，似乎很难逃出社会理论的研究传统。历史社会学的命名，可能不过是试图免于繁杂的社会学问题研究，重启社会理论研究的一个理论尝试罢了。

四、结语

对于现代社会发展的深刻理解，促使我们到历史纵深处寻找知识与智慧。历史确实从源头上给我们提供“爱”和“智慧”的双重资源。从古至今，历史促使我们思考的都是行为取向而非知识建构。而一切从史实出发的思考之所以能够促使思考，是因为它们一直都在各个学科的边际之间展开。这无疑给予历史社会学等交叉学科以强大的支持理由。这中间存在一个休谟模式与超休谟模式的选择问题。休谟模式，即事实—价值（value vs. fact）模式。美国分析哲学家普特南（Hilary Whitehall Putnam）指出，从来都不存在没有事实根据的价值立场，也不存在没有价值立场的事实陈述，因此价值与事实的缠结，宣告了价值与事实二分法的崩溃。一种基于规范—操作（norm vs. operation）的二分模式尝试取而代之。尽管休谟二分模式在社会科学哲学上依然具有无可争议的支配性地位，但普特南对之的质疑为人们展开新的尝试提供了指引。从这个意义上讲，历史社会学就需要慎思基本的规范意识，应对操作化社会的行为需要。因此，一方面必须肯定，历史社会学试图兼顾历史学与社会学的优势，非常可贵，因此值得继续尝试；另一方面，一种双赢的学科建构与双输的巨大风险，需要相关的学科尝试保持清醒的认识。与其一心获得跨学科优势，不如回到现代基本规范。也就是说，对历史社会学的问题圈定比历史社会学的匆忙理论突围更为重要。也许，历史社会学及类似的学科研究价值，就会逐渐清晰地呈现在人们面前？或者，历史社会学兼得两个学科优势的寓意，就有落实在研究实践中的机会？疑问与感叹同在。

另一个值得注意的学科趋势，对历史社会学的未来也会发生意想不到的影响。这一趋势就是历史社会学的学科边界越来越模糊，以至于它的命名可能丧失正当性，这让人疑惑。历史社会学在发展中形成的这一趋势，自然与其综合学科优势的企图紧密相关。当越来越多的学科被纳入历史社会学研究范围时，一方面固然让历史社会学获得了更多学科的学术资源，但另一方面也让历史社会学的学科边界面目全非，其命名可能都会成问题。“历史社会学进入了一个后学科阶段，既不完全由历史学统治，也不完全由社会学统治，而是受到了这两个学科的双重影响，其背景是一个更加广阔、更加具有多学科色彩的领域，社会学只是其中的一个角色。就方法而言，出现了一个从解释到阐释的转向，多元视角得到采纳和鼓励。确切地说，我们认为历史社会学进入了后学科阶段，是因为它现在提供了一系列灵敏度，后者可见于遍布各学科的各种历史学和社会学实践。它还更强烈地意识到了一元方法的衰亡，特别是关于历史解释之本质的意愿方法的衰亡。”[①]换言之，历史社会学因其意图兼顾两种学科的优势，反而在不断跨越多个学科后，变得愈发没有优势，甚至形成了其继续发展的劣势，这可能最终导致学科的解体。从近期迈克尔·曼对民主政体的研究、斯考切波对革命的研究，以及休厄尔对社会史、文化史的社会理论重构中，都可以窥见这样的趋势。难道历史社会学繁荣的同时，也就意味着历史社会学的衰颓？是否真是如此，端赖历史社会学如何进一步展开自己的研究向度。

---

① 杰拉德·德兰迪等编：《历史社会学手册》，李霞忠、李霞译，中国人民大学出版社2009年版，第9页。

从对象的“历史”到方法的“历史”*

王续添

近年来，以历史政治学的兴起为主要标志，在中国社会科学界出现了所谓的“历史转向”。这成为各个学科共同的研究新取向抑或学术新思潮，引发了持续性的热烈讨论，并推动了各个学科的学术发展。但是，这种研究转向在学术实践上如何具体展开和实际推进，不仅是对此心向往之的学人面临的研究困惑和迫切的学术需求，而且成为社会科学各个学科都必须处理和解决好的一个学术实践问题。我拟以历史政治学为例，以整个社会科学为基本观照，从学术实践上分析和阐释社会科学研究从以“历史”为对象到以“历史”为方法的缘由、路径及意义。换言之，我试图探讨和说明从对象的“历史”到方法的“历史”，实现历史和理论结合、时间和结构互嵌，建构科学性和历史性相统一的历史社会科学何以成为其研究转向的必由之路。

一、社会科学研究“历史转向”的现实需要和实践挑战

在今天的社会科学研究中，“转向”已成为表达各个学科研究取向或趋势的一种习语。在不同的学科或同一学科的不同研究领域中，有各种各样的“转向”，诸如文学转向、历史学转向、哲学转向、语言学转向

* 本次发言经整理后，以论文形式发表，参见王续添：《从对象的“历史”到方法的“历史”：社会科学研究“历史转向”的实践思考》，《中国人民大学学报》2024年第3期。

等等。这既彰显了人文学科对社会科学各学科的基础性意义，又体现了社会科学各学科对人文学科的依赖性。现代社会科学的“历史转向”，并不是指社会科学各个学科再次回归历史学，而是指社会科学研究重新走入历史，走进历史的深处，从历史和历史学中获取知识养料和元素，获取知识创新和理论创新的方法及技术，形成与历史学相融合的社会科学的研究范式及相应的学术作品，如历史社会学、历史经济学、历史政治学、历史法学等。进而言之，通过借助历史学，通过研究历史，通过运用历史思维和方法，达成理论与历史的深度结合，在总结历史经验的基础上，实现社会科学各学科研究的自主性、原创性和新发展，从而不仅服务于中国社会科学自主知识体系构建的学术实践，也服务于中华民族伟大复兴的实践。

（一）“历史转向”的时代驱动和现实需要

放眼世界学术界，社会科学研究的“历史转向”，既不是今天才有的，也不是只有一次，而是百余年来社会科学与历史学充满着张力、剪不断理还乱的复杂关系的一种阶段性体现。总体上看，可以说，这都是历史和时代的变化在社会科学中的反映。20 世纪中叶前后，历史社会学在欧美的兴起正值人类经历第二次世界大战后的“凤凰的涅槃”[①]和“从灰烬中复出”[②]。同样，历史政治学近年来在中国的兴起以及社会科学研究的“历史转向”，既不是一时兴起的冲动，也不是简单的模仿，而是在深刻的历史与时代变革背景下，社会科学顺应这一趋势而产生的新发展。

从全球来看，21 世纪以来特别是近些年来，世界百年未有之大变

---

① 丹尼斯·史密斯：《历史社会学的兴起》，周辉荣等译，上海人民出版社 2000 年版，第 1 页。

② 丹尼斯·史密斯：《历史社会学的兴起》，第 11 页。

局加速演进，世界进入新的动荡变革期，人们自然有“世界怎么了”“人类向何处去”的“世界之问”和“时代之题”。而在如此世界里的中国，中华民族的伟大复兴进入关键时期，呈现出战略机遇与风险挑战并存的局面。如何把握战略大势，如何应对风险挑战，如何推进民族复兴，就成为当下的“中国之问”和“时代之题”。在这样的历史大变革和时代大背景的驱动之下，中国社会科学研究不仅要以世界为参照、以中国为参照，而且还要以时代为参照、以历史为参照，将现时代的世界和中国置于世界大历史和中国大历史之中。只有如此，才能真正看清这种巨变和剧变，才能真正回答“世界之问”“中国之问”和“时代之题”，才能真正服务于中国社会科学自主知识体系的构建，服务于“两个结合”创造中华民族现代文明的现实需要。所谓“两个结合”，就是“把马克思主义基本原理同中国具体实际相结合、同中华优秀传统文化相结合”，它是创造中华民族现代文明，即“在五千多年中华文明深厚基础上开辟和发展中国特色社会主义”[1]的必由之路。因为“‘结合’打开了创新空间”，“更重要的是，‘第二个结合’是又一次的思想解放，让我们能够在更广阔的文化空间中，充分运用中华优秀传统文化的宝贵资源，探索面向未来的理论和制度创新”。[2] 一句话，中国社会科学研究走入历史，是历史和时代赋予的新责任，是时代驱动和现实需要使然。

（二）“历史转向”的学术路径和实践挑战

当下，“历史转向”作为中国社会科学一股新的学术思潮，对各个学科的学人——特别是中青年学人——颇具魅力和吸引力。但是，在学术实践上，这种“转向”不仅对个体而言不是轻而易举就可以实现的，而

---

① 习近平：《在文化传承发展座谈会上的讲话》，人民出版社 2023 年版，第 5、8 页。

② 习近平：《在文化传承发展座谈会上的讲话》，第 5、8 页。

且对学科群体或学术共同体而言也是如此。真正实现“历史转向”，即走入历史，一定是以具体研究的展开为基本进路和主要标志。这里所谓的“具体研究的展开”，就是走向研究具体化、问题化的学术实践，是具体领域、具体问题大规模和普遍化的研究实践及其成果的产出。进一步说，“具体”的意义是指研究内容的特定性和确定性，而不是一般性和纯粹理论性的“无历史”的研究。仅就历史政治学而言，提出和阐释建构一般理论与展开这一范式的具体研究，不能相互替代，而应相得益彰，共同构筑历史政治学的知识大厦，但具体研究无疑应是大量的、占据主体地位的。没有具体的研究，历史政治学就无法实现实质性的展开。从近年来的学术实践来看，政治学研究的“历史转向”，即历史政治学在学术实践中除一般建构性的纯理论研究外，具体展开的研究路径主要有思想史路径、制度史路径等。思想史在某种意义上说既是首要的路径，也是捷径，制度史则次之。尤其是思想史易于在“历史转向”的大潮中顺势而为、借势而上，直接而快速地产出历史政治学具体研究的作品，体现为在原来的基础上向前再走一步，从思想史的具体研究中探究一般理论。需要指出的是，原来的思想史研究和历史政治学的思想史路径是不能简单等同的。以思想家个体思想为对象的政治思想史研究，是非通史型的“小思想史”研究，也不一定追求一般性和理论化。即使致力于上升为一般理论，根本上也还是源自对人的思想，即主观世界的推演或归纳，而非源自对历史客观世界的总结和概括。从这个意义上说，如果还是基于原来的思想史研究和制度史研究的所谓思想史路径和制度史路径，并不是我们今天所要追求的真正意义上的历史政治学乃至历史社会科学（以下一般使用“历史社会科学”的概念）。真正的“历史转向”，即走进历史所形成的历史政治学的研究路径，首先是以整体系统的大历史观指导为前提。只有将具体研究对象置于产生它们的历史场域加以审视和考察，才能够从整体和宏观上把握它们，才能使历史和理论结合，并从历史研究中创新和发展理论。换言之，只有以大历史观为指导，才能实现历史研究基础上的一般性追求。从这个意义上说，以大历史观为指导的思想史路径和制度史路径，才真正属于历史政治学的研究路径。以历史变迁和历史过程为对象的政治史路径乃至综合史路径，则更能够凸显历史政治学研究路径的意义。尤其是长时段和综合性的历史过程，展现的是客观历史的复杂变化和不断累积的“大历史”，对此展开的政治史路径或综合史路径的研究，才有可能阐发更具客观性和真理性的一般性理论。当然，后两种研究路径在当下的学术实践上还是少之又少的。而这也恰恰说明了社会科学研究真正“走入历史”才刚刚开始，面临着主观和客观、内部和外部的多重挑战。

在学术实践上，首先遭遇的就是历史学科的挑战。历史学作为最古老的包罗万象的学科，即使到了现当代，它与其他学科的联系也最紧密，甚至“被戏称为‘跨学科合并最繁忙的地方之一’”[①]。尤其在中国这样一个历史悠久又极其重视历史研究的国度，历史学有着较为醇熟深厚的学术传统、规范方法和庞大的研究群体。当社会科学研究“走入历史”时，历史学既是丰厚的学术资源，也是巨大的学术挑战。在中国开展历史社会科学研究，没有历史学基础的社会科学学者往往会对“历史”望而却步。而且，如果得不到历史学界的认可和支持，这种研究范式的发展就会受到阻碍，或者说至少不会那么顺利，学术成果也难以产生应有的学术影响力。这从本质上看，还是跨学科研究的挑战。跨学科研究旨在摆脱单科治学及其知识生产的局限性，更好地创造和产出新知识，是两个学科及以上的知识和方法的融合。但跨学科使“学科间

① 汤普森·克莱恩：《跨越边界：知识、学科、学科互涉》，姜智芹译，南京大学出版社2005年版，第66页。

性”问题凸显，对于研究者来说无疑是一个实实在在的学术挑战。

其次是“历史”内涵的挑战，即社会科学研究者对“历史”的理解和实际处理的多重困境。毫无疑问，研究者对历史社会科学中“历史”的含义全面准确的把握，是展开具体研究的前提和关键（或曰一把钥匙），这直接关乎社会科学研究走入历史能否真正实现，也攸关历史社会科学研究范式能否真正建立。当代美国政治学者皮尔逊（Paul Pierson）曾总结指出：“人们可以辨识出社会科学三个显著的‘历史转向’（historical turns）。它们都曾经丰富了我们的知识库，但各自也有严重的局限性。”这三个“历史转向”，一是“历史即研究往事”，二是“历史即搜寻例证性材料”，三是“历史即产生更多案例的场所”。[①] 实际上，皮尔逊所指的三种“历史转向”，至多是对“历史”内涵的理解和实际处理的两重含义：“历史”和“历史学”。“历史”即过去，即往事；作为历史学的“历史”，即对过去和往事的研究。这两种含义的“历史”都是历史社会科学研究中“材料”和“案例”来源之所在。但是，这里“历史”的第三重含义也是根本含义，是一种与哲学思维和哲学方法、科学思维和科学方法相区隔的思考和认识的方法及技术，即历史思维和历史方法。以这种思维和方法理解正在发生的事、正在发生的“现实”也就具有了“历史”的含义。恰恰相反，这三种“历史转向”，显然还是社会科学既有理论对“历史”的需要和框定，仅仅把“历史”作为社会科学研究借助的工具，而不是深入历史之中，更不是运用历史思维及方法从事社会科学研究，也就无法从根本上解决历史和理论、时间和结构的关系问题。皮尔逊就此指出：“转向历史基本上不能等同于运用叙事或编纂历史证据，

---

① 保罗·皮尔逊：《时间中的政治：历史、制度与社会分析》，黎汉基、黄佩旋译，江苏人民出版社2014年版，第5—6页。

而是构成了事情如何在社会世界中发生的理论主张的基础。”[①]只有全面深刻地理解“历史”的内涵，尤其是从思维和方法的角度透析“历史”的含义，才能走出对“历史”实际处理的多重困境，真正实现社会科学研究的“历史转向”。

最后是“转向”主体的自我挑战，即研究者大多“历史”先天不足或缺失。现代社会科学早期的研究者和知识生产者，大都来自包括历史学在内的各个人文学科。在中国，即使改革开放后的一段时间内，社会科学各个学科中来自历史学和其他人文学科的学者也还占有一定的比例。但是，伴随着社会科学各个学科的不断发展，单科治学使各个学科的专业化程度越来越高，各学科研究者的学科自主性和专门化程度也不断提高。尤其是 21 世纪以来，经过社会科学各个学科自身培养和成长起来的大多数中青年学者，从学术背景上来说，历史知识、历史思维和历史方法的先天不足甚至缺失，历史感欠缺和弱化，远离历史甚至“忘记历史”[②]成为不争的事实。在社会科学各个学科中，历史既是因素，也是要素；既是对象，也是方法。如果研究者本身欠缺应有的历史感、历史知识、历史思维及方法，如何从事历史社会科学研究呢？这显然是“转向”主体的自身挑战。因此，“历史”补课、历史思维和方法的补课就成为必须。对于当下中国社会科学研究来说，“历史转向”或者说走入历史，应像对现代自然科学的崇尚和追逐一样，补充历史养料，厚实历史基础，吸收历史知识，汲取历史思维，掌握历史方法，培养历史

---

① 保罗·皮尔逊：《时间中的政治：历史、制度与社会分析》，第 5 页。

② “忘记历史”是当代英国经济学家霍奇逊(Geoffrey M. Hodgson)对第二次世界大战结束后以经济学为代表的西方社会科学“遗忘历史特性问题”的概括。他说：“战后的经济学遗弃了历史特性问题……战后社会学也将自己致力于宏大的一般性主题的研究。在所有的社会科学中，历史特性问题几乎被完全遗忘了。”参见杰弗里·M. 霍奇逊：《经济学是如何忘记历史的：社会科学中的历史特性问题》，高伟、马霄鹏、于宛艳译，中国人民大学出版社 2008 年版，第 33 页。

感，从中国大历史和世界大历史的研究与比较中，发现“中国道理”，“用中国道理总结好中国经验，把中国经验提升为中国理论”[①]。

如何应对这些挑战，实现社会科学研究“走进历史”与历史学的跨学科发展，必然要经历一个从以历史为对象到以历史为方法的学术实践过程。

二、对象“历史”的两重内涵及其对“历史转向”的意义

所谓对象“历史”的两重内涵，是指社会科学学术实践中以“历史”为借助对象和以“历史”为研究对象的两种情况，是社会科学研究走入历史的两种不同程度和不同层次的学术实践状态。明确这两重内涵及其对社会科学研究转向的意义何在，是具体展开和实际推进历史社会科学学术实践的基本前提。我将从以下几个角度展开论述。

（一）“历史”作为借助对象的含义

“历史”作为借助对象，是指社会科学研究对历史学作品内容的征引和使用。具体包括以下三种情况：一是对一般性历史知识（历史常识）的借助和使用；二是对历史研究作品中引用的资料，即被历史研究者选择过的史料的借助和转引；三是对历史研究中得出的历史认识和结论的借助和使用。对于欠缺甚至是没有历史学基础的社会科学研究者来说，进入历史社会科学研究，借助“历史”是首要环节和最初阶段，当然也是历史社会科学研究的一种基本类型。因为要进行历史社会科学研究，首先就要面向历史。历史在哪里，研究者最直接的反应就是找寻和发现相关的历史学作品，从这些历史学累积下来的相关著述中发现对自己研究有用的历史知识、历史资料，进而得出历史认识或结论。

---

① 习近平：《在文化传承发展座谈会上的讲话》，第10页。

一般性的历史知识或历史常识，可以从很多具体历史研究的作品中得以呈现，甚至相关的历史教科书呈现的都是这种历史常识，这是最普通的但同时也是最基本的历史知识。当然，历史知识不仅仅是常识。具体到一个特定的研究领域、特定方面的历史学研究作品，都会构成研究这个领域、这个方面的历史社会科学知识。从一般意义上说，这些历史知识或历史常识，虽然是历史研究者历史书写和历史叙事的具体内容，但回答的是"历史是什么，历史怎么样，历史为什么"的问题，包括历史中具体的人和事、具体的历史过程和历史因果，以及研究者的历史认识、历史理解和解释等。

历史学和历史社会科学的作品在品相上的一个重要区别就在于，历史学作品中有大量历史资料的运用，包括档案、报刊、人物的文集、日记、口述史等，或者是历史演进过程中直接留存下来的其他类型的信息。但是，这些历史资料显然都是历史研究者选择过的。选择过的历史资料意味着：一方面，这些由历史研究者从众多的各种各样的历史文献中审慎辨识并提取出来的内容，可能是反映该方面历史事实最为可靠的和最具典型性或代表性的材料；另一方面，正因为它是历史研究者选择过的，也可能存在主观的刻意剪裁和"为我所用"。不管怎么说，被选择过的史料，只是大量的甚至是浩如烟海的历史文献中的一粟，社会科学研究者当然可以借助和使用，但也要清楚它可能的局限所在。因为从根本上说，这种借助和转引使用意味着社会科学研究者接受了历史研究者的资料选择，即认可了他们通过资料的使用所重建的历史事实。

历史社会科学研究者往往会更乐于接受并使用历史研究的认识和结论。因为对于没有直接做过历史研究的历史社会科学研究者来说，选择相信和尊重历史学的研究成果，可以说既是他们的学术本能，也是他们的学术理性。他们一般会认为，历史研究者通过梳理大量历史文献之后形成的历史认识是可靠的、令人信服的。但是，在此需要历史社会科学研究者明白的是，尽管这种历史认识是基于客观的抑或非常丰富翔实的历史材料得出的，它也仍属于人的主观认识，必然受制于历史研究者的个人学术功力和认识水平。同时，这种历史认识一般是直接从历史材料中得出的。所以，它难免会受到历史材料局限性的影响。而且，受历史学学科属性和研究目标的制约，一般情况下，这种历史认识往往也欠缺相应的社会科学的理论分析。

通过阐释历史作为借助对象的内涵及路径，在明晰借助的"历史"是什么和如何借助的基础上，可以进一步发现借助对象的"历史"对于社会科学研究"走入历史"的意义所在，这是我要谈的第一点。

（二）"历史"作为借助对象对社会科学研究"历史转向"的意义

作为历史社会科学研究的一种基本类型，以"历史"为借助对象，对于当下社会科学研究"走入历史"或者说对于历史社会科学学术实践的具体展开和实际推进有重要意义。

从研究范式转换的基本定位上看，它所显现的是社会科学研究"历史转向"的初步和浅层状态。对于先天缺失"历史"的历史社会科学研究者来说，走进"历史"首先只能是对"历史"的学习和"借助"，这是绕不开和越不过的第一步。作为研究者，如果没有相应的历史学知识背景及其学术训练，就直接进入漫无边际和杂乱无章的历史材料堆中，不仅是无法做到的，也是一种学术冒险，会因为缺少相应的历史辨识力，而无法驾驭这些资料。显而易见，作为走进历史的第一步，还不能说是已走进了历史的"深处"，尚处于与"历史"结合的浅层或表层状态。因为这个“历史”还属于别人研究出来的“历史”，即历史学的“历史”，而不是历史社会科学研究者本身研究出来的“历史”。在此基础上的所谓理论创造也不过是依托别人的“历史”的产物。

从研究作品的属性及品相上看，它使历史社会科学作品的属性及品相初显。属性上，历史社会科学的学术作品属于社会科学，而不属于历史学，因为归根到底，它追求的是理论产出，即一般性抑或规律性，与历史学主要以“事实”而非理论的具体和现象的研究作品属性恰好是相对应的。但品相上，它又不同于一般社会科学的学术作品，主要就是在理论之外，还有不同程度的“历史”的存在。总体上，历史社会科学的学术作品可以分为两大类四小类。第一大类是历史社会科学规范研究或者纯理论研究的学术作品。它聚焦于历史社会科学的理论和方法，属于这一研究范式的奠基性和规范性作品。它是“历史”含量最少的一类，其中的“历史”不仅是借助的，而且一般仅作为一个与理论相对应的抽象的对象，即作为理论阐释的对象而存在的。这一类以往以历史社会学最为突出，近年来历史政治学也开始出现。[①] 第二大类即历史社会科学经验研究的学术作品。它聚焦于社会科学的特定研究领域和具体问题。依据其“历史”和含量及性质的差异又可分为三小类。一为与其“理论”含量相比，“历史”特别是具体历史过程的“历史”含量较少，并且这些“历史”一般多为概括性历史事实，大都是从历史学学术作品中借助而来的。迈克尔·曼的《社会权力的来源》和福山（Francis Fukuyama）的《政治秩序的起源：从前人类时代到法国大革命》[②]《政治

---

① 参见杨光斌：《历史政治学：中国政治学的范式革命》，中国人民大学出版社 2023 年版。

② 福山在序言中对此说明：“为了从事如此广泛的研究，我不得不几乎全然依靠二手资料。”参见弗朗西斯·福山：《政治秩序的起源：从前人类时代到法国大革命》，毛俊杰译，广西师范大学出版社 2012 年版，序言第 6 页。

秩序与政治衰败:从工业革命到民主全球化》是这方面的代表作。二为与其“理论”含量相比,“历史”含量较多,并且这些“历史”不仅仅有概括性的宏观历史事实,还有具体微观的历史事实,不仅是借助历史学的,更是自己研究出来的。在此,“历史”既是对象,又是方法。邹谠的《美国在中国的失败(1941—1950)》可谓这方面的代表作。三为与前两小类相比,“历史”的含义和性质不同。这里的“历史”,不再是过去的“历史”而是当下的“现实”,不再是对象而只是方法。至此,以“历史”作为借助的对象,在社会科学研究“历史转向”的意义上,至少可以产出和显现历史社会科学前两小类的学术作品(即所谓初显)。

从历史和理论的关系处理上看,呈现出历史和理论的一般和有限结合。以“历史”为借助对象,使社会科学中有了“历史”,但作为社会科学研究“历史转向”的初始阶段或曰一种研究类型,其根本局限还在于它只实现了历史与理论之间宏观性和一般性的低度结合。因为这种研究,还是在社会科学的理论框架内对既有的历史研究做了程度不同的借助、依托以及在此基础上的理论阐发,历史和理论结合的具体性和深度是不够的,主要处于“以论带史”——以理论统领历史——的史论关系状态。这种历史与理论的关系说到底是别人的“历史”与自己的“理论”的“结合”。这类作品的“原创性或许主要来自理论而不是详细的历史分析”[①]。而且,尽管研究者做了最大的努力,仍有可能会犯“事实上和解释中的错误”[②]。如迈克尔·曼为了写《社会权力的来源》第三、四卷,“阅读了大量的历史文献,但远未达到全面和彻底的程度”,如果该著的“叙述引用了什么错误的史料,或者借鉴了不可靠的历史学家的观

① 迈克尔·曼:《社会权力的来源(第三卷):全球诸帝国与革命(1890—1945)》(上),郭台辉译,上海人民出版社2015年版,第1页。

② 弗朗西斯·福山:《政治秩序的起源:从前人类时代到法国大革命》,序言第6页。

点，或采纳了一个可能具有高度争议的观点”，他本人认为“这完全是意料中的事情”。[①] 从根本上说，以“历史”作为借助对象的研究，不是以“历史”为对象的研究，不是研究者对历史的直接研究。借助的意义仅仅在于依靠“别的人或事物的帮助”而达到自己的目的。所以，历史社会科学研究的具体展开和实际推进，需要进入以“历史”作为研究对象，乃至以“历史”作为方法的研究阶段和研究类型。

（三）“历史”作为研究对象的含义

“历史”作为研究对象，是指社会科学研究者直接以特定历史现象为问题而展开研究。主要涵盖下列三种情况：一是自主挖掘和运用历史文献（尤其是一手历史文献）；二是自主重建历史事实；三是形成自主的历史认识并进一步阐发政治学或其他社会科学理论。

历史研究的前提和第一步就是对历史文献（尤其是一手历史文献）的自主挖掘和运用。作为历史社会科学研究者，进入以历史为研究对象的研究情境，就不能再仅从历史学的研究作品中获取二手文献，而是在此基础上，体现出对历史文献应有的主体性、主体意识和主体能力，即自主地搜集、获取、处理和使用历史文献。挖掘和获取是研究者对历史文献的找寻和发现能力，体现着研究者的历史视野及其研究的基本功，也是其研究水平的基础；辨识和运用是研究者对历史文献的驾驭和理解及解释的能力，代表着研究者建构历史知识和形成历史认识的基本功，是其历史研究水平的一个主要标尺。可见，自主挖掘和运用历史文献（尤其是一手历史文献），标志着社会科学研究开始“走进历史深处”。

在以历史为研究对象的研究过程中，自主重建历史事实是一个中

---

① 迈克尔·曼：《社会权力的来源（第三卷）：全球诸帝国与革命（1890—1945）》（上），第1页。

间环节。它是指历史社会科学研究者通过爬梳大量历史资料(尤其是一手历史资料)后,对历史过程加以具体的事实重建。这是一个小心谨慎乃至艰辛的探索过程。它的全过程都是通过确认真实可信的资料来实现的,它所追求的是客观和真实,还原历史本真,展现历史逻辑。它体现着研究者对历史过程的理解能力和研究水平,代表着研究者建构历史知识和形成历史认识的基本能力。"走进历史深处",最主要就是对历史过程的研究,即对历史事实的重建,对历史因果的本真呈现,对历史复杂性的彰显和揭示。历史事实的重建非常不易,但又极其重要。如果研究者对人类社会重要的历史过程、重大的政治变迁都不能够自主性地把握和重建,又如何理解、抽象和概括那些政治普遍性呢?因此,自主重建历史事实是形成历史认识和阐发社会科学理论的重要前提,是社会科学"走进历史深处"的基本标志。

形成自主的历史认识就是基于对历史事实的重建来进行自主的历史认知,它是历史社会科学研究者在还原历史事实的基础上对历史的理解和解释,体现着研究者对历史的解释能力和认知水平。但是,一方面,这种历史认识不能简单地等同于社会科学理论,它不一定具有明确的社会科学学科的理论属性。正如法国政治学家阿隆(Raymond Aron)所指出的:"历史认识不是简单的事件积累。在活人的精心阐述下,历史旨在重建逝者的存在……它有别于自然科学,甚至有别于旨在解释过去、现在和未来之事的社会科学。"[①]另一方面,它是历史事实和社会科学理论之间的桥梁和纽带,是进一步阐发社会科学理论的知识前提。因此,它在以历史为研究对象的研究过程中居于核心地位,是"走进历史深处"的结果。

---

① 西蒙·阿隆:《历史意识的维度》,董子云译,华东师范大学出版社2017年版,第46—47页。

（四）“历史”作为研究对象对社会科学研究“历史转向”的意义

比起以“历史”为借助对象，以“历史”为研究对象是一种更进一步也更深入的历史社会科学的研究类型，对于当下社会科学研究的“历史转向”——历史社会科学学术实践的具体展开和实际推进——具有更为重要的意义。

从研究范式转换的基本定位上看，它所显现的是社会科学研究“历史转向”的深入和深层状态。它实现了社会科学的历史研究，标志着这种研究转向进入一个更为深入和高级的阶段，使其不再满足于对历史的知识、材料和认识的借助，而是在历史文献（尤其是一手历史文献）挖掘和运用、历史事实重建、历史认识形成等研究环节上都凸显了研究者对历史的自主性研究，并在此基础上做了历史学者没有做的最后一步工作，即从历史研究中发现和创新社会科学理论。可谓既“走进历史深处”，又“从历史深处中走出来”。

从研究作品的属性及品相上看，它使历史社会科学作品的属性及品相呈现跨学科的特征。属性上，比起以“历史”为借助对象的历史社会科学作品，以“历史”为研究对象的历史社会科学作品的历史学属性更突出了，尽管仍可视为社会科学作品，但同时也可看作历史学作品。品相上，以“历史”为研究对象的历史社会科学作品同样也兼具明显的历史学作品的品相，内外均显现了更多和更高质量的“历史”：丰富的历史文献（尤其是一手历史文献）、微观精细的历史过程、准确深入的历史认识等。邹谠的《美国在中国的失败（1941—1950）》是这种跨学科研究的一部代表性作品，美国国际关系学者摩根索（Hans Morgenthau）曾评价该书“既是一部体裁宏伟的历史著作，又是一部杰出的政治科学著作”[①]。

---

① 邹谠：《美国在中国的失败（1941—1950）》，王宁、周先进译，上海人民出版社 2016 年版，序言第 4 页。

从历史和理论的关系处理上看，它实现了历史与理论的高度或深度的结合。由于对“历史”不再仅限于“借助”层面，而是作为“研究”的对象进行自主性探究，也就不再拘泥于社会科学既有的理论框架，而是依据历史研究建构新的理论框架和阐发新理论，进而实现了“论从史出”和“史论结合”，并赋予其新的意涵。“论从史出”和“史论结合”是历史学一条基本的研究规范和学术共识。在历史学中，“论从史出”和“史论结合”的“论”，主要是指基于历史事实重建所形成的历史认识和历史理论，而在历史社会科学中，这个“论”不仅是历史认识，也是社会科学的“理论”。“论从史出”可以理解为理论来自历史，“史论结合”也可以理解为历史和理论的结合。显然，这种历史和理论的结合是走进历史深处的深度结合，由此形成的研究成果和研究主体的学科属性也就具有了跨学科的意义。美国政治学者迈克尔·罗斯金(Michael Roskin)等就此指出：“对政治学者来说，历史是主要的资料来源之一……但历史学者与政治学者找寻不同的答案，且用不同方法处理资料”，历史学者“很少提供或是根本没有通则化”，“政治学者则以找寻一个通则化为开始，我们经常拿历史学者的发现来比较及对照……有些历史学者也有可能做比较研究，我们就把他们升格为政治学者”。①

以“历史”为研究对象的历史社会科学的研究虽然已表明社会科学“走进历史的深处”，但从研究主体本身的转变而言，这并不是其所谓“历史转向”的终点，因为社会科学的研究对象不只是历史，还有现实。这种“转向”如果仅仅将“历史”归结为研究对象，那么由此建构的研究进路和研究范式是无法完全确立下来并得以延续的。社会科学运用什么工具和方法去做历史研究，才是这种转向的最后一站和最高层次，这

① 迈克尔·罗斯金等：《政治学的世界》，刘后安、洪圣斐等译，时英出版社2002年版，第3—4页。

种工具和方法就是古老而又现代的历史思维和历史方法。

三、方法"历史"的两重内涵及其对"历史转向"的意义

所谓方法"历史"的两重内涵，是指社会科学学术实践中以历史作为操作方法和思维方法的两种情况，是具体展开和实际推进历史社会科学研究基本方法的两种形式。它是对"以历史为对象"的超越，凸显了其对社会科学研究"历史转向"的方法论意义。我将从以下几方面加以阐释。

（一）"历史"作为操作方法的含义

在今天，谈到历史方法，或许有些学人会不以为意，因为"人人都是他自己的历史学家"这句名言似乎让人感到历史研究可以无师自通。但这实际上是一种错觉，因为"选择事实材料的过程本身就要求""有纯专业的训练"。[①] 当代英国历史学家霍布斯鲍姆(Eric Hobsbawm)谈及这方面情况时说："虽然现在已经有一些社会科学家投入我们历史学的阵容，并且获得了我们的尊敬，但另外却有更多的社会科学家用相当粗糙而机械的概念与模式来研究历史……有不少人冒险进入历史领域，面对着浩瀚的原始资料却浑然不知其中的危险，也不知道该如何避免或克服这些困难。"[②]霍布斯鲍姆讲的这个情况也许契合了当下社会科学研究"历史转向"的某些实际。

而所谓"历史"作为操作方法，就是指历史社会科学学术实践中历史研究外在的实践方法，即对历史资料（也包括现实资料）的搜集、整理、鉴别和运用等手段、方式和程序，主要包括搜集和获取史料、整理和

---

① E. M. 茹科夫：《历史方法论大纲》，王瓘译，上海译文出版社 1988 年版，第 198—199 页。

② 艾瑞克・霍布斯鲍姆：《论历史》，黄煜文译，中信出版社 2015 年版，第 120 页。

鉴别史料、运用史料等方法和环节。

以特定问题为对象的历史社会科学研究，搜集和获取史料（包括现实的材料）是展开具体研究的基本前提和第一步，这一步“最劳而最难”①。尽最大努力和一切可能去发现和挖掘史料，是一种应有的研究意识和学术自觉，应以“穷尽一切”为精神，以史料的丰富、多样作为追求的目标，避免单一化。人类历史愈趋晚近，史料的类别愈多，但是其中一手史料最受重视，因为它是历史演进过程中直接留存下来的文字记录及其他信息，包括各类档案、日记、报刊等，而其他史料如回忆录（口述史）等则应为辅助。这方面，或是基于不同的问题——诸如包括题域大小和具体历史时段等的差异，或是由于研究者相关经验和客观条件的不同，对史料的搜集和挖掘会有诸多的差异性和复杂性。

对获取的丰富多样的史料，整理和鉴别是重要的一环，也是运用的前提。历史的复杂性在史料方面的一种体现，就是其真伪问题的存在。无论是直接留存下来的资料，还是当事人后来追述的内容，都可能存在不真实的情况。如果不加全面系统的整理和鉴别，研究者或许就会被历史的假象所蒙蔽，而难以发现历史的真实。“正误辨伪，是谓鉴别。”②审慎比较，小心求证，反复考订，去伪存真，是一项艰巨的研究任务，也是一种重要的研究方法。傅斯年指出，“史学的工作是整理史料”，而整理史料的唯一方法，他认为就是“比较不同的史料”。③ 这种比较，“就是竭尽一切努力来确定一项史料、信息，以至事实的可靠程度”④。只有如此，才能对史料加以运用。

史料运用，就是进行历史书写，通过史料再现历史。历史书写是史

---

① 梁启超：《中国历史研究法》，上海古籍出版社 1998 年版，第 41 页。

② 梁启超：《中国历史研究法》，第 77 页。

③ 傅斯年：《史学方法论导论》，中华书局 2015 年版，第 3 页。

④ E. M. 茹科夫：《历史方法论大纲》，第 209 页。

料运用的过程也是结果,运用的充分性是基本要求。“没有充分的材料,便不能说明历史的活的具体的内容。”[①]这一点不仅是历史学科的自身规范,对于社会科学也是如此。美国社会学家米尔斯指出:“每一门社会科学,或者更准确地说,每一种思虑周详的社会研究,都要求其观念具备历史视野,并能充分运用史料。”[②]运用的综合性是另一个基本要求。能否综合性、全面性地运用史料,是研究者学术素养和治学态度的体现,也直接关涉和影响研究质量和成果水平。“历史研究的成就在很大程度上取决于所使用的史料不限于某一种(如考古发掘的结果,文献的利用等等),而是使用了提供相互补充的信息的各种史料的总和。”[③]恩格斯《家庭、私有制和国家的起源》一书就是“根据大量的史料和政治材料写成的”[④]。相反,偏重某一种或某一类史料的使用一般被视为研究的大忌。因为运用史料就是展现和还原历史,体现着历史事实的呈现是否具有完整性、真实性和可靠性,代表着研究者对历史事实的把握度。而随意举列和使用史料对研究是有害的,也是不严谨的表现。如列宁所批评的:“在社会现象领域,没有哪种方法比胡乱抽出一些个别事实和玩弄实例更普遍、更站不住脚的了。挑选任何例子是毫不费劲的,但这没有任何意义,或者有纯粹消极的意义,因为问题完全在于,每一个别情况都有其具体的历史环境。如果从事实的整体上、从它们的联系中去掌握事实,那么,事实不仅是‘顽强的东西’,而且是绝对确凿的证据。如果不是从整体上、不是从联系中去掌握事实,如果事实是零碎的和随意挑出来的,那么它们就只能是一种儿戏,或者连儿戏

---

① 《吕振羽全集》第2卷,人民出版社2014年版,第290页。

② C.赖特·米尔斯:《社会学的想象力》,李康译,北京师范大学出版社2017年版,第202页。

③ E.M.茹科夫:《历史方法论大纲》,第206页。

④ 《列宁选集》第4卷,人民出版社2012年版,第27页。

也不如。”[①]

当然，在大量杂乱的史料中，如何运用得恰到好处，既能展现历史事实的完整性、准确性，又能体现史料的典型性和代表性，同样是基本的要求，也是研究者的历史感、判断力和研究功力的主要标志，这方面需要不断地研究实践去培养和积累。

（二）“历史”作为操作方法对社会科学研究“历史转向”的意义

作为操作方法的历史方法是以如何处理与使用历史文献和资料为核心的综合性技术方法，也是整个人文社会科学学术研究最一般最基础的入门方法之一。它对于当下社会科学研究的“历史转向”即历史社会科学学术实践的实际意义，主要体现在以下方面。

从研究范式转换的基本定位上看，社会科学研究者掌握和运用历史操作方法，无疑标志着社会科学研究“历史转向”开始进入最高层次和最后阶段。在社会科学各学科的具体学术转向中，方法的转向是其最根本的转向。今天，“走进历史”，掌握和运用历史方法，表明这一方法在社会科学中基础性地位的恢复乃至重新确立。历史地看，历史方法在社会科学中的基础地位一开始就存在着。早在 19 世纪末，意大利政治学家莫斯卡(Gaetano Mosca)就指出：“无论政治科学在未来有怎样的实际价值，这一领域要取得进展，必须立足于研究社会事实，而这些事实只有在各国的历史中去找。也就是说，如果要使政治科学立基于对政治生活的事实的观察和诠释，那么我们就必须诉诸传统的历史

① 《列宁全集》第 28 卷，人民出版社 2017 年版，第 364 页。

方法。”[①]法国学者塞纽博(Charles Seignobos)在20世纪初指出:“历史在社会科学中据有了一个固定不变的地位。历史只能够显明地凭着历史方法来研究。”[②]我国近代思想家章太炎也在20世纪30年代初一语中的:“政治之学,非深明历史不可。”[③]“深明”不仅是“精深”的含义,更代表着政治学研究者对历史的研究,即掌握历史方法。因此,今天复兴这一传统方法,方能真正实现社会科学研究的“历史转向”。

从研究作品的属性及品相上看,掌握了历史操作方法,知晓如何发现和获取、如何比较和鉴别、如何运用具体材料,不仅可以产出以历史为研究对象的历史社会科学作品,也可以产出以现实为研究对象的历史社会科学作品,这是作为研究范式的历史社会科学得以确立的最终标志。因为历史是连续的,历史和现实只是作为认识主体的人的一种以自身存在的时间为基准的二分。对研究者而言,历史和现实虽可视为两种不同类型或不同层次的研究对象,但它们本质上是一致的。现实是当下的历史,历史是过去的现实;而且,它们得以存在和变化的条件、环境本质上也是一致的。研究历史就是研究过去的现实,研究现实就是研究当下的历史。历史方法可以应用于以历史为对象的研究,当然也就可以应用于以现实为对象的研究。从这个意义上说,历史社会科学根本上是以“历史”为方法的社会科学。诚然,研究对象和研究方法虽具有某种统一性,但方法只是对象的“类似物”,而不是对象本身。对象和方法不能等同和混淆,可以用方法来研究对象,但不能把对象等同于方法。在此,对象的“历史”是指研究的领域和问题,方法的“历史”

---

① 加埃塔诺·莫斯卡:《政治科学要义》,任军锋、宋国友、包军译,上海人民出版社2005年版,第110页。

② 塞纽博:《社会科学与历史方法》,张宗文译,上海社会科学院出版社2017年版,第157页。

③ 章念驰编:《章太炎全集·演讲集》(下),上海人民出版社2015年版,第489页。

是指研究的手段和工具。对研究主体而言，对象和方法毕竟是两个不同层次的问题，对象是客体，方法则是主体作用于客体的手段和方式，具有灵活性，可以根据主体的需要作用于不同的客体即研究对象。

从研究主体的学术自主性上看，研究者一旦掌握了历史方法，就可以摆脱只能把“历史”作为借助对象的窘境，具有更多的研究自主性和更广阔的自主研究空间，不仅可以自主地展开本学科历史问题的研究，也可以运用历史方法研究本学科的现实问题，并可以弥补现实问题研究中直接观察法或思辨法的局限和不足。塞纽博曾指出：“这个观察法在一种社会研究上差不多时常要感到不足以综合这些重要事实的总量。所以我们应当向资料求援，为现代事实的知识也是如此的，而且这件资料惟要用历史方法才能够加以研究的。”[①]也就是说，对现实问题的研究，仅靠直接观察和演绎推理是不够的，需要通过历史方法获取直接观察不到的事物或问题背后的“资料”，以此弄清事实，才能得出科学结论。

总之，作为操作方法的历史方法，通过处理历史材料和历史书写，来努力展现历史（包括现实）的特殊性和普遍性、阶段性和连续性、偶然性和必然性、多样性和统一性、复杂性和规律性，呈现千变万化、色彩斑斓但又万变不离其宗、千色浮之于底色的历史面相。但严格意义上说，操作方法作为技术方法，只是一套操作的规程，不是内在思考的认识方法，至多是认识方法的外化，它本身是无法独立达到上述历史研究成效的，而主要通过认识方法的内在支撑方可实现。历史方法是外在方法和内在方法的统一，是操作方法和思考方法的统一，支配和规范人们思考的内在的历史方法就是历史思维。

---

① 塞纽博：《社会科学与历史方法》，第 154 页。

（三）“历史”作为思维方法的含义

所谓历史思维，是指人类以“历史”为特定对象的认识能力、认识过程及其呈现出的逻辑技术和思维织体。逻辑技术是指思考和认识历史的理路和规则，思维织体则是指思考和认识历史的结构和图景。在此，需要注意，“历史思维”与“历史观”“历史哲学”“历史方法”等概念既有联系又有区隔，使用这一概念不仅在于它表述历史认识方法的准确性，而且还在于它比上述概念更具有学术张力。它连接和关涉上述概念，既可以统合上述概念，又可以超越上述概念。作为人类的历史思考方式，它通过历史观的建构得以具体展现；历史哲学则是对历史思维的研究和反思，通过历史哲学，历史思维得到某种概念化和理论化。而历史思维和历史方法在含义上既相互包含，又相互区别，在特定的语境中，两者也可以相互替代使用。从研究实践上看，从操作方法到思维方法显现了从“方法学”到“方法论”的意义变化。在研究实践中，“方法论要求对资料进行理论思考”，方法学则“指的是研究者所利用的方法和技术手段的全部总和”。[①] 广义的“历史方法”就包括了“方法学”意义的操作方法和“方法论”意义的认识方法——历史思维。作为人类自我思考和认识的一种基本形式和主要途径，它有着独特而丰富的内涵，体现在人类历史思考的基础、原则、对历史变动及其因果的基本认知等方面，最突出的就是其三大认识论特性。

其一，客观认识论。首先是对历史思维对象——“历史”的客观性的强调。唯物史观认为，历史是一个客观的、与自然过程一样的人类社会的自我过程，而不是由人们所任意创造或装扮的。也就是说，尽管历史是人类的活动，但它同样“具有客观性，不依赖人的主观愿望和目的

---

① E. M. 茹科夫：《历史方法论大纲》，第 33 页。

而独立存在"[1]。这种历史的客观性,彰显着客体存在于主体之外的客观事实,构成了对人的历史认识的首要前提和根本制约。历史客观性本质上是强调历史事实先于并独立于历史认识,历史认识来自历史事实。"历史事实不仅高于历史解释,而且独立于历史解释:要判断某个历史解释是否有价值,取决于它在多大的程度上说明了事实……客观性的观念坚持真理只有一个,而且不受观察角度的支配。"[2]其次是历史认识的客观性。历史是客观的,它要求研究问题就是要从客观事实出发,而不是相反——从原则和主义出发。恩格斯指出:"原则不是研究的出发点,而是它的最终结果。"[3]他强调:"在自然界和历史的每一科学领域中,都必须从既有的事实出发。"[4]主张"一切历史都是思想史"的英国历史哲学家柯林伍德(Robin George Collingwood)也认为,"对于历史来说,真实就是成为一个事实,即在过去性(pastness)中寻求客观性"[5]。长久以来,这种客观性原则已成为历史学最基本的学术传统。当代德国历史学家吕森(Jörn Rüsen)指出:"历史学研究的传统,其自尊就在于,它声称与非专业历史学相比有着更高层次的有效性。一般用的词就是'客观性'。"[6]"追求'客观性'"乃至"成为认识和伦理上的典范"。[7] 但是,如果为某种特定的主观目的或为现实需要而

① И.Д.科瓦利琴科:《历史研究方法》,张广翔、赵子恒译,社会科学文献出版社2022年版,第70页。

② 彼得·诺维克:《那高尚的梦想:"客观性问题"与美国历史学界》,杨豫译,生活·读书·新知三联书店2009年版,导论第2页。

③ 《马克思恩格斯选集》第3卷,人民出版社2012年版,第410页。

④ 《马克思恩格斯选集》第3卷,第878页。

⑤ 柯林伍德:《史学原理》,顾晓伟译,北京大学出版社2023年版,第129页。

⑥ 吕森:《历史的观念译丛总序序一》,载卡尔·贝克尔:《人人都是他自己的历史学家》,马万利译,北京大学出版社2013年版,总序第1页。

⑦ 克里斯·洛伦茨:《跨界:历史与哲学之间》,高思源等译,北京大学出版社2015年版,第5页。

解释历史，即所谓历史的“辉格解释”，也就背离了历史认识的客观性，进而尝试找寻“穿越历史复杂性的捷径”[①]是徒劳无功的。这样会陷入对历史的人为裁剪，任意裁剪历史是不可能得出科学认识的。当然，现实中或许“人们无法完全回避‘现在主义’，即回避现在在解读过去的过程中所产生的扭曲作用，但为了客观性，人们只能设法去限制其中有害的后果”[②]。从这个意义上说，坚持客观性原则就是尊重历史。最后，历史的客观性也不是绝对的、恒定的，而是相对和不断变化的。“不只是历史学家的看法在变，就连历史事实也在变。历史事实的意义和我们对它的认识，在很大程度上也要取决于它的不断变化着的后果。在这种意义上，历史事实就没有自然事实那种意义上的给定的客观性。”[③]这一点也是理解历史的客观性不能忽视的。因此，客观认识论作为历史思维的首要原则，须为研究者所恪守。

其二，具体认识论。首先，是对“历史”的具体性的强调。历史思维一般认为，任何历史都是具体的，而非抽象的，都是在具体的历史时空中发生和变化的。没有永恒的历史，更没有超越时空的历史。恩格斯指出：“人们自己创造自己的历史，但他们是在既定的、制约着他们的环境中，是在现有的现实关系的基础上进行创造的。”[④]其次，是历史认识的具体性。它要求研究者一定要将问题放在当时的历史条件下来考察，不能脱离具体的历史时空和场域，具体问题具体分析，不能泛泛而

---

① 赫伯特·巴特菲尔德：《历史的辉格解释》，张岳明、刘北成译，商务印书馆2012年版，第16页。

② 雅克·勒高夫：《历史与记忆》，方仁杰译，中国人民大学出版社2010年版，第126页。

③ 何兆武：《从思辨到分析：历史理性的重建》，北京大学出版社2020年版，第359页。

④ 《马克思恩格斯选集》第4卷，人民出版社2012年版，第649页。

论。列宁把“对具体情况作具体分析”①概括为马克思主义的“精髓”和“活的灵魂”，他对此反复阐明和论述，其中经典性的表述有：“马克思的方法首先是考虑具体时间、具体环境里的历史过程的客观内容”②；“在分析任何一个社会问题时，马克思主义理论的绝对要求，就是要把问题提到一定的历史范围之内”③；等等。在当代，有历史学家认为：“历史方法的应用就是要对具体情势进行具体分析。”④作为政治学家的沃格林(Eric Voegelin)也认为，由于“人类存在所具有的历史性”，使得政治科学“理论化的工作必须从一个时代具体的、历史性的处境出发”。⑤ 可见，具体认识论作为历史思维的一个主要原则，是展开历史研究的一条基本规范，对今天历史社会科学研究也具有根本的指导意义。

其三，有限认识论。首先，是对历史认识主体有限性的强调。历史思维一般认为，人既是历史认识的主体，也是其客体。作为主体，人本身具有特定性或历史的有限性。任何人都是特定的历史时代、历史条件和历史环境中的人，必然要受到来自那个历史时代、历史条件和历史环境这样那样的限制。对此，英国历史哲学家卡尔(E. H. Carr)说：“历史时代中的历史学家，同时也受该时代人类状况的约束……我们只有以当下的眼光看待过去，才能理解过去。”⑥对今天而言，有限性要求人们站在今天的历史高度，运用今天所能达到的认识水准去分析和阐释历史。我国历史哲学家何兆武指出：“今天的历史学家，其地位与条件已不同于过去，他们是从今天的思想高度来看过去的……我们理解过

---

① 《列宁选集》第4卷，第213页。
② 《列宁全集》第26卷，人民出版社2017年版，第140—141页。
③ 《列宁选集》第2卷，人民出版社2012年版，第375页。
④ E. M. 茹科夫：《历史方法论大纲》，第24页。
⑤ 埃里克·沃格林：《政治的新科学导论》，孙嘉琪译，上海三联书店2019年版，第27页。
⑥ E. H. 卡尔：《历史是什么》，陈恒译，商务印书馆2007年版，第109页。

去，不能超出今天的条件。"[①]也就是说，看待历史，既不能脱离时代，也不能不顾及条件和环境，只能也必然是将"历史"置于时代、条件和环境之中"有限"地看。其次，历史认识的有限性也即历史认识的历史性。人的历史认识，都受到特定的时代条件和具体历史环境的限制，都是特定的历史产物，每个时代的历史认识都打上那个时代的烙印，即历史认识的历史性。恩格斯指出："每一个时代的理论思维，包括我们这个时代的理论思维，都是一种历史的产物，它在不同的时代具有完全不同的形式，同时具有完全不同的内容。因此，关于思维的科学，也和其他各门科学一样，是一种历史的科学，是关于人的思维的历史发展的科学。"[②]对历史的任何认识本身都受制于特定的历史条件和历史环境，都是历史性的，即历史认识的有限性。这同样是历史思维的一个重要原则，应为历史社会科学研究者所明晰。

（四）"历史"作为思维方法对社会科学研究"历史转向"的意义

历史思维的认识论特性也彰显了其方法论特色，集中展现了其对社会科学研究"历史转向"——历史社会科学研究展开——的方法论意义。以下分几点来论述。

第一，历史思维作为人类三大认识方法之一，与科学思维和哲学思维同居于人文社会科学方法的第一层次，是当下社会科学研究"历史转向"——尤其是历史社会科学研究之推进——急需而坚实的基本方法。人文社会科学第一层次的三大方法——科学方法、哲学方法和历史方

---

① 何兆武：《从思辨到分析：历史理性的重建》，北京大学出版社 2020 年版，第 165 页。

② 《马克思恩格斯选集》第 3 卷，第 873—874 页。

法，是人类最基本的三大思维形式——科学思维、哲学思维和历史思维，也是现代社会科学的三大传统——科学传统、哲学传统和史学传统。它们共同支撑着整个人文社会科学大厦。但在今天的社会科学研究中，科学思维和哲学思维总体很强势，而历史思维则非常弱化甚至缺失，造成社会科学本身所具有的一个基本的内在性(历史性)不彰。在研究实践上，社会科学研究者不掌握历史方法，直接运用社会科学各个学科的理论方法、分析框架等等，实践上做不好甚至也做不到，往往只能把那些理论和框架"拿来"，嵌套和框定研究对象，然后得出所谓结论，但其实结论原来就在理论和框架之中。从根本上说，这是由第一层次方法和第二层次方法的关系所决定的。第一层次方法是人类在生产和生活中直接产生出来的最基础性的思维方式，是人类最基本的认知工具即认识方法。社会科学的理论方法则是在它们基础上产生出来的，不是认识方法，而只能称之为理论方法。二者不是一个方法论层次。第一层次方法可以独立存在和运用；第二层次方法即社会科学各学科理论方法科学和有效的运用，则必须依赖于第一层次方法，并以其为基础。因而，对于社会科学研究来说，历史思维首先就是基本的认识方法。普列汉诺夫(Georgi Plekhanov)明确指出："唯物主义历史观首先具有方法论上的意义。"[①]当下推进历史社会科学研究，构建自主知识体系，从方法论上亟须复兴历史思维和方法，重新确立其在中国社会科学研究中方法论的基础地位。我国历史学家杜维运曾强调："如果认为科学方法是人人可得而取用的方法，史学方法更是天下所有学者的利器，而不为史学家所私有。'居天下之广居，立天下之正位，行天下之

① 《普列汉诺夫哲学著作选集》第3卷，汝信、刘若水、何匡、刘仁静译，生活·读书·新知三联书店1962年版，第157页。

大道'，在所有方法中，史学方法应有类似的地位。"[①]

第二，历史思维为当下社会科学研究的"历史转向"——历史社会科学的具体研究——提供了"先求实后求是"的逻辑秩序和认知范式。社会科学的一个普遍特性就是其理论性，研究过程从概念出发，从理论到理论，是常见的现象，这也是造成有些研究空泛、言之无物的症结所在。走进"历史"尤其是以"历史"为方法，可以解决这样的问题。历史社会学在欧美的发展已有前例，历史政治学在当下中国的兴起，实现从对象到方法的转向，可以更好地解决政治学研究的这类问题，尤其是历史思维"先求实后求是"的逻辑秩序和认知范式会为社会科学起到很好的示范和规范的作用。恩格斯指出："逻辑的方式是唯一适用的方式。但是，实际上这种方式无非是历史的方式，不过摆脱了历史的形式以及起扰乱作用的偶然性而已。历史从哪里开始，思想进程也应当从哪里开始，而思想进程的进一步发展不过是历史过程在抽象的、理论上前后一贯的形式上的反映；这种反映是经过修正的，然而是按照现实的历史过程本身的规律修正的。"[②]历史思维告诉我们，学术研究要先搞清事实，还原历史，奠定事实基础，再阐发理论；不是用理论来框定历史事实，而是从历史事实中来发展理论，这是一条不可移易的认知秩序。而且，历史思维的这种逻辑秩序本质上与科学逻辑是一致的。柯林伍德指出："一切科学都基于事实。自然科学是基于由观察和试验所肯定的自然事实；心灵科学则是基于由反思所肯定的心灵事实。"[③]法国思想家迈斯特(Joseph de Maistre)则强调："历史是实验性的政治；在自然

---

① 杜维运：《史学方法论》，北京大学出版社 2006 年版，第 45 页。

② 《马克思恩格斯选集》第 2 卷，人民出版社 2012 年版，第 14 页。

③ R. G. Collingwood, *The New Leviathan: or Man, Society, Civilization and Barbarism*, Oxford: Clarendon Press, 1947, p. 280.

科学领域，只需要一次实验，即可让一百本深奥的理论著作消失得无影无踪。同样，在政治科学领域，如果不是从经过验证的事实中大体上有可能推导出来，任何理论都是不可接受的。”[①]从这个意义上说，科学理性来自自然事实，历史理性来自历史事实，二者具有内在的一致性。甚至有西方学者认为，历史理性“比物理理性更理性，更严谨，更严格”，“它使每一个事实都在其产生的过程中流动，它看到了事实是如何发生的。它不认为它通过将人类现象简化为本能和‘官能’的宝库来揭示人类现象”。[②] 某种意义上，这也体现了历史（社会科学）理论比自然（科学）理论所具有的复杂性和独特价值。

第三，历史思维为当下社会科学研究“历史转向”——历史社会科学学术实践——贡献了以理解为核心、充满活力的综合性思维方法。如果说，“先求实后求是”是研究必须遵循的逻辑秩序和程序规范，那么，以理解为核心、充满活力的综合性思维方法则体现的是历史思维的逻辑结构或要素关系。历史学是研究人类自身在时间中的活动，主客体是同一范畴，形成一种互动关系。后人认识前人，认识前人的所思所为；前人影响后人，影响后人的所思所为。如此，人类对历史的认识即对自身的认识，不可能像对自然物一样从外部加以认识，而是从内部去理解。作为一种认识方法的理解，“是历史学和一般人文学科的方法论中的一个核心要素”[③]。从内涵上说，理解是主体对客体本身的一种了解和领会，即“试图从历史现象所独有的特殊性或个性出发来把握它，

① 约瑟夫·德·迈斯特：《信仰与传统——迈斯特文集》，冯克利译，商务印书馆2010年版，第156页。

② José Ortega y Gasset, *History as a System and Other Essays Toward a Philosophy of History*, New York: W. W. Norton & Company, 1961, p. 232.

③ 弗雷德里克·A. 奥拉夫森：《行为辩证法——历史学及人文学科的哲学解释》，马万利译，大象出版社、北京出版社2009年版，第228页。

而不是从历史进程的一般呈现中推导它”[①]。19世纪德国历史哲学家德罗伊森(Johann Gustav Droysen)指出:“历史方法的特色是以研究的方式进行理解的工作”,“理解之所以可能,因为历史材料里面所表现出的前人言行,与我们今日的言行性质上是根本相类似的”。[②] 另一位德国历史哲学家狄尔泰(Wilhelm Dilthey)也有基本一致的看法,认为一个个体“之所以理解历史,是因为他本人就是一种历史性的存在”[③],他与历史中的人“具有某种共同的东西”[④]。理解体现着人对历史的思想能力,正如洛克(John Locke)所言:“所谓思想底能力就是叫做理解。”[⑤]理解构成了历史思维的核心要素。与理解紧密相连的另一种思维要素是解释。解释是在理解基础上主体对客体的一种意会,是以理解为基础的一种对客体的附会和引申,更多地体现出认知理性。“解释是以理解为前提,并建基于理解之上。”[⑥]一方面,解释依赖于理解,是在理解基础上的认识深化;另一方面,解释也包含着理解,更会“深化”或“改变”理解。“解释所具有的‘深化’和‘改造’这两种功能是彼此完全相异的。”[⑦]理解和解释构成了历史思维的基本结构。历史思维根本就在于理解和解释人类社会各种纷繁复杂的事物和现象及其关系在时间上的变化,既是对变化和积累的认识和把握,又是普遍性兼顾下的特殊性追求;既是显微镜,也是望远镜。而且,历史绵延不断,充满着矛盾和辩证

---

① 斯特凡·约尔丹编:《历史科学基本概念词典》,孟钟捷译,北京大学出版社2012年版,第276页。

② 德洛伊森:《历史知识理论》,胡昌智译,北京大学出版社2006年版,第10页。

③ 威廉·狄尔泰:《历史中的意义》,艾彦译,译林出版社2011年版,第78页。

④ 威廉·狄尔泰:《历史中的意义》,第73页。

⑤ 洛克:《人类理解论》(上册),关文运译,商务印书馆1959年版,第93页。

⑥ 洪汉鼎编:《理解与解释——诠释学经典文选》,东方出版社2001年版,第9页。

⑦ E. D. 赫施:《解释的有效性》,王才勇译,生活·读书·新知三联书店1991年版,第151页。

法，对历史的理解和解释也随历史的变化而变化，不断注入新的活水和活力。活力即创造力，通过不断地理解和解释即可产生源源不断的认知创造力，也显现了与自然科学认知的不同。德罗伊森认为，“理解(Verständnis)的行为和逻辑机械式的认知行为是不一样的”，“正好像一个心灵潜入到另外一个心灵一样……具有无限创造力”。[①] 而所谓综合性，不仅体现在理解和解释的基本结构以及两个不同的认识层次，而且蕴含着多种思维类型，“理解的行为既是综合，又是分析；既是归纳，又是演绎”[②]，凸显其综合性特征。

需加强调的是，历史研究中的历史理解和解释，虽有抽象和概括、归纳和总结，但这仍属于历史学范畴的历史认知。社会科学走进历史不是终极目的，而是从历史中走出来，走向理论创造。由此，理解和解释的认知过程还需要与社会科学学科中具体的理论相联系、相连接，进而发展理论，创新理论。只有做到这一步，历史思维的方法论价值才得以真正彰显，这种研究范式才可称得上是历史理解和解释的社会科学——历史社会科学。

四、社会科学研究“历史转向”的必由之路

从以历史为对象到以历史为方法，是社会科学研究“历史转向”——历史社会科学研究具体展开——的实践之路，也是必由之路。进而言之，它是历史和理论结合、时间和结构互嵌之路，也是构建科学性和历史性相统一的中国社会科学发展之路。社会科学本质上和历史学一样，都是人自我认识的系统知识，其科学性内在地包含着历史性；反过来，历史性也是社会科学科学性的应有之义和根本支撑。没有历

---

① 德洛伊森：《历史知识理论》，第 11 页。
② 德洛伊森：《历史知识理论》，第 11 页。

史知识和历史方法的社会科学是欠缺根基的，也是不完整的。“人在政治社会中的存在是历史性的存在；并且如果一种政治理论试图深入到原则层面，它就必须同时是一种历史理论。”[①]相应地，“如果政治学要成为一门科学，它将是一门历史科学”[②]。所以，作为对人类社会各个领域历史性存在的系统性认识，社会科学的知识生产必须历史地思考、历史地理解和解释。如果仅注重“科学”和结构，忽视历史和时间，会使其学科自主性和能动性发生问题。拒斥和否定历史性的科学性抑或是一种绝对主义，其科学性也就成了问题。熊彼特曾总结说：“经济分析中所犯的根本性错误，大部分是由于缺乏历史的经验。”[③]英国历史学家伯克（Peter Burke）认为：“没有历史学和理论的结合，我们既不能理解过去，也不能理解现在。”[④]现代社会科学发展的大历史昭示，历史和理论结合一直是人们努力的方向。早在 20 世纪 40 年代，沃格林就认为，历史和理论“至少就政治‘理论’一科而言，这二者不可割裂开来”[⑤]。当代德国政治哲学家赫斯勒（Vittorio Hösle）也认为：“历史学思维和社会学思维的一个富有成果的结合在今天仍然是可能的。”[⑥]实践中，不仅宏观层面可以实现结合，微观和具体层面也能够实现结合。“社会科学的理论，只要它涉及特定的应用领域，就能同历史的阐述相

---

① 埃里克·沃格林：《政治的新科学导论》，第 25 页。

② 赫拉尔多·L. 芒克、理查德·斯奈德编：《激情、技艺与方法：比较政治学访谈录》，汪卫华译，当代世界出版社 2022 年版，第 373 页。

③ 约瑟夫·熊彼特：《经济分析史》第 1 卷，朱泱、孙鸿敬、李宏译，商务印书馆 2009 年版，第 32 页。

④ 彼得·伯克：《历史学与社会理论》，李康译，上海人民出版社 2019 年版，第 19 页。

⑤ 埃里克·沃格林：《政治观念史稿（卷一）：希腊化、罗马和早期基督教》，段保良译，华东师范大学出版社 2019 年版，第 28 页。

⑥ 维托里奥·赫斯勒：《道德与政治：二十一世纪的政治伦理基础（第 1 卷）：规范性的基础》，罗久译，商务印书馆 2021 年版，第 284 页。

适应。”[①]历史社会科学研究就是实现历史中有理论，理论中有历史，时间中有结构，结构中有时间。一方面，将概念历史化、具体化、时间化；另一方面，将历史概念化、理论化、结构化。前者是将概念和理论所反映的具体内容在历史中再现，后者则是将历史和时间中那些具体复杂的变化及其因果抽象浓缩为概念和结构，简化为人们可理解的“理论”。

归根结底，研究范式是由研究方法所决定的。“历史学是一切社会科学的重要基础”之最根本的意蕴是其方法论地位，历史思维是社会科学研究“历史转向”的根本指南。当然，历史思维并不排斥科学方法和哲学方法，它已经融入了科学方法和哲学方法。因此，思维方法的“历史转向”——以历史为方法——才能真正实现历史和理论的结合，建构起科学性和历史性相统一的社会科学，真正服务于中国社会科学自主知识体系构建、中华现代文明创造和中华民族伟大复兴。

---

①　尤尔根·哈贝马斯：《重建历史唯物主义》，郭官义译，社会科学文献出版社2000年版，第208页。

知识运动视角下的历史社会学

李钧鹏

近十年来，中国社会科学界对历史取向的社会科学研究兴趣日益浓厚，涌现出了一批优秀的跨学科研究。但值得注意的是，一方面，不同学科的历史转向具有不同的现实背景，例如政治学的历史转向在很大程度上和既有研究路径遇到瓶颈有关，而社会学对历史的关注则更多地受益于新生代学者对西方历史社会学的引介；另一方面，中国和西方的人文社会科学具有不同的发展轨迹和脉络，例如社会学和政治学在中国具有鲜明的回应现实关切、服务国家战略的取向。从知识社会学的角度看，历史社会学的发展从来就不只关乎学术思想，而是一种充满了偶然和斗争的社会过程。下面我会分几个部分详细说明。

一、知识运动的理论概述

20 世纪中叶，历史社会学作为结构功能主义和抽象经验主义的反向运动而全面复兴。时至今日，历史社会学已在研究领域、分析方法、学科认知等方面出现了重要分化，相关的回顾和梳理也不在少数。学者们或是总结和评论历史社会学的方法论，或是通过研究重要学者的思想来展现相关知识的发展状况，或是基于时段划分来呈现历史社会学的发展轨迹，或是辨析历史社会学的学科性质、研究路径和研究主题。这些尝试均有助于增进我们对历史社会学的由来、演化和趋势的认识，但历时性梳理通常暗含了线性知识增长的前提假定，从而具有目的论色彩；从理论、方法、主题和人物等方面切入，则难以避免片面性和碎片化的弊端。更重要的是，既有的回顾往往忽视了学术史中的冲突与斗争，似乎知识的演变总是自然而然的。如果将知识的发展视为一场“运动”，我们就有望做出更为全面和深刻的考察。

所谓“知识运动”，意指不同的学术主张在知识场域内竞逐符号性利益，并向对手施以符号暴力的行动。知识运动视角关注思想变迁与知识场域、理论竞争以及社会背景之间的关系，意在凸显学术发展历程中竞争性和冲突性的一面。如果以二战后历史社会学的学术脉络为研究对象，以知识运动为分析视角，我们可以构建知识继承和反向运动这两种机制来进行过程分析。这个分析框架关注知识流变与知识竞争，旨在破除知识变迁的过程“黑箱”。

知识继承机制包含两个基本假设：其一，在理论兴起阶段，学术群体往往会确立开创者的经典地位，这种经典地位的建构与开创性著述的文本价值、“克里斯马”(Charismatic)式的人格特质、社会和知识背景等因素密切相关；其二，在理论发展阶段，经典奠基人的杰出才华吸引追随者在其开创的理论传统和分析路径内继续运用理论、拓展方法和精细论证，他们通常会采用实践、阐发、衍化、补充、修正等策略以维持理论传统和分析路径的完整性，并适应社会现实的变化。在历史社会学研究中，这种知识继承机制指的就是结构分析路径和文化分析路径的发展过程，亦即这些理论传统的奠基人开创的研究路径吸引追随者在此分析框架内继续研究。

在知识场域中，行动者必须遵守场域内的晋升规则和学术规范，但他们也会出于争夺学术资源和文化资本的考虑而采用某些策略来贬低既有的研究范式，夸大自身成果的重要性和创新性。约翰·洛夫兰

(John Lofland)发现，在缺乏共识、存在较多模糊地带的学科领域中，学者们倾向于断章取义，刻意裁剪经典文本，转移理论注意力，以此凸显自身理论的重要性，并有意无意忽略或贬低经典理论的可取之处。这就是学术研究中的“理论痛殴”(theory-bashing)现象。[①] 新一代学者从许多业已存在的思想范式中提炼要素，组成一个或紧密或松散的学术团体，确立新的理论核心和分析路径，并借此获取学术资源，但这种基于标新立异的心态有可能通过“新瓶装旧酒”的方式回归传统的理论和研究议题。这就是知识生产中的反向运动机制。

二、知识继承的理论回顾：结构分析的兴起与发展

20 世纪 70 年代，受马克思主义的影响，西方出现了一批具有强烈批判精神的历史社会学家，以小巴林顿·摩尔(Barrington Moore Jr.)、佩里·安德森和伊曼纽尔·沃勒斯坦为代表。他们将历史社会学的核心任务界定为分析现代性的起源和转变，构建了历史社会学的宏观传统，强调比较分析和因果解释，而这又受到了社会学结构主义范式的深刻影响。

要理解结构分析路径在历史社会学中的兴起、深化和发展，“摩尔—蒂利—斯考切波”路线提供了一个有益的分析线索。摩尔在《专制与民主的社会起源：现代世界形成过程中的地主和农民》中指出，前现代社会的农业商品化程度以及相应的阶级关系是各国走向不同现代化道路的结构性原因。[②] 查尔斯·蒂利的早期研究深受摩尔的影响，其第一部专著《旺代之乱》研究 1793 年法国西部爆发的大规模反革命叛

---

① John Lofland, “Theory-Bashing and Answer-Improving in the Study of Social Movements”, *The American Sociologist*, Vol. 24, No. 2, 1993, pp. 37–58.

② 巴林顿·摩尔：《专制与民主的社会起源：现代世界形成过程中的地主和农民》，王茁、顾洁译，上海译文出版社 2012 年版。

乱,比较了法国西部分别支持革命和反革命的两个毗邻地区的社会结构,并将这两个地区社会结构的关键差异归因于其城市化的程度和时间。[①] 在其后相当长时期的研究中,无论是从宏观上分析资本主义的发展和民族国家的权力集中这两个结构性因素如何影响普通民众为利益抗争所采用的方式,还是关注强制和资本的相对分布对国家演化道路的重大影响,蒂利都贯彻了摩尔的结构主义思路和宏观因果分析方法。西达·斯考切波拓展了摩尔的结构分析路径,在《国家与社会革命:对法国、俄国和中国的比较分析》中采用一种非意志论视角来分析社会革命的根源和进程。[②]

比较历史方法和结构分析路径在历史研究中彰显了独特的解释魅力,吸引追随者不断地实践、阐发、衍化和补充,拓宽了历史社会学的研究议题和分析视野。例如,格雷戈里·吕贝特(Gregory Luebbert)将阶级基础与政治制度联系起来,得出一个结构性论点:自由主义、法西斯主义和社会民主主义这些不同的欧洲政权形式,来源于 1914 年以前不同的自由政体类型以及劳动力市场中劳工参与政治和组织方面的不同模式,依赖于两次世界大战期间不同的阶级联盟和阶级权力平衡。[③] 迪特里希·瑞彻迈耶(Dietrich Rueschemeyer)等人补充、完善了摩尔的理论,驳斥了资产阶级作为民主代理人的观点,认为工人阶级才是最坚定的民主力量,并通过比较历史研究论证了阶级权力、国家权力

---

① Charles Tilly, *The Vendée: A Sociological Analysis of the Counter-Revolution of 1793*, Cambridge: Harvard University Press, 1976.

② 西达·斯考切波:《国家与社会革命:对法国、俄国和中国的比较分析》,何俊志译,上海人民出版社 2013 年版。

③ Gregory M. Luebbert, *Liberalism, Fascism or Social Democracy: Social Classes and the Political Origins of Regimes in Interwar Europe*, New York: Oxford University Press, 1991, p. 306.

与跨国权力对民主发展与消亡的重要性。[①] 布莱恩·唐宁(Brian Downing)从战争和国内动员对政治变革的影响展开分析,指出国际军事竞争才是最根本的结构性原因,是国家创建的推动力,并大方承认“到目前为止,我的视角似乎是结构决定论的:国家体系与军事组织决定了国家形成以及宪政变革进程”[②]。杰夫·古德温(Jeff Goodwin)在其对社会革命的研究中更是承袭了斯考切波的国家中心论,强调“革命本身就是一种不寻常的以国家为中心的现象……没有国家就没有革命”[③]。

当然,许多结构主义者对经典理论做出了不同程度的修正。同为斯考切波的学生,杰克·戈德斯通(Jack Goldstone)另辟蹊径地开创出“人口/社会结构模型”以解释早期现代社会的革命与反抗。他在强调人口因素的同时,一方面建议对革命过程分阶段进行分析;另一方面主张把文化因素带入结构分析,探究结构因素和意识形态在革命不同阶段所起到的作用。[④] 理查德·拉赫曼认为,马克思的阶级斗争理论无法充分解释封建主义向资本主义的过渡。他在米尔斯精英概念的启发下提出精英冲突理论,修正了结构分析路径的阶级分析框架,并且得出“精英斗争在各种情况下都是推动结构变迁的明线”这一结论,同时还考察了非精英行动者、地缘政治和世界体系、意识形态和文化以及行动

---

① 迪特里希·瑞彻迈耶等:《资本主义发展与民主》,方卿译,复旦大学出版社2016年版。

② 布莱恩·唐宁:《军事革命与政治变革:近代早期欧洲的民主与专制之起源》,赵信敏译,复旦大学出版社2015年版,第14页。

③ Jeff Goodwin, *No Other Way Out: States and Revolutionary Movement, 1945–1991*, New York: Cambridge University Press, 2001, pp. 36,40.

④ 杰克·戈德斯通:《早期现代世界的革命与反抗》,章延杰、黄立志、章璇译,上海人民出版社2013年版。

者的社会空间等因素的影响。[①]

三、反向运动过程:文化分析如何“痛殴”结构分析

20 世纪 80 年代,社会学在“文化转向”和后现代主义思潮的影响下进入更为多元化和去意识形态化的局面。新生代学者开始批评社会科学中静态的、化约的结构主义思维,强调文化的自主性。然而,他们并没有就文化因素的作用达成共识,而是出现了认知分化:一部分受实证主义影响的学者在反思传统结构主义的局限后,摒弃了摩尔的文化为结构之衍生的立场,开始主张结构与文化的结合作用;另一些研究者则走得更远,把文化提升至社会学分析的核心地位,强调文化和意义的极端重要性,甚至出现了“只见文化不识结构”的局面。

受到文化思潮影响的小威廉·休厄尔(William Sewell Jr.)、迈克尔·曼和蒂利等人,虽然都认识到结构决定论的分析局限和文化因素的重要影响,但从未主张以文化来取代结构的关键地位。他们或是试图重构结构理论以使其涵括文化与能动因素,或是主张从结构与文化的互动视角来分析历史,或是改造传统的结构观以使其符合研究需要。也就是说,这些学者都在试图调和结构与能动之间的张力。

如果说上一代学者致力于为结构分析注入文化要素,成长于 20 世纪 80 年代至 90 年代的社会学家在立场上要激进得多。新一代学者急于在学术界崭露头角,因而选择扛起文化分析的大旗,斗志昂扬地挑战传统的结构分析。1983 年至 1989 年就读于哈佛大学社会学系的池上英子(Eiko Ikegami)彼时正处于这一学术思潮的风口,其导师奥兰多·帕特森(Orlando Patterson)在对奴隶制性质的比较研究中将文化

---

① 理查德·拉赫曼:《不由自主的资产阶级》,郦菁、维舟、徐丹译,复旦大学出版社 2013 年版。

类型与历史深度相结合的分析路径，更是启发了她在《收刀入鞘：武士阶层与近世日本的缔造》中的创作思路。① 虽然延续了文化传统和国家形构关系的社会学研究经典议题，但池上英子并没有像过去的历史社会学家一样聚焦于国家形成的宏观结构因素，而是深入分析日本文化的内在结构，展现武士名誉文化中集体主义与个人主义之间冲突与并存的相互关系，同时关注到文化习语、象征意义、符号资源、社会仪式、意识形态、历史偶然性等因素的复杂影响。

或许与早期在文化和美学方面的训练有关，石桥（George Steinmetz）的历史社会学研究具有独特的人文取向。石桥曾深度参与社会学文化转向的讨论，并受这股学术潮流的影响，对国家建设、帝国与殖民主义、文化与国家形构等议题产生了浓厚的兴趣。在研究 19 世纪德国国家和地方层面社会政策的起源以及国家对社会管制的第一部专著中，石桥就已经阐明，在人们能够理解社会政治干预和做出反应之前，有必要重建国家官员的意识形态和他们所参与的更广泛的文化话语。在那时，石桥已经开始质疑结构分析对于文化的认识，并有意识地重构文化与意义在社会学解释中的重要地位。他主编的《国家与文化》致力于说明国家与文化是如何相互影响、相互构成的，试图打破早期国家研究中文化作为附属因素的偏见，把人类学意义上的文化引入历史社会学。这本书的 12 位作者赞同一个基本前提，即应当正视文化的角色："所有作者都将文化理解为不仅仅是传递更深层次、更基本或更'物质'力量的传送带。"②相较于传统研究将文化看作由物质因素或非文

① Eiko Lkegami, *The Taming of the Samurai: Honorific Individualism and the Making of Modern Japan*, Cambridge: Harvard University Press, 1997.

② George Steinmetz, "Introduction: Culture and the State," in George Steinmetz, (ed.), *State/Culture: State-Formation after the Cultural Turn*, Ithaca: Cornell University Press, 1999, p. 28.

化因素所决定的附属现象，石桥更加强调文化独立的社会构成作用，从而指向一种更为独立性、异质性、语境化、实质化和多元化的文化观。

文化转向还使新生代学者对物质决定论产生怀疑，并重新审视宗教等文化现象。为弥补既有的理论模型无法解释异常个案的缺陷，菲利普·戈尔斯基（Philip Gorski）引入“教派化”（confessionalization）范式，将教派的动态演变纳入考量，并将韦伯的宗教社会学和福柯（Michel Foucault）的微观政治理论结合起来，指出教派化、社会规训与国家权力之间存在着紧密关联。通过对荷兰和普鲁士这两个国家不同类型的加尔文主义规训革命的分析，戈尔斯基有力地论证了宗教改革对国家形构的深远影响。①

到了20世纪90年代末，社会学的文化转向已经成为现实，文化分析也已成为历史社会学的主流趋势，对结构分析路径的批评更是不绝于耳。2005年，茱莉娅·亚当斯（Julia Adams）等人主编的《重塑现代性：政治、历史与社会学》在将文化分析推至高潮的同时，也把结构分析路径连同代表人物一起放到“传统”的第二波。三波思潮的划分已成为思考美国历史社会学发展轨迹的主要方式。②

四、以文化分析为主干的新一轮知识继承现状

《重塑现代性：政治、历史与社会学》所划分的三波思潮产生了巨大的学术影响，将关注文化过程、意义、能动性、符号、性别、情感等文化维度的学者汇聚至文化分析流派内，深刻影响了近20年历史社会学的研究方向。亚当斯在2012年不无感慨地说：“实言之，文章提出的观点有

---

① 菲利普·S. 戈尔斯基：《规训革命：加尔文主义与近代早期欧洲国家的兴起》，李钧鹏、李腾译，北京师范大学出版社2021年版。

② Julia Adams, *Remaking Modernity: Politics, History, and Sociology*, Durham: Duke University Press, 2005.

一定先见之明，因为我们认为所形成的第三次浪潮现在已经确实如此实现了。”①

在《重塑现代性：政治、历史与社会学》的绪论部分，三位主编雄心勃勃地宣称历史社会学存在三波发展思潮。事实上，在第三波思潮这个追求跨学科交流的研究领域或取向的内部，研究主题和分析策略存在诸多差异。在研究主题上，除了第二波思潮已出现的主题，第三波研究更注意性别、帝国等曾被边缘化或抑制的新主题；在分析策略上，第三波研究侧重于文化分析、社会网络分析和后现代分析。自三波思潮划分法提出以来，它就受到持续的质疑和批评。但毋庸置疑的是，《重塑现代性：政治、历史与社会学》在认同和反驳的声音中愈发展现出学术影响力，它所宣称的第三波思潮已然出现，那些参与这一集体知识运动的学者也愈发清晰可辨。为了与结构分析流派相对抗，这些研究兴趣各异的学者组成了一个对内异质、对外统一的学术群体，并发展出独特的理论传统和分析路径。

《重塑现代性：政治、历史与社会学》之后，历史社会学在研究议题和分析策略上呈现出百花齐放的局面。回顾 2005 年后美国社会学会比较历史社会学专业委员会“巴林顿·摩尔著作奖”的获奖或提名著作，我们不难发现，文化过程、帝国与殖民主义、种族与社会运动、公民身份、福利救济等议题明显增多，研究视野也逐渐向欧洲之外转移。虽然上一代学者对这些议题也有所关注，但文化主义者强调不一样的分析维度，在分析取向上更加侧重于文化的多样性和内生性解释。在文化过程议题上，池上英子的第二部专著《礼仪的纽带》继续深化对近世日本文化变迁的理解，探讨了茶道、俳句、和服美学、歌舞伎表演、印刷

① 郭台辉、李钧鹏编著：《历史社会学的技艺（增订本）》，商务印书馆 2022 年版，第 201 页。

术等诸多传统日本文化要素，将历史社会学与文化分析融为一体。[①] 在帝国与殖民主义议题上，石桥的《魔鬼的手迹》比较了德国在19世纪末20世纪初的三个海外殖民地为何采取截然不同的殖民政策。他从来源迥异的理论资源中吸收养分，重构了理论分析框架，注意到话语、社会和精神等不同层面因素的交互作用。[②] 在种族与社会运动议题上，蒂安娜·帕谢尔（Tianna Paschel）展现了哥伦比亚和巴西的黑人运动及其诉求是如何在短时间内实现从边缘化到制度化的突破，进入法律、国家官僚机构和主流政治之中。帕谢尔的“政治场域”框架不仅拓宽了社会运动研究的行动者群体，将黑人活动家、国家官员、知识分子、环保主义者等多元政治行动者与地方和全球关于种族、国家、权利的话语纳入考量，还考察了象征力量在形塑社会运动政治方面的作用。

检视2005年以来历史社会学的知识发展，我们可以发现，相对于有明确理论关注和研究主题的结构分析流派，文化主义者的边界没有那么清晰，他们关注的议题和使用的方法也更为多元化，整体上呈现出一个拥有共同旗帜但内部分化的学术群体形象。研究者选择在文化分析旗帜下进行研究并认同相关的群体标签，既与文化分析路径的强势崛起有关，也和它能为新生代学者提供重要的理论合理性和学术庇护所有关。

五、历史社会学的新趋势展望

早在2013年，在文化分析尚处鼎盛期时，石桥就已经敏锐地觉察

---

① Eiko Ikegami, *Bonds of Civility: Aesthetic Networks and the Political Origins of Japanese Culture*, New York: Cambridge University Press, 2005.

② George Steinmetz, *The Devil's Handwriting: Precoloniality and the German Colonial State in Qingdao, Samoa, and Southwest Africa*, Chicago: University of Chicago Press, 2007.

到："我认为文化转向已经成为现实，如今在这一转向之下有了新的研究兴趣和进展，也可能会有一场新的'物质性'转向来补充文化转向。"[①]事实上，结构分析路径从未消亡，石桥所说的新"物质性"转向很可能指的是被文化分析路径所贬抑的结构维度的辩证性回归。近年来，一些历史社会学家试图重新唤起对宏大问题和通则性理论的研究兴趣，结构分析手段也被越来越多的研究者重新拾起。例如，赵鼎新通过修正曼的社会权力理论框架，考察了西周以降约3000年的中国历史，试图回答中国何以形成大一统政治秩序这一关键问题。在对长时段历史进行整体分析时，赵鼎新强调结构性力量和社会机制对塑造历史发展动态的极端重要性，尝试把结构分析与机制性解释统一起来，并将对历史时间性的关注融入叙述。[②]

由此可见，在文化分析"痛殴"结构分析的反向运动过程中，结构分析一度被描绘成一个内部同质化的学术群体，结构分析路径也被视为忽视文化意义与行动者的能动性而遭到否定，甚至一度处于"人人喊打"的尴尬局面。虽然一些学者试图更客观地看待结构与文化的辩证关系，但这些努力大多遭到忽视。然而，由于文化主义者对文化阐释和意义解读的过度强调，导致相关研究出现了"只见树木不见森林"的认识论困境，这迫使文化主义者反思自我，而文化分析路径的多元化取向也给了学者重新挖掘结构理论，并将结构维度带回来的潜在机会。考察近年来历史社会学的研究进展，石桥所说的"物质性"转向已经出现迹象，结构分析对文化分析的反向运动也很可能会基于更包容和宽广的认识论视野。

---

① 郭台辉、李钧鹏编著：《历史社会学的技艺（增订本）》，第403页。

② 赵鼎新：《儒法国家：中国历史新论》，徐峰、巨桐译，浙江大学出版社2022年版。

作者谈

郭台辉

近年来，社会科学转向历史的讨论在学术界愈发引人注目。非常荣幸，今天的会议以拙著《历史社会学的力量》以及《历史社会学的技艺（增订本）》切入，讨论关于社会科学如何合理转向历史的关键内容。正如某杂志编辑所建议的那样，当前的讨论应重点关注这一转向的影响，而非仅仅探讨转向本身，尤其是应对社会科学如何从无历史背景的研究中实现再出发的问题进行深入思考。

李康提出，社会科学的发展过程存在一种“无政府状态”，即使面临诸多问题，也缺乏强有力的规范性力量来引导社会科学的历史转向。这种状况的根源在于社会政治的剧烈变动使得社会科学难以跟上现实的发展步伐，无法为社会政治力量提供有效的指导。因此，社会科学的转向历史，不仅是为了从历史中寻找解释和意义，更是为了反思当下，为当前社会政治力量的变迁找到一种新的可能性或出路。这一转向要求我们从过去的社会科学发展历程中汲取经验，反思实证社会科学的局限，摆脱对自然科学的依赖，回归社会自身的历史发展过程。

历史不仅是社会科学的研究对象，还是其成长的基础。在社会科学转向历史的过程中，必须重新构建社会科学的理论体系和研究方法，使其不再依赖外部力量，而是立足于社会自身的演变逻辑。在这个过程中，历史发挥了三种重要作用：首先，作为方法论资源的转向；其次，在特定历史观念的指导下，社会科学素质的转向；最后，作为本体论资源的转向。这些不同的转向路径和结果，将使社会科学能够更加深刻地理解当下的社会问题，并为未来的社会发展提供有效的指导。

社会科学转向历史的关键在于重新思考何为社会、何为历史、何为科学。这三者的结合将形成一种新的历史社会科学，为我们提供一个更加全面和包容的学术视角。在这一过程中，学者们需要探讨不同转向背后的逻辑和价值关怀，并通过对话与反思，推动跨学科的发展。这不仅会推动社会科学的发展，也会促进历史学的发展。

简而言之，社会科学转向历史并非简单的学术转变，而是为应对当下现实问题和推动学科进步而做出的必要调整。我们必须从地方性的经验出发，推动人类普遍知识的发展，并通过对具体社会问题的深入研究，回应人类社会普遍的关注。这种学术对话不是对抗性的，而是包容性的，最终将通过部分共识推动社会科学与历史学的共同进步。

第二章
制度史如何书写

时　　间： 2023 年 5 月 13 日

地　　点： 线　上

主 持 人： 刘　伟（武汉大学教授）

与谈嘉宾： 黄　晨（中国人民大学副教授）

刘芮方（东北师范大学副教授）

季乃礼（南开大学教授）

王　成（山东大学教授）

阅读文本： 张星九，《中国政治制度史》，高等教育出版社 2022 年版

与谈作者： 张星久（武汉大学教授）

主持人语

刘　伟

本次活动以“制度史如何书写”为核心议题，围绕张星久的著作《中国政治制度史》，从政治学与历史学交叉的理论视角展开深入探讨。四位与谈嘉宾作为长期耕耘于各自领域的知名学者，具有卓越的理论敏锐性与方法论创新能力，并对制度史研究的学术价值与实践意义持有深刻的洞见。我相信，本次活动不仅能进一步开拓制度史研究的理论前沿，更将为学术共同体提供重要的方法论启示与实践进路。

张教授以其扎实的学术积累与跨学科的研究方法，为政治学与历史学的交融提供了范例。然而，制度史作为一个学术领域在当代研究格局中的相对“失语”赋予了《中国政治制度史》非凡的意义。因此，本期讨论不仅旨在厘清制度史研究的学术价值与理论逻辑，更希望通过四位学者的发言和思想交流，探讨如何通过制度史研究回应当代学术与社会的双重需求。

黄晨从学术生态的宏观视角切入，揭示制度史研究在当前学术场域中面临的困境。他坦言，制度史的“失语”不仅体现在发表成果的稀少——如两年仅见寥寥数篇相关论文，更表现在其学术“存在感”的持续减弱。在此背景下，他强调，制度史研究并非可有可无的学术选项，而是理解中国政治学核心问题的重要路径。尤其是面对全球化与本土化交织的时代背景，制度史所蕴含的理论资源与实践启示对于现代国家治理及其历史根基的审视具有重要意义。他进一步指出，制度史研究的复兴离不开问题意识的科学构建。问题意识并非单纯的议题罗列，而是研究者对时代、学科与方法论交汇点的深刻洞察。他提出，制度史应从政治学的角度重新审视其议题选择与方法论设置，强调研究路径的跨学科融合与理论创新。在具体研究中，既要坚持史料考证的严谨性，也要赋予研究以宏观理论的普适性观照。黄晨的发言从问题意识到方法论构建的层层递进，为制度史研究的“重回中心”提供了路径规划。

刘芮方从历史学与文明史的交叉视角切入，为制度史研究提供了理论路径的拓展与学科视野的升维。他指出，文明史的研究方法可以为制度史的书写提供新的理论框架，这不仅有助于打破传统历史研究中单纯依赖史料的局限，还能通过理论观照深化对制度演变的理解。他特别强调，制度史的书写应具有宏阔的文明视野，以文明发展的脉络为参照，实现古今贯通与多元文化的互鉴。具体而言，他认为《中国政治制度史》已经在尝试以文明史为基础构建制度史的叙事框架，通过对不同历史时期的制度形成与变迁的研究，揭示制度演化背后的规律性特征与文化共性。这种路径的优势在于，它能够兼具理论的普适性与实践的特殊性，为制度史研究在理论建构与实际应用之间搭建桥梁。刘芮方的发言强调制度史作为“汇通之学”的潜在可能性，为制度史研究的多学科融合提供了重要启示。

季乃礼从方法论和现实观照的结合点入手，探讨制度史研究如何实现理论创新与实践应用的双向互动。他指出，制度史作为研究历史上制度形成、演变与功能的重要领域，其学术意义不仅体现在其历史价值上，更在于它能够回应国家现代化与治理现代化的现实需求。他特别提到，制度史研究若能紧密结合党和国家的主流命题，将不仅能够扩展其学术影响力，还能增强其服务国家实践的能力。他强调，制度史研究要突破学术封闭性，应以多样化的研究路径和开放性的学术视野为前提。具体而言，他建议制度史研究需进一步结合当代国家治理的现实问题，以历史研究的深度为现代制度创新提供理论支撑。这一观点既为制度史研究提供了学术深化的方向，也为其融入国家发展战略提供了可能。

王成的发言具有鲜明的反思色彩与建设意义。他坦言，当代学者在制度史研究领域中常面临“无路可走”的困境——学术前辈所取得的研究成果已覆盖了几乎所有传统路径。然而，他认为，这种困境并非不可突破，而是要求学者跳出传统的学术路径，运用现代社会科学的方法与概念重新解读中国古代政治制度。他主张以社会科学视角为基础，重新审视中国古代制度中所蕴含的稳定性与变迁性问题。他特别强调，现代社会科学的分析方法，如政治学的权力分析框架、历史社会学的制度演变模型等，可以为制度史研究注入新的理论活力。通过这一方法，制度史研究不仅能够重构中国古代制度的历史图景，还能为理解当代制度的形成逻辑提供历史支撑。王成的发言既具有理论前瞻性，又为制度史研究的实践应用开辟了更广阔的学术空间。

通过四位学者的深入剖析，可以清晰地认识到，制度史研究在当前学术场域中的边缘化状态虽然显著，但并非不可逆转。唯有通过理论范式的创新、方法论路径的拓展以及多学科资源的深度融合，方能重新激活其在学术研究与现实关怀中的双重意义。从黄晨对学术生态宏观结构的剖析，到刘芮方以文明史为基础的理论框架构建，再到季乃礼对国家实践与制度建构之间关系的探讨，直至王成通过社会科学方法论对制度史研究的再解读，四位学者的深刻见解为制度史研究开辟了全面而多维的探索路径。

立足于四位学者的发言,本次讨论的学术价值愈发凸显。其一,制度史研究的复兴亟须借助多学科理论资源与方法工具。政治学、历史学以及文明史的交叉融合,不仅为制度史研究奠定了知识体系的厚重基础,更为其方法论创新提供了多样化的理论视角。其二,制度史研究的推进需要贯穿宏观问题意识与微观学术实践的全链条创新。从议题的选择与理论的建构到方法的运用与实践的反馈,每一环节均是制度史重塑其学术地位的重要步骤。尤其是在方法论层面,融汇传统史料分析与现代科学工具将是关键。其三,制度史研究应更为主动地回应国家与社会发展的现实诉求,以学术成果有效服务于国家战略与社会治理。这要求学者既要关注中国历史语境中制度变迁的独特性,又需通过理论成果的传播与实践应用,建立起学术研究与现实需求之间的双向互动。

本次学术活动不仅深化了与会者对制度史研究现状及发展潜力的认知,而且进一步激发了学界对这一领域复兴的理论热情与实践信心。通过对制度史研究路径与方法的多角度探讨,本次讨论展现了其在重塑学术话语、回应现实关切等诸多方面的价值。

何种制度？ 谁之制度史？

黄　晨

今天的报告主题是“如何将中国政治制度史带回政治学”，其背后实际上是探讨中国政治制度史如何与政治学重新建立紧密联系。接下来，我将通过六个部分展开讨论。

一、为什么要重回政治学视域？

政治学自20世纪早期就已确立，但为何仍需讨论如何将其重新带回？我认为这涉及两个核心问题：一是“谁的制度史”；二是“何种政治制度”。题目中的表述借鉴了麦金泰尔（Alasdair Chalmers MacIntyre）的《谁之正义？何种合理性？》。首先，近年来，政治制度史在学术界相对遇冷。虽然我们都知道中国几千年的治国理政经验非常重要，但若从学科内部的二级学科对比，或者与其他社会科学学科的对比来看，政治制度史的研究现状却不尽如人意。对此，背后的原因并非制度史不重要，而是许多学者对这一领域还存在疑惑。要想重拾政治制度史并将其带回政治学视野，我们需要解决这个疑惑：政治学视角下的政治制度史究竟如何展开研究？这包括两个方面的努力。

二、谁之制度史？

这一问题实际上指向的是政治制度史的主体性问题。在我们与历史学及党史学者的交流中，发现政治制度史在史学领域仍然是主流。然而，作为政治学分支的政治制度史，仍在确立其主体性。所谓主体性，简言之，就是如何将政治学的政治制度史与历史学的叙事性政治制度史区分开来。政治学领域单设政治制度史的学术研究和教育体系，目前尚未完全实现。这一主体性问题关乎如何使这一领域变得必要、有意义，并且能够产出有价值的成果。

确立政治学的制度史后，接下来我们要探讨的便是第二个核心问题——“何种制度史”。我们具体应该采用何种研究方法、材料以及理论框架，这对于年轻学者和未来的研究者而言是极为重要的选题问题。我们应当关注的问题是：应选择古代的制度研究，还是具有现代意义的制度？是采用量化方法、传统定性研究，还是结合多种方法的研究路径？

三、制度史为何遇冷？

我认为，政治制度史的遇冷体现在多个方面。首先，在与政治学内部其他方向的对比中，政治制度史的论文发表数量显著不足。以 1985 年至 2020 年间的统计数据为例，中国政治制度史论文仅 39 篇，平均每年 1 篇；其中超过 20 篇出自历史学系，政治学系的制度史论文平均两年才能发表 1 篇。相比之下，当代中国政治方向的论文数量达到 1400 篇，政治学理论类论文发表数量也远超制度史。这一对比揭示了政治制度史在学术成果和学术训练上的相对不足。

另一个重要问题是课程设置。尽管政治学作为一级学科几乎都有政治理论史和制度史这两门 3 学分的核心课程，但在实际的课程设置中，中国政治制度史并没有形成系统化的教学科研队伍再生产机制。与经济学、法学等学科相比，政治制度史在科研项目申请和学术期刊发表方面处于劣势。经济学有《中国经济史研究》等权威期刊，法学有《法律史评论》《法史学刊》等刊物，而中国政治制度史的研究在国家社科基金和教育部社科基金中的立项数量也远不及其他学科。

这并不是因为制度史本身不重要，而是反映了制度史学科建设中的某些困境。特别是对于我们年轻一代的学者而言，选择研究思想史的学生较多，而选择研究制度史的却寥寥无几。为何在面对如此众多的选择时，更多的年轻学者会选择中国政治思想史，而非政治制度史？

四、制度史的理论与实践困境

在制度史领域，存在几个关键性困惑。第一，思想史相较于制度史，因其回答的是具有普遍理论意义的抽象问题，因而研究思想史的学者往往不觉得冷门。而制度史相对具体、特殊，似乎缺乏普遍的理论意义。尽管政治制度史也具有丰厚的历史经验和教训，但如何在研究中平衡特殊性与普遍性，仍然是一个待解的问题。

第二，如何在 20 世纪之前的政治制度史中发现对现代中国有意义的理论经验，是另一大困惑。我们常常将辛亥革命后视为现代政治制度的起点，认为革命之前的制度与现代政治体系有着本质区别。这种思维使得研究者容易忽视长达两千多年的政治制度史对现代中国的价值。

第三，政治学研究的核心不是与历史学科竞争，而是如何在考证事实的基础上，提出具有政治学理论意义的问题。这也要求我们不应仅局限于历史叙事，而是要将制度史中的关键问题与现代政治学理论相结合，形成有效的理论框架。

五、问题导向的新路径

我认为，问题导向的研究方式也许是不同于时间导向和制度导向的一条新路径。这意味着我们不仅要研究历史制度的演变，还要提炼出具有普遍意义的政治学问题。在本科阶段，时间顺序和制度顺序的教学仍然是基础，但在研究生阶段，我们应当以问题为导向，将制度史与现代政治学理论紧密结合。

在这一过程中，我们可以提出一些关键性问题，如大国如何在保持统一和效率之间取得平衡？古今政治制度的优劣如何评估？这些问题不仅具有历史意义，也能够为现代政治学提供借鉴。此外，我们还可以探讨如何通过制度实践回答当代中国的治理难题，如纪检监察体制的现代化与民主化等。

六、制度史的规范性研究

在制度史研究中，如何提炼出规范的命题，而不仅仅是进行叙事，是我们面临的另一大挑战。对于现代国家的构建，不同的制度和理论背后究竟有何共通的规范价值？例如，官僚制是否足以定义现代国家，还是说现代国家必须具备某种特殊的约束机制？这些问题不仅涉及理论探讨，也关乎实践中的制度建设。

总而言之，我们应当将中国政治制度史重新带回政治学的视野。这不仅需要通过历史叙事积累丰富的制度知识，还要通过问题导向的研究方式提炼出具有现代意义的普遍理论。在这一过程中，政治思想史与制度史应当形成一个完整的逻辑闭环。只有将理论与实践相结合，才能避免历史与现代政治的断裂，实现中国现代化进程中的理论创新。

文明史视野下的制度史书写

刘芮方

当前，有观点认为政治制度史的研究处于相对“凋零”的状态。但在历史学领域，学者普遍并未有此感受，原因在于制度史一直是历史学中的一个重要分支，在史学界持续受到重视。以先秦史为例，近年来，在基层制度、封建制度、内外服制、宗法制度及姓氏制度等诸多方面，皆有较多学术成果问世。总体而言，制度史研究在历史学界从未衰退，只是由于研究范围的不断扩展，尤其是社会史、时尚生活史、医疗史、性别史、儿童史及情感史等领域的兴起，才使制度史研究在相对意义上显得不再突出。

尤其是在关于先秦、秦汉时期的研究中，部分学者的视野逐渐转向出土文献与古文字。但我认为，这类新史料的发掘与利用，恰恰有力地促进了制度史研究的发展。例如，近些年围绕简牍的法制史、官制及地方行政制度、军制等方面的研究，对以往成果形成了显著推进。那么，为什么仍然有人认为政治制度史研究处于“凋零”状态？我想，这或许源于研究视角和对象的不同。有的学者提到的“凋零”一说，我认为与历史学与政治学的学科差异有关。历史学研究制度时，往往基于史实，采用史学的方法进行考证，重点在于对某一特定时期或制度的深入剖析，强调制度的概念范畴与运作机制。而在政治学中，学者们更倾向于在史学考证的基础上，借助现代政治学的理论与方法，对制度的脉络、演变及运行机制进行推断与重构，并从中汲取对当代社会有价值的启示，达成古为今用的目的。

张星久曾指出，研究政治学的学者往往因中国漫长的历史文献望而却步，而历史学者则因缺乏政治学的理论方法而感到困惑，导致中国政治史研究总体上较为薄弱。这或许是我们今天普遍感受到的症结所在。

这种学科区分同样体现在制度史的书写中。黄老师已经提到，历史学者主导的制度史研究偏重于史实，而政治学者主导的制度史研究则偏重理论。如何调和这一问题？我认为引入文明史的视角可能是一条有效的途径。21 世纪以来，受西方文明史研究的影响，国内也掀起了一股文明史研究的热潮。文明史研究以文明为基本单位，强调大规模的社会文化共同体的长期存续性，具有广阔的历史视野。文明史研究的两个突出特征是：第一，它摆脱了现代历史学以民族国家为单位的研究路径，强调从文明的整体性和共性出发；第二，它注重文明内部各要素之间的互动，以综合的方式呈现历史。这种视角为制度史的研究和书写提供了新的方法和思路。

首先，以文明为单位理解制度。在制度史的研究中，传统的研究路径通常以国家为单位展开。然而，文明作为一种柔性的社会文化共同体，与以国家为单位的刚性研究路径有所区别。文明史研究不仅重视文化精神特质的归纳总结，还强调对文明得以延续的制度、组织功能与实践经验的梳理。因此，从文明的角度出发，研究制度的差异性与共性，能够为我们提供更开阔的视野。例如，在中国历史上多次分裂的时期，不同政权所采纳的政治制度并无本质区别，这也是中国历史能够长期维持大一统格局的重要原因。而西方文明内部的各国，即便在制度表现上有所差异，本质上也有着相似的文明基础。这也解释了为什么欧洲能够形成欧盟这样的超国家组织。

在讨论中国的制度时，常常遇到的问题是：为什么某些制度在中国无法成功运作？为什么中国的制度改革需要回溯传统，汲取古代智慧？从文明史的视角来看，这些问题都可以得到更为合理的解释。中国是一个拥有5000年文明史的国家，其古老文明与现代国家形态高度重叠。与此相对，西方国家的民族国家模式则是在西方文明的根基上逐渐演变而来的。因此，制度的适应性很大程度上取决于它所处的文明背景，不同文明对同一制度的理解与运作方式可能截然不同。

其次，文明史的综合性与汇通性为制度史的书写提供了新的视野。传统的制度史研究往往以制度的列表式描述为主，缺乏制度与思想文化、社会背景等多方面要素的结合。然而，文明史的综合性视角要求我们在制度研究中注重制度的实施与运转，将制度与思想文化、社会背景等相结合。例如，儒家经典《周礼》对中国古代制度变革产生了深远影响。这种综合性视角与邓小南提出的“活的制度史”以及李金铮倡导的“让制度史更为鲜活”的理念是一脉相承的。

文明史的研究还强调长时段的视角。短时段的研究往往难以揭示深层的历史规律，而长时段的文明史研究则能够为我们提供宏观的历史透视。例如，阎步克先生在其制度史研究中所采用的长时段、跨时段的会通理念，为我们理解制度的演变提供了重要启示。而张星久主编的《中国政治制度史》也采用了类似的方法，将政治学理论与历史事实结合，进行长时段的制度运作与演变观察，体现了会通原则。

文明史的研究不仅是对过去的还原，更是对当下的观照。文明史视角与政治学的制度史研究具有相通性，都在探寻历史经验对当代社会的启示。正如张教授指出的，研究中国共产党独特的政治领导方式与精神气质的形成过程，是理解当代中国政治制度的重要课题。通过将中国共产党的制度史与传统文明结合，能够更好地解释中国道路的独特性。

最后，我想强调，历史研究不仅是还原过去，更要关注当下与未来。当下的一切都深刻烙印着历史的痕迹，而历史与政治的结合正是我们研究制度史的出发点与归宿。制度研究离不开历史，只有回到历史，才能更准确地理解制度的本质与运作。

中国政治制度史研究的困境与出路

季乃礼

首先，从政治学的学科背景探讨政治制度史的背景时，我认为应当限定两个视角。第一个是政治学的视角。站在历史学的立场，制度史并不面临困境，因为制度史一直是历史学研究的核心议题。尽管近年来其他议题的兴起在一定程度上削弱了对制度史的关注度，但它在历史学中的地位依然稳固。反观政治学，制度史的研究困境则较为明显。因此，我们主要从政治学的角度来探讨这一问题。第二个视角是研究者的视角。从教学的角度看，国家已将制度史设为14门必修课程之一，这一强制性安排使得制度史的教学并未陷入困境。然而，从研究者的视角来看，中国政治制度史的研究确实面临一些挑战，这也是我们今天探讨的背景问题之一。

关于制度史研究的困境，我将其归纳为三个方面。第一是发表文章的困境，这一点黄晨已经详细论述，因此我不再赘述。第二是人才培养的困境。多数从事中国政治制度史研究的学者并非政治学科出身，而是从其他学科转型而来，且真正的政治学背景的学者往往不愿意从事中国政治制度史的研究。第三是学科地位的尴尬。在学科体系中，中国当代政治的研究居于核心地位，西方政治次之，而中国古代政治的地位则相对边缘。对于中国古代政治的研究又分为两个方向，即中国政治思想史与中国政治制度史。与中国政治思想史相比，制度史得到的关注度显得更为有限,这一点可以从黄晨提供的数据中得到印证。

导致这一困境的原因何在?我认为有以下几方面的原因。第一,学科性质是关键因素之一。中国政治制度史的研究者多数来自历史学科而非政治学科,这一现象使得该领域的研究方法依然主要依赖历史学的研究范式。第二,研究对象的局限性导致1949年以前的制度史成为研究的重点,而1949年以后的研究则相对稀缺。第三,研究术语的陈旧性也限制了这一领域的学术发展,我们尚未实现与现代政治学术语的有效转换,导致研究成果难以与现实接轨。

基于此,我的基本结论是,中国政治制度史在研究中逐渐脱离了现实,也疏离了政治学,从而导致其在政治学科中的边缘化。当然,这种困境可能与学科性质密切相关,但我们不能仅仅将问题归因于外部因素,还需要从自身出发,探讨如何突破这一学科的瓶颈。

那么,出路在哪里?我认为在于打通与打破。首先,我们需要建立传统与现代的联系。这不仅仅是打破传统,而是站在当代的视角审视传统政治制度的问题。当今制度中存在的诸多问题,传统制度可以作为一个重要的参照系,我们应从传统制度中汲取智慧。例如,当我们无法解决某些现代制度问题时,可以回顾中国传统制度的应对方式,找到当代制度的根源和渊源。以此为基础,我们可以发表更具现实意义的研究成果,尤其是在当前提倡坚定"四个自信"的背景下,制度自信尤为重要。我们应揭示传统制度与当代制度之间的关联,从而为制度自信提供历史依据。例如,基层治理中的士绅政治与当代党建引领之间的关系,以及传统城市基层治理与当代治理方式的差异,都是可以深入探讨的课题。

其次,我们需要加强制度史与思想史的联系。中国政治制度史与中国政治思想史应实现学科之间的交融。制度中的设计往往基于某种理念，而这些理念与传统文化密切相关。通过这种关联，我们可以将传统制度与现代制度对接，从而通过思想这一中介实现古今贯通。此外，还应打破政治学与其他学科的界限。我们可以从其他学科中汲取资源，以丰富中国政治制度史的研究。比如，赵鼎新的《儒法国家》、费孝通的《乡土中国》以及周雪光等学者的研究，都为我们提供了有益的学术资源，尽管他们并非政治制度史或历史学的学者。学科之间的交叉与融合，可以为政治学提供新的视角和方法。

最后，我想用乡贤问题作为一个具体的例子进行说明。乡贤与当代农村社会中的社会冲突管理有着一定的关联，这一议题可以从制度史的角度进行深入探讨。尽管政治学的制度研究面临一些困境，但从学术上来说，只有通过打破学科的界限，才能实现突破。政治学不应过于封闭，而应向其他学科开放，吸纳资源，推动学术进步。我们需要打通传统与现代、制度与思想的联系，以实现更为全面的学术研究和现实观照。

社会科学进驻制度史的可能进路

王　成

一、《中国政治制度史》的特点

从当前来看,中国政治制度史的教材建设在近年确实取得了显著的成绩,而《中国政治制度史》无疑是该领域的重量级成果。该书在研究方法上极具创新性,结合了横切与竖切的叙述方式,以期为中国政治制度史的研究提供一种有益的模式参考。具体来说,教材以上、中、下的三段式划分,将中国政治制度史分为先秦时期、秦汉至明清时期,以及向现代国家过渡的时期。通过横切与竖切结合的叙述方式,不仅为初学者提供了便捷的理解路径,还使得这部教材在理论深度和学术前沿问题上颇具启发性。

其次,教材在理论深度的拓展方面表现得尤为突出。例如,在中编第一章的总结与讨论部分,涉及君主专制是否受限的问题;在第五章,探讨了学术界长期争论的"皇权不下县"问题;在第八章,则讨论了周期性财政危机的现象。这样的设置,使得教材不仅仅是一本传授基础知识的工具书,同时也是一本关注学术争论和前沿问题的研究型著作。这一点,在现有的中国政治制度史教材中是比较罕见的。

总之,我相信《中国政治制度史》这部教材将有力推动中国政治制度史研究在思想挖掘、服务现实、人才培养、梯队建设等方面取得更大的进展。

二、中国政治制度史研究的瓶颈

接下来，我想讨论中国政治制度史研究面临的几个瓶颈问题。

（一）研究空间有限

在史学领域，中国政治制度史研究早已取得了许多卓越的成就。从梁启超的《中国专制政体演化史论》到郭沫若的《中国古代社会研究》，这些前辈学者的成果极为丰硕，形成了完整的研究体系。我们可以看到，自 1902 年梁启超开创中国政治制度史研究以来，经过 120 年的发展，史学领域中的制度史研究已经相当成熟。这就使得后辈学者在进行相关研究时，所面临的挑战越来越大——前辈的成就越辉煌，后继者的创新空间就越小。

（二）理论分析工具匮乏

尽管制度史研究在史学领域取得了辉煌的成绩，但政治学者在研究方法和工具方面依然存在不足。史学家们在研究制度史时，更多地注重制度的结构，尤其是官制史的研究。这一问题在白钢的《制度史研究》中得到了详细讨论。他指出，制度史研究的核心是制度结构，但并非全部内容。制度的运行和变迁同样应该受到足够的关注。换句话说，仅仅停留于静态的结构分析是不够的，我们还需要关注制度在历史长河中的动态变化，才能使制度史成为“活的制度史”而非“死的制度史”。

（三）叙事方式的局限性

在目前的中国政治制度史研究中，叙事方式依然较为传统。我们知道，中国的政治制度是渐进式发展，而非突变式转型。即使是重大转折，例如周秦之变，也是经历了长期积累后才逐步完成的。然而，在现有的制度史教材中，叙事方式往往将这些渐进的过程简化为单一的突变。这种叙事方式不仅限制了对制度连续性的深度思考，也不利于揭示中国政治制度背后的复杂演化逻辑。

三、中国政治制度史研究的出路与方向

对这些瓶颈，我认为中国政治制度史的研究应该从以下几个方面着手。

（一）拓展研究维度，补齐历史空白

虽然前辈学者的研究极为广泛，但仍然有很多未被深入探讨的领域。比如，少数民族政权的制度、土司制度等，依然存在大量的研究空白。此外，一些具体的制度，如明清时期的“热审制度”，虽然不属于核心制度，但其对理解当时的刑罚制度及司法机制具有重要意义。目前对这些制度的研究还较为薄弱，有待深入挖掘。

（二）改变叙事方式，关注制度变迁

我们应该更注重制度的连续性和渐进性，而非仅仅关注突变。比如，《中国政治制度史》已经尝试通过研究单个制度（如皇帝制度、中央政权制度等）的演变来揭示其内在的逻辑和发展规律，这种方式值得我们进一步推广。在制度史研究中，叙事方式的转变不仅能增强研究的深度，还能帮助我们更好地理解中国政治制度的演化特征。

（三）跨学科融合，扩展研究广度

中国政治制度史与政治思想史之间的关联非常紧密。制度史的研究不应仅是对制度的静态描述，还应揭示制度背后的思想动因。例如，

制度是如何塑造思想，思想又是如何催生新的制度形态的。这种跨学科的研究不仅能拓宽制度史的研究视野，还能为当代政治制度的研究提供更加多维的理论支持。

（四）构建本土理论，彰显中国特色

中国政治制度史的本土化发展是研究的关键出路。我们在研究中应重视本土概念的发掘与重新阐释，避免简单地套用西方理论框架。虽然现代性具有普遍性，但中国的政治制度和西方有着根本性的差异。在研究中，我们既要借鉴西方的理论成果，也要善于从中国自身的历史经验中汲取营养。比如，对于一些已经被广泛使用的外来概念，我们不应贸然推翻，而应采取稳妥的态度，对其进行本土化的再解读。

综上所述，中国政治制度史研究要突破当前的困境，必须在保持学科特色的基础上，进一步拓展研究视角和方法。通过叙事方式的转变、跨学科的融合以及本土理论的构建，我们有望在未来实现更大的学术突破。

作者谈

张星久

我们的政治制度史，历史学中称为典章制度或官制史，这一部分内容在历史学中是非常重要的，但相较于政治学，缺少了政治学的理论观照。政治制度的成长没有融入政治学的视角，这使得制度研究显得有些脱节。历史学的研究确实涉及多个学科，而如何将这些学科有机结合，特别是如何将思想史和制度史结合起来，这是我一直思考的问题。

在我看来，思想史和制度史是不可分的。虽然在退下来的这段时间里，因种种琐事未能全力完成这一目标，但我的目标依然是将这两方面结合起来进行更深入的探讨。我曾写过一些文章，例如《观念的王国，制度的王国》，其中讨论了大一统和军权等问题，正是在思想和制度两个维度上展开的。我认为，这两个维度不应被割裂。

从现代政治学的角度来研究制度史，一直是我所追求的方向。我并不认为在制度史教学中需要将西方政治学的理论与中国的制度并列讲述，尤其是对于初学者，讲解基础内容即可，过于复杂的理论容易让学生望而却步。因此，我非常认同各位老师提到的因材施教的理念。

关于“活的历史”，我曾撰写过几篇书评，其中包括对关文发教授与颜广文教授合著的《明代政治制度研究》的评论[①]。我始终认为，制度

① 张星久：《突破中国政治制度史研究的瓶颈——读〈明代政治制度研究〉》，《武汉大学学报(哲学社会科学版)》1997 年第 6 期。

的运作并非静态的，而是动态发展的。这也是我在讲授制度史时的一个核心思路。制度的调节功能、行动者的角色，以及环境结构的相互作用，都是制度变迁中的关键因素。在我的教材中，我试图沿着这个框架去讲述制度的演变。

在制度变迁的研究中，我特别关注行动者的行为，尤其是君主、宰相等统治者的行为对制度的影响。偶然的行为往往会导致制度的变革，这种偶然性与制度设计和路径依赖密切相关。制度的动态发展需要从整体结构、制度本身、行动者三者的互动中去理解。

我的教材相对平实，重在梳理基本知识，而不是追求过高的理论目标。尽管如此，我仍认为制度史的研究不能忽视制度背后的原则和价值规范，这包括与儒家思想的关系。在君主专制制度中，君主的权力绝对性是一个核心问题，这种绝对性不仅是个人能力的体现，更是一种制度可能性的空间。中国君主专制的内涵丰富，运作复杂，需要通过更深入的比较研究来揭示其多维性。

在讲述中国政体时，我也会借鉴文明史的研究成果。例如，基于儒教和基督教文化背景的比较研究，能够为我们理解制度的环境提供有益的视角。在教学中，我特别注重问题导向，直奔现实和历史中的核心问题，如君主权力与能力之间的矛盾，君主专制政体的内在复杂性等。

中国古代的制度反映了许多深刻的矛盾，也给予了我们很多智慧。例如，中央集权的制度尽管有其优势，但也面临权力过度集中带来的问题。对这些问题的深入思考，能够为我们今天的制度设计提供有益的启示。儒家思想中的批评与反思，以及古代治理技术的局限，都值得我们借鉴。

在制度史的研究中，我们不仅要尊重历史事实，还要吸收最新的研究成果。跨越多个历史时期、处理多种复杂问题时，学术的严谨性是不可或缺的。同时,我也希望能够为学生和学者提供一个开放的思考空间。未来,我计划进一步深化案例研究,探讨“行动中的制度”,这是我后续想要努力的方向。

第三章
中国思想史的方法论问题

时　　间： 2023 年 6 月 10 日

地　　点： 线　上

主 持 人： 葛　荃（山东大学教授）

与谈嘉宾： 孙晓春（吉林大学教授）

杨　阳（中国政法大学教授）

张师伟（西北政法大学教授）

颜德如（东北大学教授）

胥仕元（河北大学教授）

郭台辉（云南大学教授）

阅读文本： 张铉根，《观念的变迁：中国古代政治思想的演变》，叶梦怡译，浙江人民出版社 2022 年版

与谈作者： 张铉根（韩国龙仁大学教授）

主持人语[*]

葛　荃

一、研究方式的转换：从思想史到观念史

中国政治思想史作为一个学科始于20世纪20年代，首创者是梁启超，迄今发展已届百年。我在本世纪初回顾这一学科发展状况时，以方法论为界标，认为中国政治思想研究大体形成了三个流派：一是“新学历史学”流派，典型学者如梁启超、杨幼炯等；二是“马克思主义历史学”流派，典型学者如吕振羽、侯外庐等；三是现代政治学流派，最有代表性的学者是萧公权。

不过从研究形式来看，研究者大体上均围绕思想家、思想著述、政治思潮或政论家、政治家（帝王）作文章。[①] 在国内学术界，政治观念的研究或有论及，一般见于专题论文或是史著中的某一章节，观念史的研究并没有全面展开。

事实上，中国政治思想史研究具有交叉学科的性质，需要研究者同时具有历史学和政治学知识，观念史的研究更具有跨学科性，可以视为思想史与社会史交叉互动的产物。刘泽华2001年在讲论“开展思想与

---

* 本次发言经整理后，以论文形式发表，参见葛荃：《中国政治思想史研究的方法论与创新思维》，《天津社会科学》2024年第2期。

① 葛荃：《近百年来中国政治思想史研究综论》，《文史哲》2006年第5期。

社会互动和整体研究”时即提出:“我这里所提出的思想与社会互动过程,不是一般的既研究思想又研究社会,也不是思想研究与社会研究的机械相加,而是说主要是两者的互动和混成现象。更具体地说,主要是研究如下两方面的问题:一是思想的社会化和社会的思想化过程问题;二是思想(观念)的社会和社会的思想(观念)。”[①]刘先生在这里提出的并不是政治思想史研究体系内的政治观念解读,而是溶解于社会政治生活层面的政治观念,例如“观念的制度化与制度的观念化过程研究”。也就是说,这里的观念是在社会政治层面,基于相应的制度、社会政治组织和运作而形成的政治观念。刘先生的这番思考,可以说走在了学术前沿。

韩国学者张铉根的专著《观念的变迁:中国古代政治思想的演变》[②]为观念史研究提供了一个范本,很值得我们学习和借鉴。在这里,张教授实际上提出了一个重要问题,就是中国政治思想史研究的方法论问题。什么方法才是适宜的?如果说学术研究的价值或生命力在于推陈出新,那么,什么研究方法更有助于学术创新?

如果从史学研究的视角看,中国历史研究或政治思想史研究的创新,主要取决于三个方面。一是历史资料的新发现。例如20世纪初的史料四大发现——殷墟甲骨、居延汉简、敦煌文书和清廷大内档案,便促进了近代以来的中国史学研究。二是题目创新,即前人未曾论及的课题。三是方法论的创新。这一点在中国思想文化史研究方面体现得最明显。例如,同样是一部《论语》,运用社会学理论、哲学史理论或政治学理论作为方法论,所使用的概念、命题和采用的视角均有不同,体现了各自的学科特点。研究者沿着社会学、哲学史或政治学各自的学

---

① 刘泽华:《开展思想与社会互动和整体研究》,《历史教学》2001年第8期。

② 张铉根:《观念的变迁:中国古代政治思想的演变》,叶梦怡译,浙江人民出版社2022年版。

理逻辑展开，做出各自的学术判断。相较而言，方法论的更新更有助于促成学术创新。

就研究方法来说，我们可以进一步举例。譬如研究孔子的政治思想，运用历史唯物论和辩证唯物论作为方法论，对于孔子政治思想的学术判断必然是看其思想是顺应或推动了历史发展，还是逆历史而动。如果是前者便予以肯定，如果是后者就要批判和否定。如果运用政治学理论作为方法论，就要看孔子的政治认识代表了哪个阶级或政治利益集团，他设计的政治蓝图是拥护君主政治还是相反，等等。方法论的不同，直接影响到研究者的学术判断，这便是方法论的重要作用。

说到这里，我们还需要进一步辨析研究方法与方法论的区别。研究方法一般指的是研究者运用的技术手段，诸如计量统计、田野调查、个案访谈等，以计量为特点的研究方法关键在于取得数据，通过对测量数据的统计分析，做出学术判断。方法论指的是研究者用于分析、解读和论证的理论方法，一般是指由一套概念和命题构成的理论体系，包含相应的学理逻辑和认知理路，被研究者用来分析问题，形成学术判断。有研究者将其界定为“关于研究过程的哲学，其中包括作为研究的基本原理的理论假设和价值观念，还包括研究者用来解释资料、引出结论的标准或准则”[①]。方法论的更新能给研究者带来新视角和解读问题的新手段，从而在学术视野方面便会有所扩展，甚至能促成新的学科交叉，在学术判断上就能有所创新。

从政治思想史研究到观念史研究可以视为一种研究方式的转换，与前述方法论并不等同。中国政治思想史的研究对象是历史上有关政治的认识，包括国家与法的认识、社会政治理想、政治哲学、政治策略、

---

① D. K. 贝利：《社会研究的方法》，余炳辉等编译，浙江人民出版社 1986 年版，第 18 页。

治国方略、政治权术等等。政治思想的载体与表现形式主要是：思想家、政治人物、政论家的思想；学派的思想；某种思潮、概念、命题、观念；等等。自20世纪初叶中国政治思想史作为一个学科渐次形成以来，研究者大多研究思想家个体、学派或思潮的政治思想。这类研究方式往往按照朝代顺序，进行“列传式”研究，间或有关于政治思想概念、命题和观念的研究，其致思逻辑和研究路数与“列传式”研究没有什么区别。张铉根的“观念史”研究在研究方式上有所改进，他把观念视为中国古代政治思想的基本要素，然后追根溯源，从观念的本初含义入手解读，梳理其在思想史发展中的流变，以期做出合理的阐释。这种从上古文字订正入手追溯政治认识源头的方式，较之通常的思想解读更能贴近古代政治思想的原初本义，其认知也走出了既有政治思想史研究的局限。事实上，历史上任何思想家、学派和思潮的政治认识，都带有认识主体自身的主观判断和认识主体自身价值观的主观投射。古人的解读当然会对当下现代人的研究起到某种牵引或误导作用。所谓“每个人心中的孔子”，都是将含有古人主观解读的“孔子”认定为原本的“孔子”。这就使得研究主体对于思想本初含义的认识难免会有偏差。张铉根的“观念史”研究选用中国传统政治思想中的重要概念，将其置于“政治观念”的场域中，从字源考察其流变，在一定程度上可以规避前人的主观屏障，很有助于厘清政治思想的本来面目。

相较于以往政治思想史研究的惯常形式，观念史研究视角新颖，无疑具有相应的创新性。不过，这种创新只是在政治思想的载体与表现形式的采撷上，与前述研究方法或方法论更新还是有所不同。

二、创新性思维与主观投射的界限

学术创新从哪里论起？史学研究的“三新”说都有道理。资料、选题的新颖确实能形成新观点，具有创新性。不过比较而言，如前所述，方法论的创新最具创造力。换而言之，方法论的更新能够促使研究者形成创新性思维。

从中国政治思想史的研究历程看，20 世纪初叶的中国政治思想史研究在方法论上已然不同于传统史学研究。传统史学研究以司马迁的《史记》、司马光的《资治通鉴》为典型。虽然司马迁提出了“原始察终，见盛观衰”“通古今之变”，然而传统史学具有明显的以“资治”为名的唯一功利化倾向，故而可谓之“编纂历史学”[①]。20 世纪初叶的研究者在承继了传统史学方法的同时，能够不同程度地吸纳东渐而来的西学。相对于传统历史研究，他们在方法论方面有所更新，其研究的面向也并非“资治”，而是面向当下，视野涵盖全社会，以时代赋予的理念解读传统，发人深省。其中代表人物如梁启超、杨幼炯等。他们实际采用的研究方法仍然是以传统的史学研究方式为主，注重历史资料的考订钩沉，梳理史实，通过归纳思想的师承脉络、变化融合，来给思想或思潮订正流派，概括特点和评定意义。不过，他们在研究中注入了一些新的观念。例如梁启超提出的问题研究法，采用逻辑分析的方法，与单纯的编年史相比较就有所创新。杨幼炯注重思想的时代背景，认为“盖政治思想之实现恒结晶以成为一种之制度。故政治制度，必与其时代之要求相适应，此即彼时代政治思想之表现也”；“在经济方面，生产方法之变化，引起一切社会关系之改变。人类社会组织之历史的进化，完全由于生产方法之变更而进化。故一时代之经济状况，实与彼时代之政治思想以至大之影响，而社会生活、风尚、习惯对于思想，亦有至深切之关

---

① 葛荃：《晚明东林党人政治精神研究》，天津人民出版社 2023 年版，第四章第一节。

系。凡此种种皆为时代之背景”。[①] 这样的认识显然已经引入了近代学术思想内容，研究者已经关注到经济、政治制度、生产方式、社会生活、社会关系与思想的关系。与传统学术相比较，近代学术研究的时代印痕是十分清晰的。虽然他们的分析框架和理念基本没能走出传统的史学语言模式，具有明显的新旧学术相结合的印记，但是在方法论上显然是有所更新的。这一流派的研究成果具有一定的创新性，在很长的时期内被治中国政治思想史的学者们普遍采用，其影响在我国台湾地区学界迄今不衰。

起始于1915年的新文化运动导致域外思想文化大量进入国内，马克思主义学说正是在这一时期东渐而来。历史唯物论和辩证唯物论被一些研究者接受，作为一种新型方法论被用于中国政治思想史研究，典型者如吕振羽。他在1943年修订版的《中国政治思想史》导言中提出："我们对于历史上某一时代思想的研究，要想能得出一个正确的结论，第一重要的，须要正确地掌握这一时代的经济情况和政治情况，正确地了解这一时代的生产方式，以及其矛盾之发展的根本形式。"[②]其后，在1955年的《修订版再版代序》中，吕振羽指出："历史唯物主义断言：社会思想、意识依存于社会存在；而社会存在总是先行的，思想、意识的产生或变革常常落后于社会存在。"[③]他征引毛泽东"各种思想无不打上阶级的烙印"[④]的观点，强调思想的阶级属性。

20世纪50年代的研究者普遍以历史唯物主义和辩证唯物主义作为方法论，这也成为中国政治思想史研究的主流。例如，侯外庐等撰著

---

① 杨幼炯：《中国政治思想史》，商务印书馆1937年版，上海书店1984年影印版，第3页。

② 吕振羽：《中国政治思想史》，生活·读书·新知三联书店1955年版，第4页。

③ 吕振羽：《中国政治思想史》，第11页。

④ 吕振羽：《中国政治思想史》，第15页。

的五卷本《中国思想通史》就将历史唯物论、辩证唯物论和阶级分析方法贯穿全书。其中，他们在分析孟子思想时认为："孟子的阶级立场是很明显的。他不主张在贫富关系上破坏已往的阶级制度。"[①]方法论的更新对于促进中国政治思想史研究走出传统史学局限，走向近现代史学研究很有裨益，这正说明了方法论对于学术创新的重要推动作用。

任何有价值的历史研究都是研究主体站在当下看传统，这里需要厘清两个问题。一是所谓历史不过是人类社会过往一切的记述，包括文字和各种形式的器物。这些记述包含着记述者和制作人的主观精神和对客观事物的拣择，因而我们看到的历史是人的主观意识与外部客观世界相互作用的结果。诚如英国历史学家阿诺德·汤因比(Arnold Joseph Toynbee)所言，"从某种意义上，历史的事实是人为的——它是人们从原始材料中选择出来的结果。即使是一块砖头，也是人们从这个世界的泥土中选择出来的东西"[②]。二是所谓历史研究无非是研究者本人的主体精神、意志和价值观作用于历史资料而形成的学术判断。意大利哲学家、历史学家贝奈戴托·克罗齐(Benedetto Croce)提出"每一部真正的历史都是当代的历史"，并且申明，这里说的"当代性"并非"某一类历史"的特征，"而是全部历史的本质特征"。[③] 汤因比对这一论断深表理解，认为"他的意思是说，每个人都处在时间的某一点上，而且他只能从其非常短暂的生命的这个移动点上观察宇宙万物……一个人不可能摆脱他在时间和空间中所处的位置，而用一个假设的上帝的眼睛在宇宙和时间之外看待事物"[④]。这就是说，历史研究必然含有研究者本人的主观选择与判断，前述方法论与创新性思维内含的则是研

① 侯外庐等：《中国思想通史》第1卷，人民出版社1957年版，第386页。
② 汤因比、厄本：《汤因比论汤因比》，王少如、沈晓红译，上海三联书店1997年版，第13页。
③ 张文杰等编译：《现代西方历史哲学译文集》，上海译文出版社1984年版，第293、294页。
④ 汤因比、厄本：《汤因比论汤因比》，第18页。

究主体的价值观、主体意识的更新与充分延展。

方法论的更新意味着认识本身的创新和深化，研究者的学术主体性通过创新思维而起到了主导作用。然而，政治思想史研究的第一法则是要分清哪些是古人的思想，哪些是研究者的思想。当然，所谓"古人的思想"也是当下研究者所认定的，必然会带有研究者的主观印痕。不过，这种主客观的结合是历史研究的常态，纯粹客观的历史研究是不存在的。这里需要特别指出的是，历史研究不可避免研究者的主观性介入，亦即主观投射，但是这种"主观投射"是有限度的，关键是不宜以研究者的主观判断替代研究对象，这是中国政治思想史研究之大忌。

质言之，"主观投射过度"指的是研究者完全无视历史人物的时代语境及其思想记述，而是将自己的理念、观念、价值观和思想置换为古人的思想，这就完全背离了学术研究的宗旨。事实上，任何个人的认知都不会脱离当下主客观条件的约束。我们的知识结构、价值观均有时代的印痕，研究者使用的概念和命题可以说是历史的，也就是说概念和命题本身有其发生、形成和衰亡的过程。譬如"君子"，起源于先秦，形成于汉代，其内涵至 20 世纪有了变化，至今作为道德人格的评价，仍然具有生命力。但是传统政治思想史研究论域中的"君子"，显然终结于君主政治时代。譬如"公民"，起源于西方古希腊时期，指的是城邦中的自由人，他们享有当时法律所赋予的权利。随着历史的演进，迄今这一概念的内涵有太多的变化，但是其中关于权利和义务的界定是相对恒定的。显然，这是一个历史概念，与中国传统的"君子"概念差异鲜明。然而，有研究者认为，中国古代的"君子"就是"公民"，这是典型的主观投射过度，将现代意义的公民概念或是古希腊的"公民"投射到"君子"上，是为大谬。

当下，这种以主观臆断取代史实的现象颇为严重，将"大一统"置换为"统一"，将"民本"置换为"民主"，甚至将社会科学研究用作背景和语境的历史本身无限抬升和扩展。这样的研究趋向在“主观投射过度”上走得更远，超出了历史学和政治学所能容忍的范围。

三、结语：坚守学理逻辑底线

学术研究的创新思维主要在于方法论更新，同时取决于认知逻辑的严谨和历史资料判定的严肃性。学术研究的本质特征是具有科学性，研究者坚守的底线便是学理逻辑，此外无他。这里说的“学理逻辑”指的是一个学科自身的知识特点及其独特的逻辑结构，一般可以从价值结构、认知逻辑和知识体系等方面进行分析。

中国政治思想史研究的学理逻辑以实事求是为根基，任何意义上的方法论创新如果背离了这一点，便毫无价值可言。虽说任何一种认识本身都包含着研究者主体意识的投射，但如前所析，政治思想史研究首先是要努力分清楚哪些思想是研究者自己的，哪些思想是古人的。如果说“站在当下看传统”是中国政治思想史研究者理应具有的理性视角，那么研究者的主体意识又是非常必要的。因之，基于学理逻辑实事求是的要求，我们需要坚持这种努力，就是至少能有意识地避免将自己的或他人的现代观念强加在古人身上。中国政治思想史研究作为一种历史认识，研究过程实际上是一个不断再认识的过程，同时也是不断验证其学理逻辑的过程。

那么，必然含有主观性的历史认识具有科学性吗？也就是说，我们怎样来评估中国政治思想史研究的科学性呢？显而易见，历史研究不可能具有像自然科学一样的科学性。历史认识面对着的是已经过去了的、不能再现的内容。计量化和数字化的历史认识具有相当的精确性，这些研究方法的行为主义特点使之比传统历史哲学的概念演变和推理更加令人信服。充足的计量史学和统计分析有助于认定史实，相应提高了历史事实或场景模拟“再现”的可信程度，但是无法说明史实背后的意志与现象背后的精神，也难以对行为的意义给出确解。既然人是历史的主体，那么人类的历史本身是不可能没有意志、精神和意义的。就这个意义而言，分析、解读与想象反而显得更重要。所以英国历史学家罗宾·柯林伍德说：“从某种意义上说，历史学家不应是富有想象力的；从另一种意义上说，想象是他最必需的东西……历史学家的想象与小说家的想象完全是同一个东西；但是历史学家的想象是一种经过训练的想象，其目的是寻求历史真相，而艺术家则是为想象而想象。”[①]所以汤因比认为历史学“它不是、也不可能是物理学或化学那种意义上的科学”[②]。

当我们断言中国政治思想史研究是具有科学性的，这主要体现在研究者的思维理性和逻辑性上。如果说，追寻真理是人的思维活动的根本目标之一，那么理性和逻辑就是通往真理的唯一途径。中国政治思想史研究者具有的理性程度和逻辑水准决定着学术判断的科学性。当然，政治思想史研究者的认识能力——主观性因素——实际受到了多种条件的限制，这不只包括“每个历史学家的世界都受到其知识范围的限制”，而且历史学家们都是“根据他自己的角度来观察历史的”，所以“一个历史学家只能看到事实真相的一个方面”。[③] 这固然再次验证了“历史研究是无止境的”，但同时也告诉了我们这样一个道理：只有让每一位历史学家的思维理性得到充分发挥，使历史认识的选择、判断、辨析和想象能够以合乎学理逻辑的方式充分延展，中国政治思想史研究的科学性追寻才是可能达成的。

---

① 张文杰等编译：《现代西方历史哲学译文集》，第 162 页。

② 汤因比、厄本：《汤因比论汤因比》，第 38 页。

③ 张文杰等编译：《现代西方历史哲学译文集》，第 167 页。

概念分析与中国政治思想史研究*

孙晓春

思想史研究是“现在和过去之间无终止的对话”①。这一对话之所以有意义，是因为思想史负载着历代思想家的观念。这些观念体现着以往时代的人们对于社会政治生活的理解和思想家的道德诉求。我们有理由假定，历史上的思想家和我们一样，都有着对于优良的社会生活的强烈追求，只不过由于社会历史环境、价值取向以及思维方式的不同，人们对于优良的社会生活有着不同的理解。就政治思想史的视角而言，古往今来的人们面对的是共同的思想主题。什么样的政治生活才是真正优良的，如何实现优良的政治生活，掌握权力的人们应该以什么方式治理国家，国家应该如何对待自己的国民。诸如此类的问题，每个时代的人们都要做出自己的回答。对于思想史上这些永恒的问题做出了怎样的回答，也就决定了人们将会拥有什么样的政治生活。而对这些问题做出恰当回答的前提，便是深刻理解历代思想家的思想学说，在深层的意义上理解和把握以往思想家的价值观念。

一、概念分析：中国政治思想史研究的门径

思想史研究的前提是对概念的理解和把握。所谓概念，在某种程

---

* 本次发言经整理后，以论文形式发表，参见孙晓春：《概念分析与中国政治思想史研究》，《天津社会科学》2024年第2期。

① 韦政通：《中国思想史》上册，上海书店2003年版，第2页。

度上也就是观念，英语中的“concept”一词就兼具概念与观念两重含义，或者说，概念与观念就是一回事。人不能直接地表达他们所生活的世界。当历史上的思想家理解社会政治生活的时候，他们首先要借助语言形成一些概念并且在概念之间建立起逻辑关系，才能对他们所面对的社会生活作出说明。我们之所以说思想史是观念的载体，是因为历史上的思想家都是通过概念以及概念间的逻辑联系来表达他们的思想主张的，概念构成了思想家的意义世界。因此，准确理解中国传统政治思想中的基本概念，是中国政治思想史研究必由之门径。

概念是思想的基本要素。对于生活在现时代的人们来说，我们全部的思想活动，实际上是思想史的延续。和以往时代的思想家一样，我们也要通过概念来表达我们的思想。我们所使用的许多概念都是从以往时代的人们那里继承过来的。虽然由于社会生活内容的变化和新事物的出现，时而会出现一些新概念，但在通常情况下，我们与古代思想家所使用的是相同的概念。于是，中国政治思想史研究也就有了可能。

清人张之洞说：“由小学入经学者，其经学可信；由经学入史学者，其史学可信；由经学、史学入理学者，其理学可信。”[①]张之洞的这句话对中国政治思想史研究具有重要的启示意义。由于语言的原因，人们最初使用的概念是单音节的，这主要是因为商周以前人们的语言能力不是很发达，一个字就是一个词或一个概念，这一点可以通过商代的甲骨文和西周时期的铜器铭文得到证实。后来的人们所使用的许多概念，诸如国、家、民等等，在很早的时候就已形成了，这些概念大多来自人们直接的社会经验。那个时候的人们为这些概念赋予了什么样的内涵，便在根本上决定了中国传统政治思想的发展路向。

---

① 张之洞：《书目答问》卷四，载《张之洞全集》第十二册，河北人民出版社 1998 年版，第 9976 页。

以“国家”概念为例，按照马克思主义的观点，“国家是文明社会的概括”①。历史上，每一个民族的国家都是在特定历史条件下形成的。由于国家形成的道路不同，生活在不同历史环境下的人们对于国家也有着不同的理解，也就有了不同的国家观。基于这样的理由，要准确地理解中国传统的国家观，便有必要从文字源流中去追问原初意义的“国家”概念。在甲骨文中，“国”字写作“或”，象征着武装保护的城堡，在后来的文字演进过程中，“国”的字形虽然有所变化，但内涵仍完整地保留了下来。

古代人强调“国”的军事意义，与中国早期国家的历史实际是一致的。中国早期国家是在家长制家庭尚未瓦解的情况下，通过部落之间的征服战争形成的。② 这样的历史路径，使得中国早期国家在形成之际，便带有明显的部落征服的特征。从《周礼》等先秦文献的有关记载来看，当时征服者与被征服者是分别居住的：征服者住于国，称为国人；被征服者住在乡村，即野，称为野人。国人有教授、当兵、做官的权利，而野人只能力于农穑。直到战国时期，孟子还在强调国人与野人的差别。中国早期国家内部的阶级对立，最初表现为征服者与被征服者之间的对立。这一事实反映到这一历史时期人们的观念中，也就有了与之相适应的国家观念。在古代中国人的观念中，国家是为征服者所有的国家，而不是像雅典人那样，“把国家设想为一种持续不断的经营，贫穷的公民能够借以谋得舒适生活”③的共同体。国家的首要任务就是实现对被征服者的统治。于是，古代中国人的国家观念也就有了不可

① 恩格斯：《家庭、私有制和国家的起源》，载《马克思恩格斯文集》第4卷，人民出版社2009年版，第193页。

② 孙晓春：《中国古代国家形成问题初论》，《天津社会科学》1999年第3期。

③ 沃格林：《政治观念史稿(卷一)：希腊化、罗马和早期基督教》，段保良译，华东师范大学出版社2019年版，第91页。

剔除的暴力特征。

需要注意的是，在我们的话语体系中，“国家”是由“国”与“家”这两个概念组合而成的，把“国”与“家”联系在一起理解，大约是春秋战国以后的事情。例如，孔子便曾说过“有国有家者”①，而孟子则更为明确地说“天下之本在国，国之本在家”②。在东西方思想史上，把“国”与“家”联系在一起加以思考的情况并不多见，这种语言现象也同样反映了中国古代国家的历史实际。在中国早期国家形成之际，当一个部落通过征服战争控制了黄河流域的中心地带以后，原有的家长制家庭组织转化为地域性的结构，家长的绝对权力便转化成为君主的绝对权力。古代思想家所看到的国家，都是由一家一姓所建立的王朝，他们接受了这一事实，国家在他们的观念中也就成为一家一姓的私产，一家一姓由此成为国家的治乱兴亡之所系。当有人认识到“盖天下之治乱，不在一姓之兴亡，而在万民之忧乐”③的时候，已经是公元17世纪了。所以，中国古代思想家大多是用“所有”的观念理解国家的。

二、概念：中国传统政治思想中相对稳定的要素

中国政治思想史是一个不断发展演变的过程。这一历史过程具有以下两方面的特点。首先，是传统政治思想发展的阶段性。从春秋战国时期到明清之际，随着知识的增长和思维水平的提高，思想家对于社会政治生活的理解也不断深化，不同时期的政治思想便有了不同的特点。中国传统政治思想在不同的历史时期呈现出不同的学术形态，不同时期的思想家关注的是不尽相同的思想主题，其思想学说的哲理化

① 《论语·季氏》。
② 《孟子·离娄上》。
③ 黄宗羲：《明夷待访录·原臣》。

程度也存在着明显的差异。其次，是思想家之间在思想学说方面的差异性。思想家是中国传统政治思想的主体，每一位思想家的思想学说都是其独立思考的结果。因此，思想家之间也存在着思想主张的差异。即使是在百家争鸣已经不复存在的秦汉以后，思想家之间的差异也仍然存在。可以说，中国政治思想史始终呈现着某种意义的多样性，这种多样性使中国政治思想史成为一部内涵丰厚的历史。

虽然中国政治思想史是一个动态的发展过程，但中国传统政治思想的基本要素是相对稳定的，这个稳定的要素就是概念或观念。韩国学者张铉根在《观念的变迁：中国古代政治思想的演变》一书中说："观念不会突然在某一天被某个特定的人改变，它是时代的产物。"[①]这一说法很有道理。事实上，无论历史上思想家的思想学说有什么不同，中国传统政治思想在不同的历史时期如何演变，作为传统政治思想的基本构成，人们所使用的概念却是一脉相承的。除非某一时期的思想家对概念进行重新定义，否则，人们基于这些概念而形成的价值观念也不会发生本质的变化。

这可以中国传统政治思想中"民"的概念为例来加以说明。在中国政治思想史上，历代思想家有关国家治理的主张，大都是基于对"民"的理解提出来的。思想家如何理解民众，也就在怎样的意义上理解社会生活，在国家应该如何对待自己的国民这一问题上，也就有了怎样的答案。

当春秋战国以后的思想家理解民众的时候，"民"的概念已经先于他们形成了，这便成为他们理解"民"的出发点。要了解"民"的原初含义，还得从古文字中的"民"说起。"民"字在甲骨文中作""，在金文中

① 张铉根：《观念的变迁：中国古代政治思想的演变》，叶梦怡译，浙江人民出版社2022年版，第397页。

作“”，像是眼睛里插了一支箭，也有人形象地说是眼睛里扎了根刺。早年在金景芳先生身边读书时，先生曾不止一次说，他不同意于省吾先生“民是眼睛里面扎根刺”的说法。今天看来，于老的说法是对的。“民”的字形如此，意在强调“民”是愚昧无知的人。春秋战国时期的思想家在理解“民”的时候，也秉承了“民”的原始字义。生在春秋晚期的孔子曾把社会生活中的人按智力水平分为四类：“生而知之者，上也；学而知之者，次也；困而学之，又其次也；困而不学，民斯为下矣。”[1]所谓“民斯为下”，强调的就是民众愚昧无知的属性。后世儒家大都沿袭了孔子的这一认识。例如，西汉前期的贾谊便说：“夫民之为言也，暝也；萌之为言也，盲也。故惟上之所扶而以之，民无不化也。故曰民萌民萌哉，直言其意而为之名也。”[2]《说文解字》则训民为萌：“民，众萌也，言萌而无识也。”唐人贾公彦于这一点上说得更为直白：“民者，暝也，甿者，懵懵，皆是无知之儿也。”[3]同样，西汉董仲舒与唐代韩愈把人性分为三品，他们笔下的“斗筲之性”或“下之性”，也是指生活在底层的社会大众的属性。

古代思想家视民为愚氓。在他们看来，民的愚昧属性是无法改变的，“唯上知与下愚不移”[4]。民的愚昧本性既是无法改变的，也是不应改变的。因此，当思想家站在统治者的立场上思考如何治理国家的时候，便大都主张实行愚民政治。孔子便说：“民可使由之，不可使知之。”[5]道家学派的创始人老子也认为：“是以圣人之治，虚其心，实其腹，弱其志，强其骨，常使民无知无欲，使夫知者不敢为也，为无为，则无

① 《论语·季氏》。
② 贾谊：《新书·大政下》。
③ 《周礼·地官·遂人》，贾疏。
④ 《论语·阳货》。
⑤ 《论语·泰伯》。

不治。”[①]可以说，虽然古代思想家的治国主张各不相同，他们对于民却有着共同的理解，这是因为他们使用的是相同的概念。

中国传统政治思想的特点之一是“群体本位”，这一特点也可以通过“民”的概念得到证明。中国传统政治思想中的“民”是一个集合的概念。关于民的称谓，《尚书》中有“黎民”“万民”，《诗经》中有“烝民”，战国、秦汉年间又有“众民”“庶人”“庶民”“众庶”[②]等表述。荀子则称民众为“群众”，《荀子·富国》说：“功名未成则群众未县（悬）也，群众未县（悬）则君臣未立也。”在古代思想家的观念中，“民”是整体的存在而不是独立的个人。

中国古代思想家有关“民”的认识，只有在把“民”理解为集合的概念的前提下才能得到合乎逻辑的解释。例如传统儒家“民为国本”“民水君舟”的观念，古代思想家之所以会有这样的思想主张，是因为他们看到了作为整体的民众所具有的力量，“故夫民者，大族也，民不可不畏也，故夫民者，多力而不可適（敌）也”[③]。在中国古代社会特定的历史条件下，这一认识当然是有意义的。但不能否认的是，思想家在强调作为整体的民众的价值的同时，也最大限度地消解了作为个体的“民”的价值。

从表面上看，古代思想家把“民”理解为整体，不过是一种认知意向，循着中国传统政治思想的内在逻辑，这一认识不存在对错的问题。然而，当传统的中国社会走向近代的时候，古代思想家有关民的观念便遇到了问题。由于古代思想家把“民”理解为整体的存在，他们就无法认识到个体价值和权利。而近代自由、平等的价值理念，恰恰是以个体

① 《老子》。

② 在古典文献中，“民”与“众”也是同义语，商代甲骨文中的“众”所指的便是民众。

③ 贾谊：《新书·大政上》。

为本位的观念。于是，准确理解近代的价值理念，便成为严复、康有为、梁启超那一代思想家无论如何也做不到的事情。例如，关于自由，梁启超从整体重于个人的观念出发，于个人自由之外提出了“团体自由”的观点，认为团体自由才是真正的自由，“自由云者，团体之自由，非个人之自由也”[①]；在另外一些场合，梁启超又把“团体自由”表述为“国家自由权”，按照梁启超的说法，“团体自由者，个人自由之积也。人不能离团体而自生存，团体不保其自由，则将有他团焉自外而侵之、压之、夺之，则个人之自由更何有也”[②]。所以，团体自由具有绝对的优先性。梁启超的这一说法自有他的道理，团体是个人的生存环境，一个国家如果没有独立自主之权，个人自由也就无从谈起。可梁启超没有弄明白，一个社会在怎样的程度上是自由的，终究要通过个人自由来说明，虽然国家主权与自由有一定的联系，但二者毕竟不是一回事。

作为中国近代史上有着深远影响的思想家，梁启超对自由却做出了传统的解释。实际上，梁启超是基于传统的概念来理解自由的，这些概念在中国传统政治思想发展演变的过程中几乎是一贯不改的，对于在传统儒学的知识背景下生长起来的梁启超来说，他无法摆脱这些概念的约束。

三、如何从概念入手

研究中国政治思想史概念是构成中国传统政治思想的基本要素。在中国传统政治思想发展演变的过程中，人们对许多基本概念的理解没有发生质的变化。由于这一原因，古代中国人也就有了持续稳定的

---

① 梁启超：《新民说·论自由》，载《饮冰室合集·专集》之三，中华书局 2015 年版，第 44 页。

② 梁启超：《新民说·论自由》，第 46 页。

价值观念，中国政治思想史也呈现出鲜明的连续性。从某种意义上说，只有准确地理解这些相对稳定的概念，才有可能深刻地理解中国传统政治思想。如果这一说法不误，在中国政治思想史研究中如何做好概念分析，便是每一个研究者需要认真对待的问题。

首先，从概念入手研究中国政治思想史，主要是解析、解读传统政治思想中的概念，亦即历代思想家经常使用，并且成为中国传统政治思想基本构成的那些概念。在中国思想史上，特别是在两汉以前，思想家对于自己所使用的概念很少有清晰的定义。对一些基本概念的理解和共识，是在人们对这些概念反复使用的过程中形成的。因此，为思想家群体所经常使用的那些概念，最能体现思想家对社会政治生活的理解，这些概念对于我们理解中国传统政治思想有着十分重要的意义。

例如，关于国家治理原则，古代思想家更多使用的概念是“道”“治道”，春秋战国时期的儒家也常说“先王之道”，从历代思想家有关治理原则的讨论中可以看出，人们对这些概念是有共识的。

即便是对于生活在当下的我们来说，要理解这些概念也不困难。不过，近来有学者从古典文献里找到了另一个概念“治体”。据目前我们所见到的文献，这个概念最早是西汉贾谊使用的。后来，虽然间或有人使用这个概念，但“治体”的内涵究竟是什么，并不是很清楚。仔细品味贾谊“以陛下之明通，因使少知治体者得佐下风，致此治非有难也”[1]这句话，便不难发现，“治体”一词可以有多种解释，可以是“为治之大体”或“为治的要点”，也可以解释为“为治之道”，还可以解释为国家体制，也有人说上述几个方面都包括在内。无论怎么说，当这一概念提出来的时候，其内涵就是模糊的。两汉以后思想家很少使用这一概

---

① 贾谊：《新书·数宁》。

念，是因为思想界并没有对这一概念达成基本的共识。而历代思想家通常使用的其他概念已经足以说明相关问题。因此，把“治体”这一概念翻出来，对于中国政治思想史研究不会有更多的帮助。

其次，从概念入手研究中国政治思想史，是分析和解读历代思想家所使用的概念，而不是把当前流行的概念、话语生搬硬套地搬到思想史研究中来，对以往思想家的思想学说做出僵硬的解释，更不是研究者根据自己的意向生造出一些新词，然后把这些新词套在传统政治思想上。

在近年来的思想史研究中，有些学者常常把中国古代的国家解释为“共同体”，也有些学者着意于发掘传统儒家的“共同体意识”，这是个不小的误会。其实，“共同体”是一个很现代的观念，虽然这一观念的源头可以追溯到古希腊，但真正用共同体的观念说明社会生活，却是近现代思想家的共同努力。2014 年 5 月，习近平总书记在第二次中央新疆工作座谈会上提出，“在各民族中牢固树立国家意识、公民意识、中华民族共同体意识”①，党的十九大报告进一步强调要“铸牢中华民族共同体意识”②。这是当代中国人具有革命性意义的理论进步。把“共同体”的概念僵硬地套在中国古代社会的历史上，恰恰淡化了这一思想的时代意义。

再如，近几十年来，人权或权利问题一直是理论界关注的热点，这一问题也因此成为思想史研究的主题之一。可以说，对于人权问题给出属于我们的合乎逻辑的解释，还需要理论界的努力。在以往学界有关人权问题的讨论中，人们大多从权利是从哪里来的角度来理解这一问题，并且试图证明西方近代思想家有关“天赋人权”的观点是错的。

---

① 习近平：《坚持依法治疆团结稳疆长期建疆　团结各族人民建设社会主义新疆》，《人民日报》2014 年 5 月 30 日。

② 习近平：《决胜全面建成小康社会　夺取新时代中国特色社会主义伟大胜利——在中国共产党第十九次全国代表大会上的报告》，《光明日报》2017 年 10 月 28 日。

这里存在着对西方近代思想家的权利观念的误解，而这一误解也会影响对中国近代政治思想史的研究。

在近代思想史上，“天赋人权”是中国思想家在理解西方近代思想家的权利观念时形成的概念，确切地说，这一概念就是近代严复等学者对“natural right”一词的意译。在英语世界，“natural right”（自然权利）的本义是指每个人与生俱来的权利，它并不是说人的权利究竟来自哪里或由谁给予的。当中国近代思想家接触到自然权利的概念时，把这个概念翻译为“天赋人权”，除去语言方面的原因，可能还有回避道家“道法自然”的考虑。如果把“天”理解为普遍必然意义的“天”，这个译法也不错，但在中国语境中，“天赋人权”的提法却衍生出了人的权利生于何处的问题。如果循着这一思路去讨论近代思想史上的权利观念，我们将无法窥见权利观念的真谛，也无法对近代的权利观念转换为中国话语的历史过程做出合乎逻辑的解释。

再次，从概念入手研究中国政治思想史，关键在于对传统概念的正确解读。当我们分析古人所使用的概念时，先要弄清它的本义，然后再探究其转义，即派生的意义。要做到这一点，需要我们具备一定的历史学、文献学、文字学和训诂学方面的知识。如果对概念的解读不够准确，将会在一定程度上影响我们全部研究工作的质量。

近年来，在有关中国传统政治思想与政治观念的研究中，有些学者由于疏于考订，在概念解读方面出现了一些错误。例如，关于甲骨文里的“国”字，有的学者认为，这个方框是说话的“口”，“国”的“字形由表示嘴巴的‘口’和表示长枪的‘戈’组成”[1]，网络上更有人说，“国”字的方框表示的是“人口”，这些说法都是错的。把“国”字的方框理解为“人

---

① 张铉根：《观念的变迁：中国古代政治思想的演变》，第95页。

口”或者说话的“口”，我们将无法从这个概念出发，对中国古代国家的本质以及中国古代思想家的国家观念做出合乎逻辑的说明。

再如“家”的概念，“家”也是一个会意字，上面是“房屋”，下面是个“豕”，它的意思是“房屋里面养着猪”。古代中国人之所以造出这个字来，是因为中国古代社会是以农立国，在定居农业成为主要的生产部门以后，由于生产力水平的限制，畜牧、采集一直是重要的辅助行业。这也在一定程度上印证了一个历史事实，在中国早期国家产生之际，没有发生恩格斯在《家庭、私有制和国家的起源》一书中所说的农业和畜牧业的分工，中国古代国家不是经过三次大分工产生的，这与雅典人的国家有着显著的不同，同时也是中国古代社会何以走上一条不同于西方国家发展道路的根本原因。但有学者在解释“家”的本义时，把“家”的原始意义解释为“猪的住处”[①]，这就错了，循着这样的解释，我们无法获得有关中国古代社会的广泛知识。

最后，从概念入手研究中国政治思想史，解读中国传统的价值观念是我们全部研究工作的重中之重。我们通常所说的观念可以分为两个层次：第一个层次是思想家用来建构其思想学说的基本概念，另一个层次是思想家在概念的基础上形成的价值观念。这两种观念是逻辑递进的关系，一般来说，思想家对于基本概念有什么样的理解，便会形成什么样的价值观念。例如，“民为国本”的观念的前提便是思想家对“国”与“民”的理解。“民为国本”的观念意义何在，要看古代思想家如何理解了“国家”与“民众”，而不能从这句话的字面简单地说明。

概念分析是中国政治思想史研究的门径，但不是中国政治思想研究的终点。中国政治思想史研究的目的是理解中国传统的价值观念，

---

① 张铉根：《观念的变迁：中国古代政治思想的演变》，第 95 页。

通过我们的研究，弄清楚古代思想家对于应然的社会生活做出了什么样的判断，他们为什么会做出那样的判断，与此同时，对以往时代的人们曾经做出的那些判断给出我们的评价。

观念史研究的政治思想史与政治文化意义*

杨　阳

一、寻找共识：观念史研究的思想史意义

在国内概念史研究趋热的情况下，浙江人民出版社推出了韩国学者张铉根的著作《观念的变迁：中国古代政治思想的演变》（以下简称“张著”），在国内的中国政治思想史学界引起了一定的反响。[①] 观念和概念所指虽有交叉，但各有所重。在政治思想史领域，有些概念为思想家们所共享，张著研究的观念基本都属于这种概念。但有些概念是某些思想家或思想流派提出和使用的，有较明显的个性特征，只是特定思想家或思想流派完成思考、构筑其思想体系的工具，没有为其他思想家或思想流派所接受，这样的概念一般难以进入观念史的研究视域。

作为思想史研究的一种进路，观念史研究的观念主要是思想界的共识性认识。观念史研究的主要工作是对不同思想家或思想流派的共识性观念的提炼和归纳，是寻找共识，而不是发掘差异。正如张铉根所

---

* 本次发言经整理后，以论文形式发表，参见杨阳：《观念史研究的政治思想史与政治文化意义》，《天津社会科学》2024 年第 2 期。

① 如葛荃就认为这是一部推动中国政治思想史研究迈向观念史的“扛鼎之作”，它的出版“将中国政治思想史研究推向了一个新的高度”，参见葛荃：《序：一部“迈向观念史”的扛鼎之作》，载张铉根：《观念的变迁：中国古代政治思想的演变》，叶梦怡译，浙江人民出版社 2022 年版，第 6 页。

言，观念史是要考察“思想或思想家们的基本假设与其辩证动机，发掘思想大原则及其形成的社会性观念”，它不是要发掘思想家之间的“差异与区别”（这通常是思想史研究的主要着力点），而是要呈现思想家思想之间的“同质性与统合性”。[①]

这些作为思想界共识性认识的观念，有些是当时社会和思想界所共享的、带有不证自明特征的信念。这样的信念，郝大维和安乐哲认为是思想的前提，它们的存在“是哲学讨论的基础”，“使人们之间的交流成为可能”。[②] 由于这样的一些观念是一种普遍的“信念”式的存在，具有不证自明的特征，自然地成为思想家展开思想、进行推理的前提，往往就是支撑起思想家们思想体系的价值基础和逻辑支点。

由于这些观念是沉淀已久的社会性共识，所以往往既不需要论证，也不需要强调。它们中有些“深藏在历史的隐秘处”[③]，思想家在陈述观点时甚至不需要讲出来。当子太叔提出“礼”是“天地之经，而民实则之”[④]（礼源自自然法则，人们必须无条件遵从）时，他没有也不需要解释人类与天地作为不同的事物为何要遵守同一个法则。这在今天看起来是令人费解的，但在春秋时期的人们看来是理所当然的，因为来自远古的“宇宙生命一体化”的认识早已积淀为时人牢不可破的信念。当孟子要求君主“制民恒产”，韩非教导君主以俸禄为诱饵驱使臣民以死效力时[⑤]，他们都没有讲出实施相应政策或权谋的前提，这是因为“普天之下，莫非王土”，君主作为“有国者”，对土地等财富拥有绝对支配权在

① 张铉根：《观念的变迁：中国古代政治思想的演变》，第3页。

② 郝大维、安乐哲：《孔子哲学思微》，蒋弋为、李志林译，江苏人民出版社1996年版，第4页。

③ 葛兆光：《七世纪前中国的知识、思想与信仰世界（中国思想史第一卷）》，复旦大学出版社1998年版，第44页。

④ 《左传·昭公二十五年》。

⑤ 《韩非子·难一》。

当时原本就是不证自明的社会共识。

在中国政治思想史上，不需要讲出来的观念很少，但非常重要。若没有这样的观念，思想家们的思考就失去了价值基础和逻辑起点。它们是思想家们展开其思想的基础性平台。这些观念大多产生于原始社会时期，又经由夏、商、周三代早期文明的过滤与沉淀，深深嵌入后世社会，积淀于后人的头脑和内心，塑造出特定的思维方式、知识结构和价值信念。正因如此，它们才成为不需要讲出来的、不证自明的公理。

虽然早在 20 世纪 90 年代，就有学者呼吁思想史研究不能一味聚焦于精英思想家，也要将一般的知识、思想与信仰世界纳入研究视域[①]，但时至今日，思想史的著作看起来仍如同这位学者当年所批评的那样——像是精英思想家的“博物馆”和“光荣榜”。其实，一般的知识、思想与信仰世界，只是思想家思想建构的背景和资源，不可能也不应该成为思想史叙事的重点。思想史研究的对象，理应是那些体系化存在的思想，而不是零散的观念和思想火花，更不可能是作为观念平均值的社会意识。但是上述那些作为“公理”而存在的观念，又不同于一般的知识、思想和信仰，它们虽隐身在思想体系背后，却是支撑思想体系存在的基础，是思想家展开推理的逻辑前提和价值原点，理应为研究者所重视，它们可能帮助我们更好地理解思想家的思想逻辑和价值取向。对这类观念的发掘，是深化中国政治思想史研究的重要途径。

张著梳理的 12 组观念 24 个字中有不少具有一定的公理性质，但令人稍感遗憾的是仍有一些遗漏，特别是未能将影响思想家思维方式的观念纳入考察的视野，而了解源自原始社会巫术思维的“交感思维”特点和“宇宙生命一体化”的信念，对理解中国古代政治思想家的思维

---

① 葛兆光：《七世纪前中国的知识、思想与信仰世界(中国思想史第一卷)》，第 9—24 页。

方式，正确解读“天人合一”“天人感应”等政治思想史上的关键命题是不可或缺的。张著虽对“家”“国”做了专题考察，其中也不乏精彩之论，但对“家国同构”的思想史意义似乎仍认识不足。西周封建王室子弟化家为国奠定的以国为私产的政治传统，塑造了一种普遍且顽固的政治信念，国君就是“有国者”，有权垄断和处置国家的一切资源，这一政治认知成为后世几乎所有的政治思想家展开其政治理论的预设前提。

中国政治思想史上的重要观念大多源自远古和夏、商、周早期文明，由周公、孔子、老子等继承和创造性发展，又经历了百家争鸣的思想碰撞和融合，到秦汉逐渐汇聚成为社会共识性观念。它们沉淀于作为政治意识形态的儒学之中，或成为支撑中国传统政治哲学理论框架的基石，或构成中国传统政治哲学的核心议题。

秦汉以降，众多的政治思想家就是站在这个观念的平台上观测政治现象，并围绕这些观念进行持续的探索和讨论。他们或者以“我注六经”，或者以“六经注我”的方式，阐发这些经典观念中的“微言大义”，在此基础上，因时势的需要提出新问题，并探讨解决方案。正是他们的反复言说和论证，成就了中国传统政治思想2000余年的承续和发展。

二、校正概念含义：观念史研究的知识考古意义

孙晓春认为张著最重要的特点“是注重从源头上把握中国传统的政治观念”①，我深以为然，且以为这正是其主要学术价值之所在。张著收集并列出了其认为重要的政治观念，并从最初的字形和语义考订开始，厘定其初始含义，再以政治思想史文献资料，梳理其历史演变过程。这种做法对纠正时下的某些错误认识的确有正本清源之效。虽然

① 孙晓春：《序二：在观念的层面理解中国传统政治思想》，载张铉根：《观念的变迁：中国古代政治思想的演变》，第14页。

类似的工作在以往的思想史研究中并非没有，但将12组历史上的重要政治观念集中于一部专著，分别予以详细考订，似乎还不曾有过。[①] 这种考订从甲骨文、金文，再到小篆，需要研究者有较为深厚的古文字学功底，研究中国政治思想史的学者，因知识结构的短板，在这里往往望而却步，或者浅尝辄止。

然而，作为世界罕见的沿用至今的语言，汉语历史久远绵长。在至少3500余年的流变中，很多词语的字形和语义都发生过重要的变化，有些词语的含义甚至与今天的语义完全相反。比如"百姓"一词，在上古时期，只有贵族才有姓，"百姓"是指"具备姓的人"[②]，在文献中常与没有姓的下层民众"黎民"对举。如，《诗经·小雅·天保》："群黎百姓，遍为尔德。"又如，《尚书·尧典》："九族既睦，平章百姓。百姓昭明，协和万邦。黎民于变时雍。"因当时只有贵族有姓，政治事务也只有贵族才能主持或参与处置，故孔安国直接将"百姓"注释为"百官"。由于"姓""氏"合一是从战国中期到秦汉才完成的[③]，所以春秋时期文献中出现的"百姓"一词是否可以理解为普通民众，就需要慎重对待了。

《论语·宪问》有"修己以安人"，"修己以安百姓"。杨伯峻认为前句中的"人""显然是狭义的'人'，没有把'百姓'包括在内"，后句中的"百姓"则是指普通大众，并认为"修己以安百姓"与《论语·雍也》中"博施于民"的意思相同[④]。杨先生因这两句话后面都有"尧舜其犹病诸"一语，就认为"修己以安百姓"的意思与"博施于民"的意思相同，显然有些牵强。作为道德感召行为的"修己"与救济穷人的"博施"，是区别明

① 20世纪90年代，刘翔曾做过类似研究，但刘氏主要是围绕人与神、人与人、人与自然分别选择概念做语义学的考订，不是对政治观念的集中探究。参见刘翔：《中国传统价值观诠释学》，上海三联书店1996年版。

② 张铉根：《观念的变迁：中国古代政治思想的演变》，第165—166页。

③ 顾炎武在《日知录·氏族》中认为，司马迁著《史记》将姓与氏混用，两者才混合为一。

④ 杨伯峻译注：《论语译注》，中华书局1980年版，第159页。

显的两种行为，虽然原文中“修己以安人”和“修己以安百姓”有递进关系，但“人”与“百姓”所指应该有所区别。若将“人”理解为贵族，则“百姓”也应该是国人，而不是下层民众(野人)。类似的情况也出现在《论语》的其他篇章中。如，《论语·颜渊》：“百姓足，君孰与不足？百姓不足，君孰与足？”这里的“百姓”应该是泛指那些占有土地的贵族和国人。

春秋时期，西周初年那些有“姓”的贵族家族，经过数百年的繁衍，众多旁支子弟已经广布民间，成为虽无贵族身份，但仍不同于一般民众的国人，而“百姓”这一原来专指贵族的用语含义也随之拓展，很可能已演变为用来指代贵族和国人的名词。因为国人并无贵族身份，“百姓”与“民”这两个不同词语的含义已出现了一定程度的交叉，但尚未完全混同，这就要求我们在处理春秋时期的文献时，必须保持相应的审慎态度。

与“百姓”一样，中国古代政治思想中许多核心概念的含义也是在战国到秦汉时期才被固定下来。虽然它们随着时代和社会环境的变迁也会有所损益，但除了因思想创新而增加的新概念外，很少出现根本性变化。然而，19世纪中叶以后，因现代化进程的开启和加速，中国的经济、政治、社会和文化都发生了结构性的变迁，西学东渐和现代汉语的普及带来了语义的巨大变化。一些词汇虽存，却已像“百姓”一样完全脱离了原初的本义，而另一些词汇虽保留了部分本义，所指重心却已完全不同。比如“礼”，远古时是指祭祀所用的器具，延伸后指代祭祀仪式，到西周时期更多的人文内容被嵌入“礼”的范畴，“礼”的主要内涵也由宗教规范逐渐转变为社会和政治制度规范。春秋是“以礼为中心的人文世纪”[①]，围绕“礼”的漫长讨论，最终将其定格为指代特定秩序形

① 徐复观认为春秋时期，西周天命信仰的瓦解凸显了礼的重要性，进而将春秋时期称为“以礼为中心的人文世纪”。参见徐复观：《中国人性论史(先秦篇)》，台湾商务印书馆1984年版，第46—56页。

态——以特定仪式规范为象征的、以王权为中心的“贵贱有等、长幼有序”的等级秩序的概念。这与今人所理解的“礼”——主要指礼节、礼貌、礼仪、礼金等——的含义相去甚远。

重要观念的语义学考订，是治中国政治思想史学者的必要功课。这一工作对准确理解思想史中关键概念的含义，对正确评估某些思想的价值和思想家的贡献都是非常重要的。“政治”是典型的外来词，古汉语有时虽有“政”“治”连用，但在大多数情况下，“政”与“治”还是被分别使用的。“政”“正”都是从“征”字演化而来，从字形和造字本义上说，“征”是“‘凭借武力征服统治’的含义”[①]。“政”的这种含义[②]，在战国和秦汉文献中仍有沿用的情况，如《墨子·天志上》的“必从上之政下”，《大戴礼记·用兵》的“诸侯力政”[③]等。

了解“政”的本义，才能理解孔子所言“政者，正也”[④]的真正价值，才能正确认识孔子在中国政治思想史上的地位和贡献。孔子将以暴力征服为特征的“政”改造成统治者正己以正人的道德感召过程，倡言“道之以德，齐之以礼，有耻且格”[⑤]，实际上是赋予“政”以全新的内涵。孔子洗掉了“政”原初内含的杀伐戾气，遮蔽了政治统治的利益冲突本质，为原本以暴力为基础的专制政治注入了祥和之气，也开启和奠定了儒

① 张铉根：《观念的变迁：中国古代政治思想的演变》，第6页。

② “政”的原初语义，很可能与中国早期国家依靠征服模式生成有关。20世纪90年代末，我曾提出早期国家起源的“说服”和“征服”两种模式假说，认为中国在黄帝和尧舜禹时期通过“政治程序”，即“征服模式”完成了社会分化和部落合并，形成了早期国家。具体可参见杨阳：《论中国国家的生成路径及其影响——中国早期君主制及政教合一政治体制与政治文化的起源》，《社会科学战线》2001年第3期；也可参见杨阳：《王权的图腾化——政教合一与中国社会》，浙江人民出版社2000年版。

③ 《大戴礼记·用兵》云：“不告朔于诸侯，玉瑞不行，诸侯力政，不朝于天子。”王聘珍撰《大戴礼记解诂》（中华书局1983年版）将该段文字断句为“不告朔于诸侯，玉瑞不行诸侯，力政不朝于天子”（第211页），在我看来这样断句显然是不正确的。

④ 《论语·颜渊》。

⑤ 《论语·为政》。

家式德治主义思想的主基调。

三、发现行为密码：观念史研究的政治文化意义

在思想史上，共识性观念薪火相传，是后世思想家们进一步展开系统性思考的重要思想文化资源。它们中的某些部分有幸获得了充分社会化的机会，最终成为影响和支配人们——特别是精英人群——行为的“文化指令”。因此，观念史聚焦的很多问题很可能就是传统政治文化的研究议题，这两者之间有着更为紧密的联系。

在政治思想史学界，许多研究议题都不免涉及政治哲学、政治思想和政治文化三个不同的领域，学者们对这三者之间的关系，也存在着相当的分歧。其实，这三者虽有交叉，但差别与区隔也是非常明显的。政治哲学是政治思想的精华，但政治思想的范围要比政治哲学更为宽泛，它包含政治哲学，也涵盖诸如制度安排、政策制定、政治过程等形而下的政治性议题。政治哲学和政治思想都是政治思想家的所思所想，都带有显著的思想家的个性特征，不论怎样深邃精彩，都不能直接被看作政治文化的内容。它们转变成为政治文化，需要经过一个复杂的社会化过程。

对政治哲学或政治思想而言，得到国家权力认可，被尊奉为政治意识形态，是其转变为政治文化的必要条件。由国家权力主导建立的相关激励机制，是特定政治思想能够在社会中得到广泛而持久传播的制度性保障。在中国历史上，国家权力极力推崇的经典背后，深藏着“黄金屋”和“颜如玉”的诱惑，衣锦还乡的个人荣耀与光宗耀祖的家族使命，以及“为天地立心，为生民立道，为往圣继绝学，为万世开太平”[①]的壮志豪情，纠缠交织在一起，激励着一代代莘莘学子，皓首穷经，由私塾

① 章锡琛点校：《张载集·拾遗》，中华书局1978年版，第376页。

而入学堂，由江湖而登庙堂，将毕生所学付诸治国理政的事业。那些不幸的落第者，也会以乡绅的身份向乡里父老幼童反复宣讲他们已经接受的知识和观念。国家权力抟铸的制度性激励机制，持续地迎合并催发着社会中的"学而优则仕"的热情。在权力意志与个人愿景的长期互动中，特定的思想观念被植入人们的精神世界，形塑了人们的知识、信仰、价值、情感、心理结构和思维方式，最终完成了它的社会化过程。

没有上述的思想"文化化"的过程①，政治哲学和政治思想都还仅仅是思想观念的存在，还无法成为支配个体和组织政治行为的"文化指令"，当然也不能成为政治文化的内容。因此，在以往的著述中，我一直强调思想史不等于文化史，传统文化的精神与特征，不是通过思想史的研究就能准确认识和把握的，更不是简单地在经典文献中搜罗出少量的金句就能概括的，也一直反对将政治哲学、政治思想的研究等同于政治文化研究。②

政治思想史研究关注的主要是精英思想家的思想，这些思想能否幸运地转变成为政治文化的组成部分，不仅取决于思想家的思想内容与社会需要的契合程度，更取决于国家的权力意志与意识形态偏好。但没有疑问的是，与政治经济环境及社会结构契合程度更高，能够赢得国家权力青睐的政治思想观念，大多也是那些能够在思想界赢得广泛共识的思想观念。个性特征过于鲜明的思想，很难有机会成为思想界

① 刘泽华先生在20世纪80年代末曾提出"政治文化化"和"文化政治化"的概念，21世纪初，又提出"思想的社会化和社会的思想化"，参见刘泽华：《开展思想与社会互动和整体研究》，《历史教学》2001年第8期。我曾撰文指出刘泽华的这些研究和呼吁，对于将政治文化概念引入中国政治思想史研究、拓展中国政治思想史研究视域有重要意义，参见杨阳：《历史、现状与未来——中国政治思想史学科发展的百年回顾》，《政治学研究》2019年第6期。

② 这一观点，我在20余年前就已明确表达，在随后的著述中也多次强调。参见杨阳：《王权的图腾化——政教合一与中国社会》，浙江人民出版社2000年版，第4—11页。

的共识，当然也很难被社会广泛接受。因此，有机会参与形塑政治文化的政治哲学或政治思想，大都是观念史研究所聚焦的思想界的共识性政治观念，这意味着观念史的研究更接近于政治文化传统的研究。进一步说，在研究对象是已经逝去的前人——随机抽样等“刺激—反应”方法面临“样本缺位”——的情况下，政治观念史的研究本身可能就是传统政治文化研究的一种可行的方法和进路。

当然，与政治思想史的研究一样，观念史研究也多聚焦于精英思想界的共识性认识，前文一再提及的张著就是如此，30 多年前刘泽华先生主编的《中国传统政治思维》[①]大抵也是如此。但观念史的持续研究和深度发掘，往往要求研究者不断拓展研究视域，促使他们的目光由聚焦精英思想家转向隐身于政治制度背后、沉淀在社会结构之中的价值信念，转向与社会和政治生活关联更为密切，真正形塑和支配个体与组织的政治行为的文化因素。在《中国传统政治思维》出版之后，刘泽华先生与合作者又推出了众多著述，对政教关系、政治整合、皇帝名号/谥号/庙号等议题进行了专题讨论。这些研究都是观念史研究视角下移进入政治文化领域的尝试。

发掘政治制度赖以建构并支撑其正常运转的价值信念的研究应该是政治思想史研究的应有之义。但是探究隐伏在政治行为背后的知识、信念、情感和心理等文化动因——典型的政治文化研究主题——是否溢出了政治思想史的研究范畴，可能是有争议的。这种争议不仅表明观念史本身具有交叉学科的属性，也预示着观念史研究的功能有着多重面向。

正如之前提到的，观念史研究可以更好地发掘和整理政治思想史

---

① 刘泽华编：《中国传统政治思维》，吉林教育出版社 1991 年版。

上的共识性认识，有利于弥补传统的列传体研究范式[①]偏重求异而忽视求同的缺陷，也更便于对政治思想史上的重要概念做语义学上的溯源考订，实现正本清源，纠正形形色色的误读和误解。对政治思想家共识性观念的梳理，原本就是政治文化传统研究的必备功课。这意味着政治观念史的研究，先天就具有转向政治文化传统研究的可能性。或者更明确地讲，政治观念史的研究有可能成为发现传统社会中那些组织与个体政治行为背后的“文化密码”的重要途径。

① 杨幼炯曾将中国政治思想史编撰体例归纳为“编年体”“列传体”“学说体”等三种，参见杨幼炯:《中国政治思想史》，商务印书馆 1937 年版，上海书店 1984 年影印版，第 3—4 页。总的来说，百余年来，中国政治思想史的研究著作大多采取“列传体”的书写范式。

中国传统政治概念体系的理论结构*

张师伟

中国政治学自主知识体系的建构，必须扎根于中国政治实践，同时也离不开传承和弘扬中华优秀传统政治文化。对传统时代的政治概念进行创造性转换，使优秀传统政治文化获得创新性发展，是中国政治学自主知识体系建构的重要环节。近年来，国内政治学界就政治学自主知识体系建构和中华优秀传统文化的传承与弘扬进行了讨论，并在一定范围内取得了共识。有学者还就中国传统概念如何进行现代转换进行了专题探讨，得出了颇有理论价值的观点。但是，我注意到，一些研究也存在着把中国传统政治思想当作“概念博物架”的嫌疑。概念并非可以任意择取的个体，在研究中我们不能忽略概念之间的理论联系及其对概念内涵的决定性影响，否则，就有可能造成对概念的片面化理解，从而难以把握中华优秀传统政治文化的真实内涵。

一、政治概念体系的理论整体性不可分割

人类社会在认识实践中创造了政治概念，形成了政治知识体系，不论是规范性的政治知识，还是规律性的政治知识，都离不开概念。在人类政治认识的发展进程中，政治概念既是认识的产物，又是认识的工

* 本次发言经整理后，以论文形式发表，参见张师伟：《中国传统政治概念体系的理论结构及其历史演进》，《天津社会科学》2024年第2期。

具。一方面，在政治实践中，人们以经验为基础创造出政治概念，凸显了政治概念生产与政治实践之间的必然联系，政治概念来源于政治实践，并受政治实践的制约；另一方面，政治概念一旦被创造出来，就会被吸纳进既定的政治理论结构中，在政治认识活动中得到自觉使用，在认识视角与方式、方法上规范认识活动。换言之，认识主体对实践的认识总是带有特定的能动性，表现出一定的选择性，所以任何政治认识活动都必然要受到主体自身的政治概念体系及其理论结构的整体性影响。既然政治概念在任何时候都必定处在特定的理论结构中，对政治概念的理解和解释也因此不能忽略概念体系在内容上的理论整体性。尽管政治概念的含义在跨时空维度上有一定普遍性，能够为不同学派、不同时代的知识体系所共享①，但不同学派或不同时代的政治知识体系即便是在普遍性层面上使用特定概念时，其对概念的理解和解释也仍然受整体性理论结构的根本性影响。中国传统政治理论中的人性概念即具有跨越时空的普遍性，不同时代、不同学派的理论家都对人性问题有所讨论，但对人性概念的理解和解释却千差万别，其中的缘由即在于不同理论家给予人性概念的理论结构迥然不同。

中国传统政治理论扎根于血缘宗法社会的实践，并因实践对认识的要求而表现出了内容体系上的整体性，即政治认识要能够满足实践的要求，既要认识规律以解决经验性技术难题，也要提供规范性知识，满足实践的目的认同与规范设置需求，维护权威，确保秩序，实现公正。一切政治概念都是理论认识满足实践需求的产物，并各自以特定的方式满足实践的特定需求，政治概念之间的有机联系既以实践的整体性为基础，又是实践整体性在理论上的反映。在同一个历史时代，不同学

① 王楷模、张师伟：《政治思想一般性质的哲学分析》，《宝鸡文理学院学报(社会科学版)》2004 年第 3 期。

派虽然在政治概念体系的创造及其理论结构的安排上有明显不同，但彼此之间在理论上仍然有基于共同政治实践的有机联系性。对中国传统政治概念的理解和解释，不仅要关注不同学派及典型思想家给出的不同的意义阐释，凸显概念理解和解释上的深刻性与个性；也要关注不同学派及典型思想家在概念理解与解释上的相同、相通与互补之处，凸显概念理解与解释上的丰满性与全面性；尤其要关注不同学派及思想家共同关注和重点阐释的概念，这些概念往往在政治理论结构中处于核心枢纽位置，反映了政治实践的根本性质、重大需求、精神实质和价值归宿等。概念体系的理论结构实际上是概念的一种有序排列，即从深层到浅表，由中心到边缘。一般来说，概念从深层到浅表、由中心到边缘的秩序排列，明确给出了各个概念在政治理论结构中的重要性排序。如果忽略了这个秩序排列，就不能对特定的政治概念给出恰当理解和合理解释。

中国传统政治概念无不基于特定的理论结构而处在特定的概念体系中。一方面，概念体系呈现出概念内容的秩序排列，是不同的政治概念通过特定的理论逻辑连缀成的一个概念体系，从而形成一系列的判断、命题与结论，以回应和满足政治实践对政治理论提出的某些要求。另一方面，概念体系也由此而赋予了特定概念以特殊的含义，并以此保障概念实现特定理论家所设定的解释功能。换言之，不同理论家使用共同性概念所构成的概念体系并不相同，而共同性概念在不同概念体系中表述的含义及其所承担的理论使命也有所不同。对共同性概念的理解和解释往往体现出理论家明显的个性化创造或创新。这些个性化的创造或创新，只有被置于理论家个性化的概念体系中，才能被真正完整地、合理地解释和理解。而一旦把概念从相应的概念体系中剥离出来，理论家赋予概念含义的创造或创新性内容就会被遮蔽。如果这些创造或创新性内容都被遮蔽了，那么人们对政治概念的理解和解释就必定只能停留在浅表层面，甚至堕入望文生义的陷阱。比如“大一统”作为一个特定的政治概念，只有被置于“公羊春秋”天人之学的理论结构中，其基本含义才能得到恰当理解和合理解释，即人间众庶统于王，宇宙万物统于天。若把“大一统”解释为“大统一”，就难免失于浅表了。

二、全面认识理论结构对概念含义的影响

虽然任何政治概念的提出都有一定的理论结构前提，但是在长期的使用中，还是会有一些概念摆脱了原初的理论结构，逐渐发展成为一种共同性概念。这时，它们的含义解释也就变得多元化了。共同性概念的每一种含义解释都源于特定的理论结构。中国传统政治理论经历了数千年绵延不绝的发展，其中的概念体系及相应的理论结构都有着复杂的层次性，对概念的理解和解释也由此而变成了一件极为复杂的事情。

首先，政治理论家在概念提出和含义解释上，一般会表现出鲜明的个性。如果政治理论家在理论上的个性不足，那么他在概念提出及含义解释上就没有什么值得关注的创造或创新，其理论的意义和价值也就乏善可陈。相反，政治理论家但凡在理论创造或创新上具有重要影响，他在政治知识的理论结构上，以及在此基础上提出的新概念或对概念做出的新解释，就必定是富有个性的。从这个意义上说，不同政治理论家的理论结构在客观上根本性地影响了他们对共同性概念的理解和解释。对同一个概念的含义之所以会出现多元化的解释，就是因为每一种含义解释的背后都有着特定的理论结构。先秦诸子对天、道、圣、王等共同性概念的多元化解释，就很具有代表性。老子、孔子、墨子、韩非子等在政治知识的理论结构上各具特色，虽然他们都使用天、道、圣、

王等概念，但在概念含义的理解和解释上仍存在极大区别，既不容稍加混淆，也不能厚此薄彼或以此代彼。

其次，中国传统政治理论家在概念理解、解释和使用上，既体现了同一个学派内部的共同性，也反映了不同学派之间的差异性。一般来说，政治理论思考不能凭空产生，必定要依托特定的政治实践，政治实践在根本上决定着理论思考的内容及其方式，但理论思考并不必然产生学派，学派只能产生于理论思考比较成熟的阶段。其中，理论思考的自觉、思维方式的成熟、思考内容的丰富等，都是学派出现的基本前提。中国传统政治思想史上的学派最早出现在先秦时期，先秦诸子基于共同的政治实践，形成了立场、视角及价值倾向不同的众多学派，共同致力于思考和解决时代性政治难题。因为在立场、视角及价值倾向上的不同，各个学派都创造了自己的概念体系及相应的理论结构。虽然不同学派也共用一些概念，这就是跨学派的共同性概念，但不同学派在共同性概念的理解和解释上通常是泾渭分明的。秦汉以来，虽然中国在政治理论方面再没有出现如先秦时期那样学派林立的盛况，但在儒家一派中也存在着不同的分支，这些不同的分支在共同性概念的理解和解释上也有着明显的不同。宋元明清时期，程朱理学和陆王心学之间的共同性概念较为密集，数量也颇为可观，但两派思想家在理、气、心、性等概念的理解和解释上不仅存在着难以逾越的界限，而且围绕这些共同性概念还展开了长期的、深入的辩论。同词而不同义，在中国古代的政治概念中确实是较为常见的情况。

最后，中国传统政治理论在历史发展进程中还展现出理论逻辑的演进序列，即政治理论在内容体系上存在着一种渐趋于定型、成熟的态势。不论是在概念体系的含义演化上，还是在理论结构的系统完备上，都是如此。中国传统政治理论在趋于定型、成熟的过程中经历了多个阶段的变化，并产生了诸如先秦诸子、两汉经学、魏晋玄学、宋明理学等不同时代的主导性思潮。虽然各种思潮在概念体系的名目上保持了较大的稳定性(先秦以后创造的政治词汇占比较低，绝大多数政治概念都由先秦诸子创造)，但政治概念的含义在不同的时代思潮中却发生了明显的阶段性变化。这种阶段性变化，主要是通过对概念的创新性理解和解释来实现的。如前所述，先秦诸子对概念的理解和解释具有鲜明的个性。到秦汉时期，董仲舒等以儒家为主、兼容百家形成的儒家学说提出了以“天人感应”为基础的宇宙论理论体系：宇宙万物同类相感、相生相克，在天的主宰下有序运行[①]；政治的发生及其运行也以天命为基础，人世间的政治权威、政治秩序及政治目的等，也都由天来保证。董仲舒等人基于“天人感应”的理论结构对人性做出的理解和解释持久地占据了主导地位，直到秦汉宇宙论被宋代伦理学本体论的理论结构代替，对人性概念的理解和解释才发生重大转变。宋明理学家确立了以天理本体为理论基础的人性含义，在他们看来，人性的本质就是天理之在人者。概而言之，虽然秦汉宇宙论和宋明伦理学本体论都高度重视人性概念，并以人性概念作为其政治理论的基本内容，但由于两者在理论结构上的重大差异，其对人性概念的理解和解释也完全不同。

三、在理论结构中准确理解政治概念

中国传统政治理论在发展过程中经历了时代思潮的跌宕起伏，先后出现了先秦子学、两汉经学、魏晋玄学、宋明理学、明清实学等在不同时代占主导地位的思潮。虽然这些思潮在理论结构上有着明显的不同，但学术形态的更迭并没有造成理论发展的断裂，不同时代的思潮之

① 李泽厚：《秦汉思想简议》，《中国社会科学》1984 年第 2 期。

间也存在着千丝万缕的联系。不同时代的思潮在历史过程中的顺序更迭，体现了中国传统政治理论发展的逻辑顺序。没有哪一种时代思潮在学术形态上是绝对完备的，每一种时代思潮都是应时而生，又是与时俱进的。当一种时代思潮的学术内容和理论逻辑出现明显瑕疵，失去了对现实的解释力和说服力时，另一种新的思潮就会应时出现，在吐故纳新后，以新的学术内容与理论逻辑来解释现实，确立起它的理论权威地位。但这种新的时代思潮也同样会在回应、回答和解释现实的过程中变得捉襟见肘，进而被一种更新的思潮取代。比如魏晋玄学取代两汉经学，就比较典型地展现了这种学术形态发展的辩证法：当两汉经学发展到它的极端和顶点时，从一个方面来看，它“堵塞了自己继续发展的道路”；从另一方面来看，“它又为自己找到了向前发展的新路，准备好了自己下一个阶段的发展形态，从而自己否定了自己”。[①] 由是言之，中国传统政治理论学术形态的更迭，一方面是因为现实提出的众多问题已不能在既定的权威理论的逻辑框架内得到合理解释，权威理论的解释已不能为众人所信服；另一方面是因为理论思维在发展过程中暴露了权威理论的不足，进而出现了跃进性发展，当理论思维的创新达到了新的平衡，形成新的理论结构时，新的学术形态就会取代先前的理论权威。不同学术形态的依次兴起，展现了中国传统政治理论渐趋深入、完整、精粹的发展趋势，从先秦子学到明清实学，政治理论的内部逻辑结构经历了多次根本性变化，并由此而走向了中国传统政治理论的烂熟阶段。

中国传统政治理论，虽然在学术形态及其内部逻辑结构上经历了多次变迁，但并没有因为这些变迁而出现新概念周期性纷涌的情况。

① 金春峰：《汉代思想史》，中国社会科学出版社 1997 年版，第 630 页。

其中更多的是对原有概念的重新诠释，理论结构的调整也主要是通过诠释既有概念、改变概念间的逻辑排序来实现的。比如在两汉经学的天人之学中，“天”的含义甚为丰富，理论地位也极为重要，处在解释宇宙万事万物之所以然的决定性地位上。宇宙间万事万物形成了一个以“天”为最高主宰的相生相克的阴阳五行体系。在这个体系中，各个事物及其相互间关系都在“天”的主宰下获得了一种必然论的解释，且这种必然论的解释还附着有善恶相感的“天”之伦理动机。在这个理论结构中，“天”的含义就远非庄子所谓的“天”那样简单，而是包含了自然之天、伦理之天、人格之天、至上神之天等诸多含义。在宋明理学中，“天”同样处在给予万事万物合理解释的理论源头的位置上，但宋明理学已经不再以宇宙系统论的理论结构来解释万事万物之所以然，而以伦理学本体论来解释万事万物之所当然。宋明理学在人事上更依赖于主体的理性自觉，而不再依赖于“天”的直接安排。所以，虽然它对“天”的理解和解释没有完全排斥“至上神”的含义，但明显地扩大了“天”的伦理性含义，“天”对人的作用也主要从决定福善祸恶，变成了赋予人以平等的至善之性。可见，两汉经学中“天人感应”的“天”与宋明理学中的“天”，含义明显不同，前者以“至上神”之含义为首，后者却以伦理之含义为重。在各自的理论结构中，“天”的重要性是不同的，“天”是两汉经学中最重要的概念，而在宋明理学中最重要的概念却是“天理”。

综上所述，中国传统政治理论研究中的概念诠释，在推动研究更为深入地发展上具有不可替代的重要作用，毕竟文本分析的基本对象就是概念。但因为概念总是镶嵌在特定的理论结构中，并因理论结构的变化而发生着含义的变迁，所以相关研究在进行概念的理解和解释时，就不能不关注理论结构的历史变迁。从中国政治理论发展的历史来看，虽然很多概念的名称没有发生丝毫改变，但概念的含义却因为理论结构的调整而发生了重大变化。研究者在进行概念史的研究时，当然要梳理概念在不同历史时期的具体含义，而且还要展现出概念含义的历史变迁。但如果没有结合概念所处的特定理论结构，就会在概念含义的展示上达不到应有的高度、深度和精度，也难以展现出中国传统政治理论的博大精深。另外，对概念进行理解与解释，对于研究一个既定政治理论体系的学术工作者来说，自然是绕不开的基础性工作。但如果要全景、深度地展示政治理论深刻而丰富的内涵及其发展历程，主要围绕概念及其含义变迁展开研究则是远远不够的。概念史研究在理论结构的呈现上较为薄弱，概念间的理论联系如果得不到充分展现，那么研究成果就可能会忽视理论的系统性、整体性，而成为“概念的博物架”。而如果拘泥于某个时段上静态地展示概念之间的理论联系，从而不能展现理论结构的历史变迁，那么研究结果就会把某个历史时期概念的特殊含义理解为跨越了历史阶段的普遍含义，导致政治理论研究在细节上失真。

“思想史”的书写及其“自我规训”*

颜德如

一、作为“写”的“历史”之“思想史”

“思想史”的书写问题，并不是一个新问题。“思想史”的书写之所以成为一个开放性问题，从根本上说乃是因为它是“写”的“历史”。在思想史同哲学史混而不分的年代，冯友兰先生便在其名作《中国哲学史新编》的“绪论”中提出了这个问题。在他看来，“历史”有“本来的历史”和“写的历史”。[①]从理想出发，我们希望“写的历史”同“本来的历史”保持一致，但事实上“写的历史”不过是基于“本来的历史”的一种创造，“本来的历史”难以寻绎和真实呈现。职是之故，我们所阅读的历史，都不过是依据人类的能力、理性和知识积累等书写出来的历史。思想史自然也不能例外。作为“写”的“历史”的“思想史”，不能回避或者说必须应对如下问题：第一，选择历史文献的差异性；第二，解读历史文献的丰富性；第三，评价历史文献的多样性；第四，研究方法和表述风格的开放性；第五，研究成果整体上的主观性。

这就是说，作为“写”的“思想史”在主观上是想去接近并完整地呈

---

* 本次发言经整理后，以论文形式发表，参见颜德如：《“思想史”的书写及其“自我规训”》，《天津社会科学》2024年第2期。

① 冯友兰：《中国哲学史新编》上卷，人民出版社1998年版，第1—2页。

现“本来”的“思想史”,但客观上,这又不可能的。贝奈戴托·克罗齐曾提出“一切真历史都是当代史”[①]的命题,我们也可以说“一切思想史都是当代思想史”。正因如此,作为“当代”的“思想史”才有多样的书写方式和风格,从而从多种维度表述言说历史上那些思想、观念、理论,我们也才有了从中比较、选择和判断的依据。进而言之,我们才有更大的可能去发现历史上那些重要的思想、观念和理论对我们当下的社会生活有什么价值和意义。

“思想史”既然是“书写”出来的,那就有两个问题需要解答和处理:为什么要“书写”甚至反复“书写”?如何“书写”?对于第一个问题,卡尔·巴柏(Karl Raimund Popper)的回答直击本质:“每一代有每一代自己的困扰和问题,有自己的兴趣和观点,因此每一代也都有权利依他自己的方式重新解释历史,以补前代不足的解释。”[②]我们讨论的重点是第二个问题,即解析如何“书写”思想史。

二、“思想史”书写之分殊

总结梳理“思想史”的书写方式,主要有以下五种进路。

(一)学案式的“思想史”书写

受传统史学的影响,“思想史”的书写长期以来采用学案式,即以分学派介绍起源与学说的方式来撰写。[③]葛兆光把学案式的“思想史”书写又称为“新经典话语系统”,认为其注重“经典、经典的征引、注释与解

① 贝奈戴托·克罗齐:《历史学的理论和实际》,傅任敢译,商务印书馆2017年版,第2页。

② 卡尔·巴柏:《开放社会及其敌人》下册,庄文瑞、李英明编译,桂冠图书公司1989年版,第1048页。

③ 张铉根:《观念的变迁:中国古代政治思想的演变》,叶梦怡译,浙江人民出版社2022年版,第1页。

说、精英的文字论述”，从而把思想史的线索连缀起来，因而“思想的历史也就自然成了思想家的博物馆”。[①]简而言之，这种书写方式有两个明显的特点：一是突出精英、突出经典，“思想史”主要就是“数人头”；二是强调思想的整体性、连续性。

由此可见，学案式的“思想史”书写，其实就是列传式的写法。在“思想史”书写难以全景呈现的困境之下，“数人头”也即选择精英、经典来表达我们对“思想”之演进的理解，便成了一种无奈之举，也是可以操作的一种书写路径。在漫长而复杂的“思想史”中，能够流传下来的无疑是每个时代的经典和精英的文字。经典和精英的文字虽不能表达思想的全部，但也可从中管窥每一个时代的思想状况和知识水平。芸芸众生所“日用而不知”的知识、思想和信仰，在文献的记载和实物的记录上总是显得苍白和匮乏。因此，学案式的“思想史”书写是我们进入思想世界的基本方式，但不是唯一的方式。

（二）突出“社会生活史”之“思想史”书写

学案式的“思想史”书写，对于思想史的研究和教学来说，无疑具有开拓之功，此后仍有不少学人在继续推进这一书写进路，但也遭到学者的质疑和挑战，代表人物就是葛兆光。他明确主张，我们不能满足于“思想史只是思想家的思想史或经典的思想史”，“应当注意到在人们生活的实际的世界中，还有一种近乎平均值的知识、思想与信仰，作为底色或基石而存在”，正是这些“一般的知识、思想与信仰真正地在人们判断、解释、处理面前世界中起着作用”。因此，他认为，“似乎在精英和经典的思想与普通的社会和生活之间，还有一个‘一般知识、思想与信仰

① 葛兆光：《七世纪前中国的知识、思想与信仰世界（中国思想史第一卷）》，复旦大学出版社1998年版，第9、10页。

的世界'"，它"也构成一个思想的历史过程，因此它也应当在思想史的视野中"。①

到底什么是"一般的知识、思想与信仰"呢？它是"最普遍的，也能被有一定知识的人所接受、掌握和使用的对宇宙间现象与事物的解释"，"通过最基本的教育构成人们的文化底色"。这些"文化底色"，"一方面背靠人们不言而喻的终极的依据和假设，建立起一整套有效的理解，一方面在日常生活中起着解释与操作的作用，作为人们生活的规则和理由"。② 我以为，这种关注"一般的知识、思想与信仰"的"思想史"书写，其实是在强化"思想史"与"社会生活史"的交叉，可以称之为"思想的社会生活史"书写。这种书写方式并没有否定学案式"思想史"书写的价值，而是拓宽了"思想史"研究的视域，将"思想史"的内容扩展到在实际的社会生活中发挥指引作用的知识。随着对更多社会生活史文献的整理，以及对各种地下器物、建筑体等的发掘、发现，这种书写有了可行性。但是，这种书写也仍然面临着文献、文物不足乃至不足信、不足取的诘难。我们还要追问的是：所谓的"一般的知识、思想与信仰"和精英、经典的"思想"毫不相关、泾渭分明吗？

（三）强调"统治思想与民间社会意识互动"之"思想史"书写

刘泽华、张分田认为，葛兆光提出研究"一般的知识、思想与信仰"，实则是关注"精英"与"大众"思想的互动。这种书写路径"尚待大力开发与推进"③。于是，他们以统治思想与民间社会意识之互动来推进这一研究。他们指出，现有研究成果"将统治思想与民间学说、经典思想

① 葛兆光：《七世纪前中国的知识、思想与信仰世界（中国思想史第一卷）》，第13页。

② 葛兆光：《七世纪前中国的知识、思想与信仰世界（中国思想史第一卷）》，第14页。

③ 刘泽华、张分田等：《思想的门径：中国政治思想史研究方法论》，天津古籍出版社2006年版，第87页。

与庶民信仰、精英思想与大众心态简单二分，进行二分研究”，因而“忽略其相互含摄关系”。为此，他们主张“从思想与社会互动关系入手，在研究方法上把‘从上往下看’与‘从下往上看’结合起来，多层次、广视角、整体性地考察社会普遍意识发展变化的历史”。概而言之，就是要“在对统治思想、经典思想、精英思想、社会思潮、民间信仰和大众心态分别进行系统研究的基础上，考察它们之间的相互关系，对全社会普遍意识发展史做出深度分析和系统描写”[①]。

此种强调“思想与社会互动”，深度挖掘、系统描述“全社会普遍意识发展史”的研究取向，我们可称之为“社会政治观念的社会史”书写。它无疑更加丰富了“思想史”研究的范围、内容，引领学人不断努力去揭示“思想”的复杂性及其对各阶层的观念、心态、行为和生活的影响状况。

（四）“迈向观念史”的“思想史”书写

刘泽华、张分田在意和尝试的“思想与社会互动”研究，其核心是关注“观念”与社会生活的相互影响，强调的是众多“思想”中真正左右社会发展的“观念”。韩国学者张铉根在《观念的变迁：中国古代政治思想的演变》一书中回应和深化了这一研究路径，从“观念史”的角度突破中国政治思想研究的惯性和限度。他突出了“洞察”“发掘”“比较”三个关键词，认为“可以通过观念史研究来审视特定的思想或者思想家们的基本假设与其辩证动机，发掘思想的大原则及其形成的相关社会性观念对政治思想的历史性影响”。正如其所说，“观念史”研究路径“重视思想的内在结构与逻辑变化”，易受到“无视社会关系实况与时代性条件”的批评。[②] 也就是说，“观念史”研究并非要取代“思想史”研究，而是要

---

① 刘泽华、张分田等：《思想的门径：中国政治思想史研究方法论》，第88、89页。

② 张铉根：《观念的变迁：中国古代政治思想的演变》，第3页。

实现两者相互“协调补充”，进而“一改基于各学派差异展开的中国政治思想研究的惯常框架，选择以融会贯通为基础展开的研究框架”[①]。

这种“思想的观念史”书写的首要困难便是如何进行“观念”的选择。观念不会突然在某一天被某个特定的人改变，它是时代的产物。因此，研究者需要“在各时代的代表性思想家的著作中找出使用相同文字的观念，通过解析它们的含义来了解政治思想相关观念的变迁”[②]。根据各时代的代表性思想家的著作来进行观念变迁研究，无疑要以学案式“思想史”书写为基础，精英的文字和经典就是核心的支撑。因此，书写的难题就转换为如何确定精英的文字和经典的真伪及其对那些选择出来的“观念”之“意义世界”的理解和“意义谱系”的描述。

（五）“思想史”书写的后现代主义转向

美国学者波林·罗斯诺（Pauline Rosenau）指出：“后现代主义在人文科学和社会科学中的出现不仅仅标志着另一种新颖的学术范式的诞生，更确切地说，一场崭新的全然不同的文化运动正在对我们如何体验和解释周围的世界的问题进行广泛的重新思考。”[③]那么，后现代主义对于包括思想史在内的人文学科的研究带来了怎样的冲击呢？对于后现代主义的思想观点，葛兆光认为：“虽然这些天才思想可能在一般的知识、思想和信仰世界中获得常识，但它们总是溢出常识之外，成了思想史上的‘非连续性’环节，就像福柯在《知识考古学》中所说，那是历史的‘断裂’。”[④]当然，这里所说的“思想史上的‘非连续性’”或者“断裂”并非后现代主义影响所致，但是，它又巧合地道出了当今的“思想史”书

① 张铉根：《观念的变迁：中国古代政治思想的演变》，第 4 页。

② 张铉根：《观念的变迁：中国古代政治思想的演变》，第 356 页。

③ 波林·罗斯诺：《后现代主义与社会科学》，张国清译，上海译文出版社 1998 年版，第 2—3 页。

④ 葛兆光：《七世纪前中国的知识、思想与信仰世界（中国思想史第一卷）》，第 11 页。

写在后现代主义熏染之下的新取向，即重视“断裂”“偶然性”“不确定性”等。与持有现代信念的人的研究相反，后现代主义者的研究“给出的是不确定性而非决定论，是多样性而非统一性，是差异而非综合，是繁复而非简洁”①。福柯的《知识考古学》正是其中的名作。

福柯指出，所谓“观念史、科学史、哲学史，还有文学史”等学科，在后现代主义的引领下，“人们的注意力都已从原来描绘成‘时代’或者‘世纪’的广阔单位转向断裂现象”。② 就“思想史”而言，它发挥两个作用：一是“它讲述邻近的和边缘的历史”；二是“思想史的任务是贯通那些现存的学科，研究和重新阐述它们”。由此，思想史“与其说它构成一个边缘的领域，不如说它构成一种分析的方式，一种透视法”③。总而言之，使思想史摆脱其先验的束缚是后现代主义者如福柯等学者的重要关切，其最关注的问题是“要在没有一种目的论能预先限制的不连续性中分析思想史；在没有一个预先的范围能封闭的扩散中测定思想史；要让思想史在无名之中展开，任何一个先验的结构都不能强加给它以主体的形式；要思想史向不预示任何黎明归返的时间性中开放”④。

福柯所倡导的这种凸显“断裂”“非连续性”的“思想史”研究，挑战了先验论、目的论、整体论、逻辑论等导向下的“思想史”书写方式，打开了“思想史”书写的无限空间，使“思想史”书写呈现出“非主体”“无中心”“碎片化”的特征，值得我们深思和积极尝试。

三、“思想史”书写归根结底是其“自我规训”问题

前述“思想史”书写之分殊，集中反映了“思想史”定位之差异与争

① 波林·罗斯诺：《后现代主义与社会科学》，第9页。

② 米歇尔·福柯：《知识考古学》，谢强、马月译，生活·读书·新知三联书店2003年版，第2页。

③ 米歇尔·福柯：《知识考古学》，第150页。

④ 米歇尔·福柯：《知识考古学》，第225页。

议:“思想史”的连续性与非连续性、整体性与非整体性、中心化与边缘化。引发如是差异和争议的根本原因是什么?我认为,正是任剑涛提出的“思想史”的“自我规训”[①],或者如李宏图所说的“身份认同”问题[②],即对“思想史是什么”的追问。葛兆光尝试从“学术”(知识)与“思想”的分野去理解“思想史”,认为尤其要处理“思想史应当如何与学术史沟通,它应当如何看待和处理知识(knowledge)与思想(intellectual或thought或idea)的关系”的问题[③],但依然回避了“思想史”的“自我规训”中的根本关切。这种对“思想史”本质意涵之沉默或模糊对待的现象,是否本身就表明了该问题的不确定性和开放性?

理解这个问题也许最好还是从“思想”的存在环境及“思想”与“行为”的关系来切入。因为,“思想”总是我们“人”的“思想”,处在“人”的“行为”以及人类社会发生事件的背后,“至少可以说,思想是事件的重要组成因素”[④]。但是,我们试图理解、研究的这些“思想”分布在许多知识部门里。就如政治思想不能孤立于政治学的其他方面,“一方面不能简单划分出政治思想史,另一方面也不能划分出当代政治哲学”[⑤],我们也可以说,“思想史”不能孤立于“历史学”的其他方面,不能自外于“思想”或“观念”分布的众多知识部门或学科。所以,不能明确回答“思想史是什么”这一问题的窘境,恰恰反证了一种“确定性”,即确定不能给出“思想史是什么”的“确定性”应答。

① 任剑涛:《自我规训的“中国政治思想史”》,《东岳论丛》2012年第11期。

② 李宏图:《“边界之争”:重申思想史研究的“身份认同”》,《华东师范大学学报》2023年第3期。

③ 葛兆光:《七世纪前中国的知识、思想与信仰世界(中国思想史第一卷)》,第26页。

④ 罗兰·斯特龙伯格:《西方现代思想史》,刘北成、赵国新译,中央编译出版社2005年版,第3页。

⑤ 彼得·斯特克、大卫·韦戈尔:《政治思想导读》,舒小昀、李霞等译,江苏人民出版社2005年版,第5页。

此种状况虽然不能提升“思想史”的“自我规训”水平，但也为我们书写“思想史”呈现了开放性、包容性和多样性的前景。对“思想史”之“自我规训”问题的认知，还有待于从与“观念史”或其他相关研究领域的界分中去把握。以赛亚·伯林(Isaiah Berlin)对“观念史”的理解及其研究实践，无疑为我们提供了非常有意义的示范。罗杰·豪舍尔(Roger Hausheer)在为《反潮流：观念史论文集》所作的序言中写道：“人们日益感到，对人们的思想和感情内容、他们观察自身和形成理想所依据的基本观念所进行的探索，在研究人这个问题上，可以比现有的社会学、政治学和心理学提供更多的启发。”[①]影响人的思想、感情、自我认知及其理想信念的是某些“基本观念”，因此，可以说“观念史”与“思想史”之关系尤为紧密，我们尝试进行的“观念史”研究正是对“思想史”书写的深化和创新。

相较而言，“思想史”研究呈现的主要是人类对自己生活和发展境遇的认知、理解的历史，是人类丰富多彩的精神史，而“观念史”主要关注的则是那些影响人类生活和发展的“重要思想”，更加强调这些“重要思想”与外部环境的互动关系。研究者在表述“思想史”或“观念史”的过程中，通常会提炼出若干重要的“术语”或“概念”。在这一过程中，“概念”成为“思想”或“观念”的集中表达，“概念史”构成了“思想史”或“观念史”的核心部分，“思想史”的研究范畴比“观念史”“概念史”要宽泛得多，它的研究方法和路径也更具有跨学科的属性。

---

① 以赛亚·伯林：《反潮流：观念史论文集》，冯克利译，译林出版社2002年版，第5页。

观念史视域下的礼法观念变迁蠡测

胥仕元

张铉根的《观念的变迁：中国古代政治思想演变》(以下简称《观念的变迁》)，围绕一些观念的变迁，进行政治思想史研究，是很有意义和价值的。张铉根提炼了政治、天命、心性、国家、君王、臣民、道德、仁义、礼法、忠孝、公私、华夷等12组观念的演变过程并进行阐述[①]。这12组观念基本覆盖了中国古代政治思想的主要观念。

该书在阐述每一种观念时，遵循着统一的逻辑构想，原著的第356页至357页对此进行了说明。以接下来要着重讨论的"礼法"为例，该书首先指出"礼法观念的形成"，并主要解释"礼""法"二字的词源。接着，书中阐述了"礼法观念的变迁"，将这一变迁过程分为三个阶段：一是"孔子之前的礼法观念"；二是"诸子百家的礼法观念"；三是"帝国时代的礼法观念"。随后，书中讨论了"荀子的礼治与法家政治思想"，并进一步探讨了"荀子政治思想"和"法家法术势统合的政治思想"这两个问题。这样的思路十分清晰，其他观念的阐释大致也遵循类似的结构。

我在读张铉根的《观念的变迁》之前，还读过孙晓春的《从传统走向现代：中国传统政治思想与观念转型研究》，后者围绕自由、平等、民本、

① 张铉根：《观念的变迁：中国古代政治思想的演变》，叶梦怡译，浙江人民出版社2022年版。

道义等一些非常重要的观念的转型进行了详细的探讨①。这个思路非常具有启发意义。所以,《观念的变迁》和《从传统走向现代:中国传统政治思想与观念转型研究》的研究方法都值得借鉴。

今天我们的主题是中国思想史研究方法。若再具体一点,就是中国政治思想史的研究方法。我从比较具体的方面谈个问题,也就是谈谈“礼法”这个观念的变迁。选择“礼法”的原因是,“礼法”在中国古代国家治理中贯穿始终,有继承,有变迁,有对不同时代造成的影响,更有不同的解读。现在已经出版的书名就叫“礼与法”的就有好几部,由此亦可见“礼法”受关注的程度。把礼法作为抓手,就可以把相关的观念和问题带动起来。换句话说,就是把其他的观念也盘活了。选择礼法就是选择了观念中的重中之重,我认为这是一种可尝试的研究方法。

不论什么时代,什么人,谈礼法都是紧紧地与国家治理联系在一起的。所以,礼法观念的变迁与大的时代环境息息相关。举例来说,当大环境“礼崩乐坏”时,人们头脑中“礼”的东西就会被清空,主张“礼治”也显得很迂腐,礼的观念肯定会发生变化。当大环境是用法过猛,使一个朝代活不过二十年的情况时,人们就会想起“德、礼”,就会对“法”的功能重新审视。而在相对安定环境下,礼法并用,“外儒内法”则是常态。

下面我谈三个方面:礼、法、礼法合流。

一、礼

第一个谈“礼”,研究一个观念,首先要说明,这个观念是怎么来的。下面的这些说法可能是老生常谈,但作为对一个观念进行探讨的程序还是要给予讨论。对于礼的起源的探讨有以下几种观点:礼起源于祭

① 孙晓春:《从传统走向现代:中国传统政治思想与观念转型研究》,天津人民出版社2023年版。

祀；礼起源于风俗习惯；礼起源于社会生产和交换行为；礼起源于男女有别；礼起源于“止乱养民”。以上这些表述没有穷尽礼产生的全部原因，但主要的几个方法已经涉及了。所以，我的结论是：礼的起源是“多因一果”的。

在讲第二部分礼观念的变迁之前首先需要说明，由于“礼”的内容非常庞杂，所以，这里界定一下，以先秦秦汉儒家为主线来谈礼，这样线条比较明晰，也能代表中国古代礼、礼治的主流。首先是周公，周公制礼作乐的具体内容，文献中没有系统的记载，后世的学者们根据自己的理解给予了说明。王国维在《殷周制度论》中提到了殷周制度的不同，予以说明周初的礼，“周认知度大异于商者，一曰立子立嫡之制，由是而生宗法及丧服之制，并由是而有封建子弟之制，君天子臣诸侯之制；二曰庙数之制；三曰同姓不婚之制。此数者，皆周人所以纲纪天下，其旨则在纳上下与道德，而合天子诸侯卿大夫士庶民以成一道德之团体”。钱穆在《周公与中国文化》中说，周公制礼作乐包含三方面的内容，即封建、宗法、井田。[①] 王玉哲在《中华远古史》中有大体相同的看法，他认为，周公制礼作乐的具体内容，包括制定嫡长子继承制、完善分封制、作乐（大武月）等三方面。[②]

第二，按照时间顺序往下走，就是先秦儒家孔、孟、荀的礼论。首先是孔子，他主张继承周礼（“周监于二代，郁郁乎文哉！吾从周。”）、主张守礼（“非礼勿视，非礼勿听，非礼勿言，非礼勿动。”）、主张为国以礼。通过“正名”，达到“君君、臣臣、父父、子子”的状态，实现“天下有道”。所以，在孔子这里，“礼”是治国的工具，“礼治”是治国的手段和途径。接下来是孟子，孟子在谈礼时，集中关注三个方面。礼对国家的重要性

① 钱穆：《中国学术思想史论丛（一）》，生活·读书·新知三联书店2009年版。
② 王玉哲：《中华远古史》，上海人民出版社2019年版。

（“上无礼，下无学，贼民兴，丧无日矣！”），礼是必备的修养（“辞让之心，礼之端也。”），注重权变。孟子首先强调了礼，同时又突出了在特殊情况下的特殊对待，善于权变。我们都知道，后来礼成为五经之一。孟子这种明确提出“经、权”思想，也是观念变迁的具体表现，也就是我们现在说的原则性与灵活性的结合。接下来是荀子，《观念的变迁》就此单列一部分，即“荀子政治思想与礼仪统类”，可见对荀子思想的重视。[①] 该书把荀子的礼的范围概括为三点：第一，礼是正身的工具；第二，礼作为治国之道，是政治、经济、法律、军事的规范；第三，礼是人类在应对处理自然现象时应该采用的方法。在归纳了以上三方面后，该书认为：礼的范围极其宽泛，其中，荀子特别强调的是与社会政治制度相关的“礼”。荀子将其称为“礼宪”，即礼法制度。他认为只要完整具备了“礼宪”，就可以实现治国的目标。

《荀子》一书，大多篇目，都离不开礼的因素，因为他认为礼的作用体现在社会生活的方方面面。第一，荀子阐述了“礼”是为政的大节，是治理国家的根本，“为政不以礼，政不行矣”。《观念的变迁》说的“礼”是治国之道。第二，礼是用来“别贵贱、明尊卑”的，即确定制度等级。第三，礼是个人道德修养的基本内容。“礼者，所以正身也。”第四，礼是衡量人的行为道德的最高标准。这一点就可以把“道德”这一观念聚合过来。第五，“礼”是人与动物区别的主要标志。第六，“正名”就是“尊礼”，或者说“尊礼”就是“正名”。关于“正名”这一观念，《观念的变迁》的最后部分提到了一些没有收入本书的观念，其中包括“正名”。

荀子对如何正名进行了一些适应时代的思考，并专列“正名”一节展开论述。在《荀子·正名》中提到“实不喻，然后命，命不喻，然后期，

---

① 张铉根：《观念的变迁：中国古代政治思想的演变》，第206页。

期不喻，然后说，说不喻，然后辨。故期命辨说也者，用之大文也，而王业之始也”。“不喻”就是说不清楚，那么，就给它命个名；有了名还说不清楚，就下个判断，用一句话去表达；下判断还说不清楚，就要加以解说、推理；如果解说、推理还说不清楚，就要进行辩论。荀子认为，命、期、说、辨四种思维活动，是“王业之始”。我认为荀子的这些话其实就是确立一种观念的程序。

徐复观在《中国经学史的基础·〈周官〉成立之时代及其思想性格》中认为，荀子对礼有三大贡献：“一是总结了传统的礼、乐精神，赋与礼、乐以理论的根据，并以礼为《诗》《书》的总持。此即《礼论》《乐论》之所以作。二是把礼的起源推到经济生活的合理分配之上，使礼与经济发生密切联系。三为把礼的‘定分’推广到政治、社会上，使其成为‘各尽所能’‘各取所值’的组织原则，这种组织原则，他称为‘统类’。”[①]《观念的变迁》第 264 页强调了“统类”这个概念，认为“统类”指的是历史上出现过的优秀礼义法度中永远不变的共同原则，或者说同类事物共有的道理。[②] 这一概念是荀子的独创，同时也是其礼治思想的理论总结。

接下来是汉代（西汉）高祖刘邦时期。这里存在一个关键人物，即叔孙通。《汉书·高帝纪》记载：“天下既定，命萧何次律令，韩信申军法，张苍定章程，叔孙通制礼仪，陆贾造新语。”高帝曰：“吾乃今日知为皇帝之贵也。”刘邦的威严有了，礼的政治功能也发挥出来了。反过来说，礼的政治功能发挥了，皇帝的威严就有了。随后，叔孙通还主持制定了汉代的宗庙仪法。

第二个是文景时期，贾谊的《新书》专门有一篇就是“礼”，其他地方

---

① 徐复观：《中国经学史的基础·〈周官〉成立之时代及其思想性格》，九州出版社 2014 年版，第 43 页。

② 张铉根：《观念的变迁：中国古代政治思想的演变》，第 265 页。

谈到礼的也很多。“礼者，所以固国家，定社稷，使君无失其民者也。主主臣臣，礼之正也；威德在君，礼之分也；尊卑大小，强弱有位，礼之数也。礼，天子爱天下，诸侯爱境内，大夫爱官属，士庶各爱其家，失爱不仁，过爱不义。故礼者，所以守尊卑之经、强弱之称者也。”礼涵盖了生活的方方面面。这一时期还有两个人物，第一个是贾山。他在《至言》中的礼治观的基本逻辑是，先探究了秦亡的诸多原因，进而通过提及秦已走向衰世而臣子不敢言说，来向文帝说明行仁义礼教并使臣子倡言的重要。一是过秦，二是劝导文帝行礼治。还有一个人物是韩婴，贾山和韩婴的礼治观基本上是一致的，首先是过秦，然后是主张礼治和正名。

武帝时期，董仲舒主张尊儒，尊儒就是尊礼，然后是正名，还有“三纲”。

二、法

第二个大问题是“法”，首先是法的起源。中国古代以法为刑，刑、法、律在某种意义上可以互训。《尔雅》说：“刑，法也。”《说文》言：“法，刑也。”中国古人较早的认识是“刑起于兵”或“兵刑合一”。此为一说。对于法字的字源语义及其含义，《观念的变迁》也进行了介绍，并说明了属于法家的人物。该书认为，法家人物大体上是一些自称为“法术之士”“法上”“耕战之上”的人们，他们实际参与过国家行政，忠实于富国强兵这一现实目的，讨厌玄学类的谈论，不执着于流派。该书进一步认为，法家人物是包括“法律家、行政家、法官、政治家、国家经营者、法家思想家等在内的综合社会科学者”[①]。这种说法很有见地。

---

① 张铉根：《观念的变迁：中国古代政治思想的演变》，第266页。

学界目前对此达成了共识。但有一种说法，是可以借鉴的，即把“何谓法家”这一概念界定悬置起来，而直接面对法家本体进行分析。也就是说，“何谓法家”可能说不清，但具体到所指称的学派，则大家可能都明白其具体所指称的是哪些人。因此，不如换个问法，即“谁是法家”或“法家都指哪些人”。这样一来，问题的答案可能就比较清楚了。当今，这种“悬置理论”或者“理论上的悬置”为学界许多同行所采用。它并不是模糊问题，而是在某个问题没有确切概念的状态下也能够说得明白。这也是一种研究方法。我们就按照“先秦法家都包含谁”这个思路走下去。这样，先秦法家可概括为：法家先驱者——管仲、子产、邓析，主要代表人物——李悝、吴起、申不害、商鞅、慎到、韩非，共九位。严格来说，先秦法家分为齐法家和晋法家，齐法家以管仲为代表，晋法家以商鞅、韩非为代表。

接下来讨论撬动法家思想的“人性好利”这个理论基石。在陈述法家思想之前，有一个重要的观念必须探讨，那就是人性，如果失去这个基石，法家的思想就成了空中楼阁。《观念的变迁》在谈心性时提到人性自利与法家政治思想，并归纳了三点。第一是利己禀性。第二是所欲与所恶。法家认为人性随着“所欲”与“所恶”发生改变。所欲大体上指的是“生、食、佚、乐、显荣、爵禄、富贵”等。所恶大体上指的是“死、饥、劳、苦、羞耻、刑罚、贫贱”等。法家的人性观念完全否定了道德涵养及人类性善实现的可能性。第三是计算心。一是父母与子女之间的算计，二是君臣之间的算计，三是夫妻关系之间的算计。[①] 法家的主要代表的观点包括：慎到的“势”即权力；申不害的“术”；商鞅的“法”；韩非之法势术集大成。在此不赘述。

---

① 张铉根：《观念的变迁：中国古代政治思想的演变》，第 76—79 页。

三、礼法合流

第三大部分是礼法合流。这个问题主要谈谈作为儒家代表的荀子。在前边阐述荀子“礼”的思想之后，我们还必须关注“法”。荀子是把法引入儒家思想的第一人。《观念的变迁》认为，荀子对礼与法都持十分积极的态度。荀子的法观念十分全面，把由来已久的政治传统以及历史经验统称为“法”，其中包括政策制度、法令等。荀子认为法是礼的下位观念。从这一点看，他与法家认为的法是有区别的。主张礼法并用是荀子思想的一大特色，但在礼、法二者当中孰轻孰重，荀子有自己的认识。他在《劝学》篇中给予了明确的回答，“《礼》者，法之大分，类之纲纪也”。也就是说礼是治国的根本，是起指导作用的一般原则和纲领，而法是为了实现礼的原则而运用的手段和操作程序。这就讲得很明白了，一个是原则，另一个是手段。从学术角度讲，荀子的援法入礼，为战国时期一味主张“仁政”的儒家注入了新鲜的血液，使其能够适应时代的需要。从整个历史长河看，历代统治者基本都是礼法并用的。正如谭嗣同所言：“两千年来之学，荀学也。”所以说，荀子的影响是巨大的。张晋藩先生认为，荀子的“隆礼重法”，为后世引礼入法、礼法合流的封建法制的形成，提供了理论先导。

第二个人是贾谊，他的思想有很多。我们在这里关注礼与法如何实施的问题。贾谊认为，“夫礼者禁于将然之前，而法者禁于已然之后”，强调礼与法的前后关系。

最后一位思想家是董仲舒。董仲舒的《春秋决狱》就是把儒家五经之一的《春秋》作为断案的依据用。赵伯雄在《春秋学史》中说，“据经师的说法，《春秋》中有褒贬，有予夺，这些褒贬予夺的标准和原则就是《春秋》的‘义’。把这种标准和原则运用于实际案件的审判之中，就叫作

‘以《春秋》决狱’。以《春秋》决狱是《春秋》经传在汉代颇具特色的一项功能，其首倡者就是董仲舒”[①]。董仲舒是“春秋公羊学”的大家，《春秋》的“大一统”和“尊尊亲亲”、维护君臣父子夫妇的纲常伦理等思想，符合当时国家认可的法律意识，因此成了断案依据。引入法，引经决狱，促成了法律的儒学化和儒法合流，这是汉代司法的典型特征。这种礼法合流，说明礼法观念在这个时期发生了很大的变化，越来越倾向于和国家治理的紧密联系。

四、余论

我们平时的研究，细加思考，很多都是对观念的研究，但我们忽略了归纳和概括。现在看来，围绕“观念”，对中国古代政治思想史进行研究，这是一条值得肯定且极有价值的研究路径。《观念的变迁》最后提到，仍有一些观念值得探讨，比如“正名”“革命”“律令”“选举”等观念。受张铉根的启发，我想还有些观念也可以用这种方法研究：比如“一统”（“大一统”的一统）；比如“宗藩”，即宗主国和藩属国的“宗藩”；比如一定时期内的“王霸”观念；等等。这些都值得去关注和思考。

某个观念中的问题也会触发我们去思考。比如，《观念的变迁》在“臣民”观念部分的最后提到：“中国政治思想史中的民指的是能够自由劳作的存在，无论是在重视知识的儒家思想作为统治意识形态登场之前，还是在被强调农业、抑制商业的法家思想所支配的时代，士、农、工、商等四民之间似乎并不存在优劣之分……在传统时代，诸民皆是自给自足的存在，具有自由迁移和前往他国的权利……民是具有相当自由度的国家根本。”这个观点也可以引发我们思考，中国古代的“民”到底

---

① 赵伯雄：《春秋学史》，山东教育出版社2014年版，第89页。

指的是什么人？民的自由度到底是一种什么样的状态。

最后回到《观念的变迁》。该书给我们的最大的启示就是，我们仍需要挖掘出更多富有价值的观念并进行研究，推动中国古代政治思想史研究取得新突破。

思想史论域的“中国式现代化”之争及其超越*

郭台辉

世界现代化进程历经500多年，始终绕不过“古今之辩”，而在中国近代以来的100多年里，现代化进程又遭遇了“中西之争”。二者交织在一起，成为伴随中国式现代化进程始终的核心议题。思想史研究作为“现在和过去之间无终止的对话”①，在分析层面与历史层面对古今之辩与中西之争及其次序关系都给出了清晰的回应。

在历史叙事层面，中国思想史研究依然处于晚清之后“古今之辩”的历史延长线上，据此可以清晰地勾勒出100多年来“中西之争”的学术脉络。也正因如此，思想史在当代中国学术研究中依然处于“如此重要”的核心位置。② 在哲理分析层面，思想史研究的论域广阔，关注“点”(特定思想家)，关联“面”(特定思想家所处时代)，注重“线”(特定观念或概念的变迁)，强调“体”(价值观念的整体形态及其变迁)。诚如昆廷·斯金纳所言，思想史研究就是“理解那些共同构成以往社会思想或反思生活的观念、思想、主张、信仰、预设、立场以及成见”③，从而可

---

* 本次发言经整理后，以论文形式发表，参见郭台辉：《思想史论域的“中国式现代化”之争及其超越》，《天津社会科学》2024年第2期。

① 韦政通：《中国思想史》上册，上海书店2003年版，第2页。

② 葛兆光：《思想史为何在当代中国如此重要》，载《思想史研究课堂讲录(增订版)》，生活·读书·新知三联书店2019年版，附录。

③ 转引自丁耘编：《什么是思想史：〈思想史研究〉第1辑》，上海人民出版社2006年版，第4页。

以汇通上述点、线、面、体之间的逻辑关联。

由是言之，面对“中国式现代化”这一命题，思想史的研究可以摆脱现代学科体制与科学体系的智力分工，广泛反思中国现代化实践涉及的所有领域及其相关争论，厘清并穿透古与今、中与西的界别，回应百年来中国社会政治文化变迁及其观念后果，运用各种新理论、新方法与新史料，澄清中国现代化实践中古今之辩、中西之争的源与流及其与社会政治结构的深层关联。

一、古今之辩作为根本问题

在过去 100 多年里，古今之辩与中西之争在近代中国几乎同时出现并交织在一起，成为思想界与实务界都无法绕过的问题。在思想界，近代中国的知识分子或者在选择后做出论证，或者在论证后做出选择，由此发展出不同的观点与理论流派，这构成了近现代中国学术史、思想史与文化史的主线。在现代化的实践中，近代中国拥有不同政治追求的决策者在诸多相互竞争的思想观念中做出抉择，并将其转化为意识形态、制度安排与政策设计，反过来参与甚至主导思想文化领域的争论。结果，学术与政治、思想与现实之间相互影响，使古今之辩、中西之争更加盘根错节。尽管如此，在思想史论域中，时间维度的古今之辩与空间维度的中西之争在分析层面上却是两个不同的问题域。其中，古今之辩是人类文明进程无法绕过的本质性和普遍性问题，最早出现于西欧近代早期，伴随世界各国现代化进程的始终；中西之争是传统中国在晚清时期卷入世界现代化进程之后衍生出的相对次要和特殊的问题，尽管曾经被许多知识精英与政治精英看作根本问题而被着重讨论。

古今之辩之所以是本质和普遍问题，在于从古至今它一直都存在于人类社会的真实世界。而在现代化进程中，它集中表现为古代文明与现代文明的优劣之争。在西方近代思想史上，古今之辩始于文艺复兴时期的人文主义者，与文艺复兴、启蒙运动共同成为“三足鼎立的文化思想史事件”[①]。在早期现代化阶段，14世纪末就开始出现割裂古典与现代的主张[②]，一个世纪之后马基雅维里的《李维史论》“一方面模仿古代，听命于古代作家的教导，另一方面则阐述全新的范式和秩序，实际上在与古典传统彻底决裂”[③]，标志着古今对峙的公开化。随后，路易·李·罗伊(Louis Le Roy)作为古今之辩的先驱，以伟大战争作为时代开端来重新划分现代文明的诞生时期[④]，而培根(Francis Bacon)作为崇今派的早期代表人物，用“新工具”“新科学”取代基督教的《圣经》与古希腊、古罗马经典的权威，认为现代人比古人更有能力发明与应用科学技术，并且能够运用科学知识来认识或改造自然与人类自身。与捍卫现代性的崇今派不同，与洛克同时代的坦普尔(William Temple)则在《论古今学问》中阐述了“古人的伟大”与“现代人的渺小”[⑤]，认为大部分学问都来自古印度与中国，而霍布斯的新制度安排、笛卡尔的新哲学与培根的新工具等，都不及柏拉图、亚里士多德、伊壁鸠鲁(Epicurus)等古人学问的光辉。斯威夫特(Jonathan Swift)把古代派与现代派比喻成蜜蜂与蜘蛛，认为他们之间的争论是精神眼界高低之争。[⑥] 维柯(Giambattista Vico)在《新科学》一书中虽然接受了“古

① 刘小枫：《古典学与古今之争》，华夏出版社2016年版，第67页。

② 昆廷·斯金纳：《近代政治思想的基础》上卷，奚瑞森、亚方译，商务印书馆2002年版，第142页。

③ 施特劳斯：《马基雅维里与古典文学》，彭磊译，载刘小枫编：《苏格拉底问题与现代性——施特劳斯讲演与论文集(卷二)》，华夏出版社2008年版，第53页。

④ 约翰·伯瑞：《进步的观念》，范祥焘译，上海三联书店2005年版，第32—35页。

⑤ 威廉·坦普尔：《论古今学问——坦普尔文集》，刘小枫编，李春长译，华夏出版社2021年版，第54页。

⑥ 斯威夫特：《图书馆里的古今之战》，李春长译，华夏出版社2015年版，第195—220页。

今之别”的划分，但试图以新的批判方法即“新科学”跳出古今之辩，以历史主义的认识论在古今之间找到相互补充与调和之处，以实现人类历史发展的整体平衡。①

在世界现代化进程中，古今之辩的核心是古今政制与文明的比较，包括文明程度的标准是什么，今人是否能超越古人，是否古为今鉴等问题。对此，崇今派用技术和知识的进步作为衡量的标准，而尚古派则强调德性品质的重要意义。总体而言，近代西欧在工业化、城市化与个体化的过程中取得了资本主义发展的巨大成就，并伴随帝国崛起和殖民扩张，形成了现代文明的基本形态。在这一发展进程中，古今之辩在17世纪末至18世纪前期被法国和英国思想界推向高潮，其影响进一步扩展到欧洲其他地区。之后，抑古崇今的观念在18世纪启蒙运动中大获全胜，西方现代文明受进步论与乐观主义的指引，与古希腊、中世纪欧洲的传统文明彻底决裂。

可以说，18世纪后半叶的启蒙思想家都是“古今之争中崇今派的嗣子”②，在他们的影响下，此后两个世纪的西方现代化进程步入了“乐观主义时代”③。随着西方世界现代化进程的加速，启蒙思想家进一步展开合理化论证，崇今派作为进步论的倡导者，建构了过去、现在与未来之间关联的“历史性体制”④，在观念上确立了现代化进程的正当性。这也成为19世纪斯宾塞（Herbert Spencer）的进化论、马克思“两个决裂”思想形成的社会历史背景，以至于到了20世纪，现代化理论进一步

① 刘小枫、陈少明编：《维柯与古今之争》，华夏出版社2008年版，第118、129页。
② 刘小枫：《古典学与古今之争》，第69页。
③ 约翰·伯瑞：《进步的观念》，第70页。
④ 弗朗索瓦·阿赫托戈：《历史性的体制：当下主义与时间经验》，黄艳红译，中信出版社2020年版，第iii页。

发展成为一种主导性的政治意识形态。[①] 然而，与其说崇今派赢得了古今之辩，不如说是现代化实践在西方社会取得的巨大成就让崇今派掌握了话语权。直到后来在不断反思现代性后果的过程中，尚古派的主张才得以回响，古典时代的历史叙事、精神结构与价值规范才又得到重视。

不仅如此，从更长时间段的西方现代思想史来看，18 世纪的卢梭(Rousseau)、19 世纪的尼采(Nietzsche)、20 世纪的海德格尔(Heidegger)和福柯等思想界的巨擘，在这场争论中都发挥了举足轻重的作用，他们的思想主张成为反思现代性和反现代化的思想源泉。伴随现代化与反现代化两股力量在世界范围内的对峙，古今之辩也越来越被思想界视为现代世界文明进程中带有普遍性与本质性的根本问题，只是在不同国家、不同历史时期的表现方式和争论重点不同而已。

二、近代中国的古今之辩与中西之争

在近代中国被卷入世界现代化进程之后，作为现代化根本问题的古今之辩发生了情境性与价值性的复杂转变。一方面，古今之辩转变为新旧之争，而且与中西之争夹杂在一起，进而形成"尊西崇新"的"新的崇拜"[②]，导致新与西、旧与中逐渐趋同，甚至时常相互替代。另一方面，晚清之后诸多重大危机与事件接踵而至，使近代中国面临亡国灭种的危险。在这种形势下，中西之争承载了强烈的感情色彩并发展为一种价值判断和选择，对国家富强的现实的、功利的追求远远超过了"古今之辩"的学理性探讨。总而言之，对中、西、新、旧的不同主张和立场，

① 雷迅马：《作为意识形态的现代化：社会科学与美国对第三世界政策》，牛可译，中央编译出版社 2003 年版。

② 罗志田：《道出于二：过渡时代的新旧之争》，北京师范大学出版社 2014 年版，第 6 页。

在近代中国处于一种共存、错位、辩证、动态的关系之中。相关争论大致出现了三次高潮。

第一次高潮出现在第一次鸦片战争之后。当晚清朝野面对西方列强突如其来且不断加剧的军事威胁之时，以冯桂芬、张之洞为代表的洋务派提出“中学为体，西学为用”的政治主张，要求清政府改革以实施新政。其基本立场与改革方向是延续中国传统政治制度与伦理纲常，同时学习、吸收西方先进的科学技术。在同一时期，洋务派“体用论”关于中与西、古与今之关系及其次序的主张，遭到了来自不同立场的批评。康有为指出，洋务派过于效仿西学之“用”而不知何为“体”：“稍知西学，则尊奉太过，而化为西人。”[①]严复则认为传统学问之“体”无实、无用，既无法让中国富强，也不能挽救危亡，“其为祸也，始于学术，终于国家”[②]。严复在《天演论》中把社会进化论转述为“物竞天择，适者生存”的公理。其中蕴含着强烈的厚今薄古、尊新斥旧的倾向，符合当时列强环伺与国家危亡的残酷现实，影响了当时很多士人的信念和价值取向，其进路必然是破自身传统之旧、恶与保守，学西方之新、善与进步。同时，这种新旧之分还受到西方启蒙运动及思潮的影响，使“告别传统”似乎成为中国现代化进程的必然选择。从此，“新”成为社会改革与进步的主旋律与价值判断的标准，也是“西式现代化”的代名词，而“旧”的“传统”则沦为被讨伐的对象。

第二次高潮出现在新文化运动时期。胡适、陈独秀等新文化运动的代表人物延续了晚清时期否定传统的激进思路，倡导从“现代”中彻底祛除“古代”，“现代”与“古代”势不两立已成为当时普遍的认知，使古

---

① 康有为：《答朱一新》(光绪十七年)，载《康子内外篇(外六种)》，中华书局 1988 年版，第 171 页。

② 严复：《名学浅说》，载王栻编：《严复集》第一册，中华书局 1986 年版，第 45 页。

今之间的“决裂”更为彻底。诚如毛子水所言，“我们是现在时候的人，古人是古代的人”①。他们急于改变中国在现代世界格局中的位置，为了建设富强的现代国家而拥护西来的民主与科学，并倡导吸收新文明与新学理，这就需要更全面、更激进地反“传统”，抛弃“旧”的历史包袱。陈独秀指出，孔教的传统伦理道德与新输入的现代欧化文明无法兼容，“新旧之间，绝无调和两存之余地”②。因此，要把传统文化的经史典籍送进“博物院”，“供考古家之抱残守阙”③。此外，鲁迅、胡适、张东荪等人进一步深化了晚清时期康有为、梁启超的“保教”与“保国”之争。鲁迅等文化界人士反对胡适主张的“整理国故”，追求“超越往古的新文明”，认为中国的生存与发展都在革新，“保古”与传统不能救中国。需要注意的是，注重国粹和“复古”的主张看似与“出新”对立，却与西方文艺复兴时代的人文主义者一样，也是希望以“复古”的手段达到“出新”求变的目的。换言之，对“新”的向往始终处于讨论的中心位置。正因如此，新文化运动被誉为“中国的文艺复兴”，但不同于西方文艺复兴的是，近代中国希望依靠西方文明而不是本土资源来推动民族复兴和国家富强。

第三次高潮出现在 20 世纪 30 年代。五四运动之后，随着思想界对国际形势的认识越来越深刻，古今之辩在近代中国逐渐让位于中西之争，“全盘西化”与“中国本位”之间的冲突成为争论的焦点。这场争论在 20 世纪 30 年代发展成为一场大规模的文化论战，其目的是求得“相当的信仰”或“最低限度的共同信仰”。④ 其中，胡适与陈序经是主

① 毛子水：《国故和科学的精神》，《新潮》第 1 卷第 5 号，1919 年 5 月。

② 陈独秀：《答佩剑青年》，《新青年》第 3 卷第 1 号，1917 年 3 月。

③ 燃料(吴稚晖)：《书〈驳中国用万国新语说〉后》，《新世纪》第 57 号，1908 年 7 月 25 日。

④ 陈序经：《从西化问题的讨论里求得一个共同信仰》，《独立评论》第 149 号，1935 年。

张“全盘西化”和“充分世界化”的旗手，与梁实秋、张佛泉、张奚若等人一起，利用自由主义报刊《独立评论》的舆论阵地，沿着激进的思路，主张学习日本现代化的成功经验，“努力全盘接受这个新世界的新文明”，反对折中调和与“选择性吸纳”。[①] 几乎与此同时，王新命等十位教授在《文化建设》刊物上倡导“中国本位”，并发表《中国本位的文化建设宣言》，抵制自由派的“全盘西化”主张。[②] 在他们看来，晚清之后中国的社会组织、思想内容和形式、政治形态正在失去特征，传统文化遭到唾弃，以至于中国和中国人都找不到“我们是谁”的身份识别与自我认同标记。因此，他们认为，更需要立足民族自信的“中国本位”，不“复古”，不“西化”，重视“此时此地”的动向与形势，采取批判态度与科学方法来检视过去并把握现在。[③] 这两种针锋相对的立场都有各自的声援者，也有调和派，同时论战双方还通过不断吸收对方的批判来修改自己的立场。比如，“全盘西化”转向“现代化”，“中国本位”转向现代化道路的“中国民族本位”或“中华民族本位”。可以说，这些论战使持不同的立场和主张者在晚清以降形成的“求新”共识的基础上有了更进一步的共同目标，即以现代化推进中华民族伟大复兴与国家富强。相应地，古今之辩与中西之争也得以暂时消停。

三、超越争论的思想史路径

可以说，在思想史论域中，古今之辩一直存在于全球现代化500多年的历史进程中，是现代文明发展的根本问题。任何国家或地区，任何文明或文化体系，不论其先进抑或落后，不论是主动还是被动，一旦卷

---

① 适之(胡适)：《编辑后记》，《独立评论》第142号，1935年。

② 王新命等：《中国本位的文化建设宣言》，《文化建设》第1卷第4期，1935年。

③ 王新命等：《我们的总答复》，《文化建设》第1卷第8期，1935年。

入现代化进程，都必然要不断去探寻与反思这个问题。换个角度而言，这也是现代化进程不断遭遇的一大障碍，对这个问题的化解之道成就了不同国家的现代文明形态。其中，西欧国家最早启动现代化进程，在那里，经过三个多世纪的古今之辩才确立了“厚今薄古”的现代观念，推动了现代化浪潮向世界其他地区扩展。而第二波进入现代化进程的西方国家也经过了上百年的历史过渡期才完成了各具特色的转型，比如，德国的“独特道路”、美国的“例外论”等。即便如此，世界范围的现代化依然是“未竟的事业”[①]，这也意味着古今之辩仍将继续下去。

然而，古今之辩这一普遍问题在近代中国甫一出现，就遭遇了中西之争的特殊问题，而且两组争论之间的界限模糊，时常融为一体，甚至二者的关系次序亦被颠倒，中西之争常常主导或者遮蔽古今之辩。这是因为，近代中国“已失去重心”[②]，亡国灭种的危机导致了普遍的急于追求富强的功利心理，使得当时的知识精英更容易在横向上做同时代的不同区域之间的比较，而较少有耐心从纵向的角度看待特定国家从传统向现代转型的独特过程与形态差异，更难以理智地反思并探索自身现代文明与文化形态建构的障碍。当然，有识之士还是意识到了古今之辩在现代中国的原生性位置。冯友兰指出，文化差别不是中西之别，而是古今问题，“一般人所说的东西之分，其实不过是古今之异”，“所谓西化，应该说是近代化”[③]。甘阳也认为，古今之辩在中国是第一位问题，而中西的地域区别是第二位的，“只有把重点放在第一个问题上，才能更好进行中、西文化比较”[④]。换言之，传统向现代转型始终是

① 于尔根·哈贝马斯：《现代性的哲学话语》，曹卫东等译，译林出版社2008年版。

② 罗志田：《权势转移：近代中国的思想与社会》，北京师范大学出版社2014年版，第1—2页。

③ 冯友兰：《三松堂自序》，生活·读书·新知三联书店2021年版，第238页。

④ 甘阳：《古今中西之争》，生活·读书·新知三联书店2006年版，第45页。

中国知识分子集中研究的最重要的问题。只有重新定位好普遍性与特殊性、原本性与衍生性问题的关系次序，把古今之辩始终置于中国现代化进程的中枢，才能厘清“中国式现代化”内蕴的诸多争论及其关联。

那么，在确立了古今、中西争论的关系次序之后，思想史研究如何发挥优势，为超越“中国式现代化”的争论提供独特的智识资源？

一是走出非此即彼的二元论与折中调和论的窠臼。近代中国思想界的主要争论是围绕“中国式现代化”何以可能的核心问题展开，包括新与旧、激进与保守、革命与现代化、自由主义与新左派、全盘西化与中国本位之争等。一方面，思想史研究可以抽身于这些争论的任何一方，客观分析并厘清各方的观点、立场、情境条件与价值预设及其流变，为思想界与公众呈现争论各方所处的真实场景与问题的焦点，并在确立“古今之辩”作为世界现代化进程的普遍问题的基础上，重新定位与评价特定思想或观念流派。另一方面，思想史研究也不必致力于调和这些争论。在近代中国新旧、中西之争持续不断的过程中，一些士人试图寻求调和与折中，比如杜亚泉认为“现时代之新思想，可为戊戌时代新旧思想之折衷，而吾人今日之所论者，则又为现时代新旧思想之折衷”[①]。调和论的目的是吸取东西方文明之优长，但并没有突出古今之辩在中国现代化进程中的核心位置，没有明确的发展目标，也无法在根本上化解争论，在情境性条件的作用下反而容易成为争论双方共同抛弃和批判的对象。

二是采用“搁置论”的立场。在古今、中西争论之外，还有一种淡化、搁置或者说超越这些争论的主张。比如清末的孙宝瑄提出，所谓中、西、新、旧、古、今的学问“皆偏于一者”，唯有通古今，化新旧，浑中

---

① 杜亚泉：《新旧思想的折衷》，《东方杂志》16 卷 9 号，1919 年 9 月。

西。[①] 蒋梦麟在批判杜亚泉时认为,新与旧之间不是方法,也不是目的,不构成两个有实质精神差别的学派,而是追求"丰富的生活"与"充分愉快"的不同态度。[②] 王国维的观点最有代表性,他认为"学无新旧、无中西",而"古今东西之为学"无外乎"尽真"的"科学"、"求是"的"史学"与求诸想象的"文学"三类。古今之别是用当下的价值判断评价过去,而中西之间"各有所特长",学术应该超乎"道出于二",贯通中西并多元多流地发展。[③] 循此思路,思想史研究可以置身于现代化的所有争论之外,以普遍问题为中轴,贯通中西古今之真理与事变,对现代世界的各种社会历史现象进行多维度比较和辩证分析,实现司马迁所言的"原始察终,见盛观衰",以"究天人之际,通古今之变"。

三是发挥"链接论"的作用。思想史研究不在古今之间做非此即彼的评判和选择,不做折中调和,而是强调古今之间的勾连及其中不变与变的因素,唯其如此,才能更理智地深描、阐释传统文明向现代形态转型的过程及其外部条件。这样看来,思想史研究的第一步类似于龚自珍所说的"以经还经,以记还记,以传还传,以群书还群书,以子还子"[④],或者说类似于"剑桥学派"历史语境主义的表述,即"以古还古,以今还今;以中释中,以西释西"[⑤]。思想史研究的第二步就是要把概念史的梳理作为重要抓手,通过概念重新链接古与今、中与西,以概念及其意义之网的变迁来展示近代以来的古今之辩与中西之争,旨在重

---

① 孙宝瑄:《忘山庐日记》,上海古籍出版社1983年版,第80页。

② 蒋梦麟:《新旧与调和》,载《过渡时代之思想与教育》,知识产权出版社2018年版,第26—38页。

③ 王国维:《〈国学丛刊〉序》,载文明国编:《王国维自述》,安徽文艺出版社2014年版,第80—81页。

④ 《龚自珍全集》,上海古籍出版社1975年版,第40页。

⑤ 姚中秋、郭忠华、郭台辉、王苍龙:《君子与公民:寻找中国文明脉络中的秩序主体》,《天府新论》2015年第6期。

点回应中国文化与文明转型的重大问题。概念史研究重视语词、语境、语义与语用的历史变迁，不仅可以使我们像张铉根那样探索“观念的变迁”[①]，还能连接思想史与制度史研究所关注的经典文本，关联社会史与文化史研究发掘的新文本及各自的侧重，在历史语境中还原长期被放大的中西之争，进而重新认识被模糊和遮蔽的更具根本性意义的古今之辩。

概而言之，面对“中国式现代化”的议题，中国思想史论域的任务即在于，搁置特殊历史时期形成的中西之争的认知与思维，始终立足于古今之辩，发掘并反思自身传统文化的构成特质，努力建设中华民族现代文明形态及相应的文化心理结构；沟通中西之学，把当今中国与世界其他国家置于现代文明形态范畴内进行综合比较，提升中国知识界自我反思的能力，在广泛吸收借鉴的基础上进行真正有意义的平等对话与有效的知识生产。

---

① 张铉根：《观念的变迁：中国古代政治思想的演变》，叶梦怡译，浙江人民出版社2022年版。

作译者谈

张铉根　叶梦怡

张铉根：

感谢各位的宝贵意见。

首先，对于孙晓春指出书中例子较多但现代性评价不够深入的问题，我十分认同。虽然书籍即将出版，但我会在第二版中对这一内容进行修改。至于孙晓春提到的明清时期论述不够充分的问题，这也是我今后需要进一步深入研究的方向。

关于杨阳和孙晓春提到的文献处理问题，特别是对古文献《尚书》与《礼记》的使用，我也意识到存在不足，并计划在后续修改中做出调整。杨阳还特别强调了研究中“创造”的问题，我对此极为重视。更广泛的资料参考确实需要一个团队的合作，个人的研究存在诸多限制。未来如果有机会，我也希望能够与其他学者共同合作，参考更多资料。杨老师还提到书籍、绘本、诗歌、小说等各类资源的使用，这些资料的全面参考确实需要更多的时间和精力，我会将其列入今后的研究计划。

张师伟提出了魏晋时期概念变化的问题，这也是一个非常重要的研究领域。我会认真阅读你给我推荐的那本书，并在第二版中将这一问题纳入讨论范围。此外，张师伟提到的“概念背后的结构”也是值得进一步探讨的方向，我会在后续研究中加以重视。

颜德如提出的关于内在逻辑展开的建议，我认为十分有价值。在结论部分虽然有所涉及，但没有深入展开。你提到的现代意义的延展问题，我会回去后重新修改结论部分，进一步深化对这一问题的讨论。

胥仕元对礼与法的详细分析非常精辟，特别是关于齐法家和晋法家之间区别的讨论。我计划在今后研究中国政治思想时深入参考。五位专家的意见大多指向如何揭示研究中国政治思想史的现代意义这个问题，而这也正是我进行观念史研究的初衷。例如，孔子自认为没有“创造”，但我们从他的思想中可以看到他对“君子”概念的创新。在孔子之前，君子的概念仅限于君主的子弟，而他的重新定义使这一概念对后世政治思想产生了深远影响。

我认为，历史的发展历程可以归结为从魅力、暴力、财力逐渐向智力迈进的过程。对于研究中国政治思想的学者而言，挖掘这些思想的现代意义显得尤为重要。至少在 19 世纪初期，中国的思想在世界范围内处于领先地位，我们需要从中发掘出具有现代相关性的内容。尤其是在当今经济优先的潮流下，探讨如何克服相关局限，进而迈向以智力和知识为核心的新阶段，可以为东西方思想的融合提供重要契机。

我对在座的中国学者充满期待，也坚信中国学者的创造力将为这一领域带来新的突破。

叶梦怡：

在翻译张教授这本书的过程中，我深刻体会到张教授对于中国几千年思想史的贯通理解。他从几个重要观念的词源入手，挖掘其在不同历史时期的含义及影响，这一过程对我来说是一次巨大的学习和成长。

在翻译过程中，我始终追求做到“信、达、雅”，但由于自身能力的限制，我认为自己仅仅达到了“达”的层面。在表达张教授的思想精髓、特别是其文字艺术性的过程中，感到力不从心。张教授的原文生动且具有极强的逻辑性，但我未能完全传达出他文字的深度与艺术性，这也是我感到非常遗憾的地方。

各位专家的分析与讨论让我受益良多。本次翻译经历不仅是我工作的一部分，更是我个人学术修养的提升。期待未来能够继续参与更多学术活动并翻译更多富有深度的著作。

第四章
如何重写西方政治思想史

时　　间： 2023 年 7 月 8 日

地　　点： 线　上

主 持 人： 李　强（北京大学教授）

与谈嘉宾： 刘训练（天津师范大学教授）

谢惠媛（北京航空航天大学教授）

任剑涛（清华大学教授）

任军锋（复旦大学教授）

阅读文本： 段德敏，《现代民主的马基雅维利时刻》，南京大学出版社 2023 年版

与谈作者： 段德敏（北京大学副教授）

主持人语

李　强

“如何重写西方政治思想史”是一个非常有趣的题目。我国自晚清起，便开始关注西方的政治制度和政治思想。民国时期伴随着现代大学政治学科的发展，出现了一个研究西方政治思想史的小高潮，高一涵、萨孟武、浦薛凤等学者，都深耕西方政治思想史领域，他们的开拓性研究，成为中国政治学发展史上弥足珍贵的财富。1952 年全国高校院系大调整，取消了政治学系，西方政治思想史的教学与研究一度基本中断。20 世纪 80 年代，政治学作为学科重新恢复。此后几十年里，伴随着国家全方位的对外开放，西方政治思想研究蓬勃发展，优秀的年轻学者涌现，众多新的著作问世。可以毫不夸张地说，最近这几十年是西方政治思想史研究的黄金时期。随着西方政治思想史研究的繁荣，学术界对思想史研究方法的探讨也逐步深化。当然，与西方学界的密切互动对我们在这方面的进步也助力不小。

在民国时期以及改革开放初期，最早进入中国学者视野的西方政治思想研究方法，可以以美国的邓宁（William Dunning）和萨拜因（George Sabine）的方法为代表。作为美国大学西方政治思想史领域的基础教科书，他们的著作反映了广义的自由主义理念，与后来剑桥学派所批判的辉格史观（Whig historiography）属于同一类型，其最鲜明的特点是厚今薄古、尊今贬古，强调文艺复兴、启蒙运动以来西方思想的基本价值，将西方政治思想史描述为逐渐迈向自由、宪政和民主的进化过程。

近年来，随着和西方学术界交流的深入，一些当代西方重要学派的政治思想史研究著作被介绍到国内并受到广泛关注。国内学术界对这些学派的研究方法，也有所借鉴。其中，最有影响的包括施特劳斯学派、剑桥学派以及最近受到关注的沃格林的方法。施特劳斯学派注重文本解读，以颇为细腻、独特的方法阅读政治思想家的原著，尤其是所谓伟大著作。这种研究方法背后有深刻的政治哲学含义。用施特劳斯(Leo Strauss)的话来解释，在哲学衰退的时代，历史研究具有哲学意义；研究历史可以让我们从过去的思想中，学到非常重要的东西，这种东西是我们无法从同代人那里学到的。剑桥学派与施特劳斯学派不同，他们强调：必须将思想史上的伟大著作放在特定的历史语境中理解；现代人不应该简单地将所谓伟大著作奉为经典，并企图从经典中发现对现代政治与道德的指导。原因很简单，经典著作都是在特定历史环境下，针对特定问题而撰写的，历史上的伟大思想家，绝不可能理解今天人类面临的问题，他们的著作也不可能为今天的问题提供有意义的答案。

除了这两个学派之外，近年来，学术界对沃格林的著作也进行了不少译介和讨论。沃格林的方法，对政治思想史研究有独特的意义。首先，沃格林拒绝接受政治观念史的线性发展模式，即“从想当然的柏拉图和亚里士多德的宪政论，经过可疑的中世纪宪政论，进入辉煌的现代宪政论”①。他笔下的西方政治思想史，是一幅西方文明共同体形成、发展、变迁、衰落直至面临危机的画面。其次，沃格林是当代西方重要

① 沃格林：《自传体反思录》，段保良译，华夏出版社 2018 年版，第 83 页。

政治思想家中，为数不多的具有比较文明视野的人物。他的著作涉及西方文明、两河流域文明、犹太教以及中国文明，对我们从事比较政治思想史研究具有启迪意义。

这些方法逐渐被介绍到国内，并已融入国内学者对西方政治思想史的研究工作。在这种大背景下，我们见证了大量西方政治思想史著作的涌现，其中既有西方政治思想通史，也有为数众多的西方重要思想家的研究专著。在西方政治思想通史中，天津师范大学徐大同主编的多卷本《西方政治思想史》是学术界的瑰宝。同时，一些年轻学者也脱颖而出，例如中国人民大学的陈伟博士，以一己之力写出皇皇100多万字的《西方政治思想史》，对从古希腊到当代的西方政治思想作了全景式展示。除了通史类著作之外，学界近年来针对几乎所有重要的政治思想家——从柏拉图到罗尔斯(John B. Rawls)——都发布过中文研究专著。这些著作为深入研究西方政治思想史奠定了基础。

在近代政治思想研究的专著中，值得一提的是马基雅维利研究，这也是我们此次讨论的主题。在西方近代政治思想史研究领域，马基雅维利和霍布斯是必须攻克的两座学术高峰。无论是施特劳斯学派、剑桥学派还是传统的自由主义学派，都必须针对这两位思想家做出自己的解读，以展示各自学派对西方政治历史演变的见解，特别是对现代政治的评价。近些年来，国内学术界的马基雅维利研究可谓十分活跃，专论迭出，观点纷呈。周春生、谢惠媛、陈华文等学者贡献了马基雅维利研究的专著。韩潮、刘训练发表了系列专题研究论文。另外，刘训练组织翻译的《马基雅维利全集》为研究马基雅维利奠定了文本基础。

段德敏的《现代民主的马基雅维利时刻》，是马基雅维利研究中又一部极为出色的著作。这部著作不同于通常的马基雅维利研究。作者围绕一个主题，来重新解读马基雅维利。这个主题就是冲突与共和的关系，而这个主题也是我们今天分析世界政治，尤其是美国政治的重要视角。围绕这一主题，段德敏重新解读了马基雅维利的主要著作。就我们今天讨论的主题，即如何重写西方政治思想史而言，段德敏的著作颇有创新性。我觉得，这本书有几方面明显的特点。

第一，围绕主题的文本解读。这本书不是一部全面研究马基雅维利的著作。作者有一个明确的关注点，即通过马基雅维利来探索冲突与共和的关系。围绕这一主题，作者对马基雅维利的主要文本《君主论》《论李维》和《佛罗伦萨史》，进行了深入细致的解读。在解读马基雅维利时，作者能够从卷帙浩繁的文本中，挖掘出可以展现该主题的关键概念或话语，并以一种颇为细腻的方式对其进行解读，从而揭示马基雅维利的写作意图。此外，他还将马基雅维利与柏拉图、亚里士多德、西塞罗（Cicero）、奥古斯丁（Augustine）、阿奎那（Aquinas）等古典思想家进行比较，与意大利文艺复兴时期的其他公民人文主义者进行比较，与同时代的其他著名思想家——如伊拉斯谟（Erasmus）——进行比较，在比较中展示马基雅维利思想学说的独特性。通过如此抽丝剥茧的分析，作者揭示了马基雅维利共和主义的基本特征。马基雅维利希望有一个“新君主”，依靠人民而非贵族，构建新的强大国家。在君主制与共和制二者之间，他钟情共和制。而且更为关键的是，不同于古典共和主义以及之后的共和主义思想家，马基雅维利强调冲突——而非和谐——乃是古罗马共和国繁荣的原因。

第二，广阔的历史视角。不同于通常的政治思想史研究专著，段德敏的著作用了相当大的篇幅，来分析马基雅维利对西方近代以来思想界的影响。从以哈林顿（James Harrington）为代表的英格兰共和主义者到卢梭，马基雅维利的理论激发了近代早期的激进共和主义思想。作者十分娴熟地旁征博引当代马基雅维利研究的各派著作，而且每每都以批判的眼光提出自己的独特观点。其中令人印象深刻的是作者关于当代左翼激进主义对马基雅维利的利用的分析。在左翼思想的脉络中，作者十分强调葛兰西（Antonio F. Gramsci）对马基雅维利解读的重要性。葛兰西的解释影响了结构主义、后现代主义思潮。当代政治哲学家阿尔都塞（Louis P. Althusser）、墨菲（Chantal Mouffe）、拉克劳（Ernesto Laclau）等，都受到马基雅维利以及葛兰西的启发。如此清晰地勾勒出马基雅维利对近代共和主义以及当代左翼思想的影响，不仅对我们理解马基雅维利有重要意义，而且为理解当代左翼思潮提供了很好的路径。

第三，将思想史研究升华到政治理论探索。从本质上说，研究政治思想史的最终目的，是通过研究汲取历史上伟大思想家的智慧或避免思想家的失误，启发人们思考当前的政治理论问题。段德敏关注的核心理论问题是冲突与共和的关系。

我们知道，从马基雅维利开始，共和主义理论有一个根本转向。他扬弃了古典传统，不再将公民之间的和谐视作共和政体之必要条件，而是将不同群体、阶层之间的冲突视作刺激共和制活力、防止共和制走向腐败的重要机制。马基雅维利认为，“冲突”“不和”甚至“骚动”在罗马共和政治中扮演了非常积极和正面的角色，使罗马越来越“自由”，从而也越来越具有扩张的能力。不过，马基雅维利也意识到，冲突完全有可能变成政治共同体的噩梦。在他晚年的政治著作中，尤其是在《佛罗伦萨史》中，他描述了一个与罗马共和国完全相反的影像，在那里，平民与贵族之间的剧烈冲突和斗争造成如此重大的负面后果，以至于“佛罗伦萨总是变得越来越孱弱，越来越卑鄙无耻”[①]。

---

① 尼科洛·马基雅维利：《马基雅维利全集·佛罗伦萨史》，王永忠译，吉林出版集团有限责任公司2013年版，第112页。

美国的宪法之父们在制定宪法时，秉持了和马基雅维利大致相近的观点，即将不同利益在宪法框架下的冲突，视作保障公民利益和共和制正常运行的关键。美国多元主义民主的核心便在于此。今天美国政治遇到的挑战，实质上是马基雅维利式共和理念遇到的挑战。在认同政治大行其道的今天，不同群体的冲突究竟是会导致各种利益的妥协与平衡，还是会导致“极化政治”的加剧？换句话说，冲突会将美国引向“罗马”还是“佛罗伦萨”？这是值得关注的实践问题和理论问题。关于冲突与共和的理论分析，不仅对分析当代西方民主的运行，尤其是美国民主的运行具有重要价值，而且对我们从理论的角度，思考在现代社会条件下，何种政体、以何种方式可以较好地处理冲突与秩序的关系，具有启迪意义。

以上是我对这本书的一些粗略看法。总之，我认为这本书通过对马基雅维利及其影响的深入研究，以及对政治思想与现实政治关系的探讨，为我们重新思考西方政治思想史提供了新的视角。

我们今天如何研究马基雅维利*

刘训练

关于我们今天如何研究马基雅维利这个话题，我想从四个命题来谈一谈自己的看法。这四个命题或者说四个要求包括两个大的方面：其一是内在的，关涉如何对待思想家文本的问题；其二是外在的，关涉如何处理学术史的问题。

事实上，这四个命题属于政治思想史研究中的老生常谈，甚至只是基本的规范，连方法论都谈不上。但从实践来看，尤其是从国内学界的马基雅维利研究实践来看，存在的问题是比较突出的——这四个基本规范其实都没有被很好地满足。这些要求说起来容易，做到或者做好却非常困难。因此，我想结合自己的研究经验，以及段德敏的这本书来重申一下这四个命题。只有满足了这些规范和要求，我们才能进一步谈论如何重写西方政治思想史的大问题。因为时间有限，这四点我会有所侧重，有些会略微详细一点，有些只能一带而过。

一、重视引证文本的丰富性和涵盖度

以马基雅维利研究为例，既然我们已经有了八卷本的中文版《马基雅维利全集》（意大利文版最权威的“国家版”[Edizione Nazionale delle

---

* 本次发言经整理后，以论文形式发表，参见刘训练：《我们今天如何研究马基雅维利》，《政治思想史》2024年第1期。

Opere di Niccolò Machiavelli]亦将完成编纂），文本的范围、内容、数量是清楚的，那么，在这种原著文本体量并不是很大、版本并不是很复杂的情况下，我们就不能再仅凭一本《君主论》的中译本，或者仅凭《君主论》《李维史论》这两本主要著作就来研究马基雅维利。

这里，我并不是说，只使用他的两本主要著作就不能做研究了。但是，对于那些比较复杂、高度理论化，或者学界已经有相当积累或较大进展的话题，我们不能泛泛地引用几句原著文本就来随意发挥。比如，我确实见过有学者只引用《君主论》第25章就来谈论马基雅维利的“德性—机运”话题的。那么，正确的做法或者说基本的规范是什么，这个我后面会谈到，就先不展开了。当然，话又说回来了，我们说要追求文本的丰富性、涵盖度，并不是要降低主要著作的重要性，更不是要故意去引用那些生僻、少见的文本。相反，无论我们关注什么样的主题，选择什么样的切入点，都不能忽视思想家最主要的著作，尤其不能因为觉得那些代表作似乎已经被人研究得差不多了，就去有意回避，另辟蹊径。

我想强调的是，研究那些伟大的政治思想家，既需要深入、持久地研读他们的代表作——也就是那些伟大的经典；同时在论述某个具体议题时，也需要注意多个文本、各种文体，尤其是不同时期文本的调用，要注意作者在具体议题上前后的一致性与变化性。就段德敏的这本书而言，因为除了三本主要著作之外，其他文本没有涉及他所关注的议题，所以并不存在这个问题。相反，段德敏特别注意到，马基雅维利在《君主论》《李维史论》和《佛罗伦萨史》中，对相关话题的看法发生了微妙的变化，这是非常值得肯定的。

二、要重视对核心概念的精细分析

近些年来，概念研究和概念史研究受到国内学界的重视。事实上，概念研究始终是政治思想史研究的重点之一。在国外的马基雅维利研究中，概念与术语问题一直受到关注。但目前国内的研究不尽如人意，大多还纠缠于个别概念的译法问题，而不是对那些最重要、最核心的概念及其相关概念（比如同义词、近义词、反义词以及对位概念）进行具体的分析。

这里我可以举两个例子来简要谈一谈：一个是关于马基雅维利的“德性（德能）—机运”议题；另一个是关于他的国家与政体概念。这两个例子在段德敏的著作中都有所提及：前者见该书第三章的第二节（能力与命运）和第四章的第三节（德性与命运）；后者则散布于全书。不过，因为这两个议题并不是段德敏关注的重点，所以，他并没有细致探讨，我在这里略作补充。

因为时间有限，我无法详细展开，只能简单地展示两个表格（见表1、表2）。通过这两个列表，大家可以看出，我为什么说必须坚持从原文出发，要厘清相关概念之间的关系。显然，仅仅依据中译本甚至英译本，依据一两种文本或者一两个段落，我们是看不出这些概念之间的复杂关系的。

表1　马基雅维利“德性—机运”论题的概念和术语表

类型	概念和术语	简要释义与参考引文出处
外部因素	神、上帝 （Dio 或 Iddio）	神、上帝与机运并列，参见 *P*25. 1；*FH*IV7，VII21，VIII36。
	天、上天 （cielo 或 cieli）	天、上天等同于机运，或与机运并列，参见 *D*II29；*De Fortuna*，113－114；*Decennale primo*，142；*Decennale secondo*，187，192。
	偶然、偶然性（caso） 意外、意外事件 （accidente）	偶然（性）与意外事件并列，参见 *D*I2. 1；偶然与运气（sorte）并列，参见 *De Fortuna*，93；偶然（性）与审慎对立，参见 *D*I6. 1，*FH*VIII5；偶然（性）与技艺对立，参见 *AW*IV129。

（续表）

类型	概念和术语	简要释义与参考引文出处
外部因素	机运（fortuna）	首先是指人类无法预知的、不可控制的外在力量，有时被人格化为机运女神；其次是指各种因素共同作用的最终结果，组合成好运（buona fortuna）或厄运（avversa fortuna 或 cattiva sorte）。后者既可以指个人的机运，也可以指国家或地区的机运。
	时势（tempo） 时势特性 （qualità dei tempi）	时势与机运并列，参见 *D*I19.4，IIPr.3；时势与上帝并列，参见 *FH*V11；机运支配时势，参见 *De Fortuna*，37；机运改变时势，参见 *D*III9.3；时势与事态（cose）并列，参见 *Ghiribizzi*；*P*25.2，3。
	必然性（necessità）	（单独处理）
内部因素	自由意志 （libero arbitrio）	*P*25.1；*P*26.3。
	选择 （elezione）	选择与运气（sorte）对立，参见 *D*II13.2；选择与天性对立或并列，参见 *D*III9.1，III8.2；选择与必然性对立，参见 *D*I1.4，I3.2，I38（T），I38.2，II21.2。
	天性 （natura）	虽然天性（自然禀赋、个人特性）属于人类行为的内部因素，但通常是不易改变的，也就是无法选择的，因此列入机运范畴。
	行为处事方式 （modo di procedere） 生活方式 （modo di vivere）	行为处事方式、生活方式与德性并列，参见 *D*I19.1，II1.2，III21.4。
	德性（德能） （virtù 或 virtú）	作为机运的对立概念，它代表了人类取得成功所必需的那些特质、品性、行事方式和策略。

表 2　马基雅维利关于政体与国家的概念和术语表

概念和术语	简要释义与参考引文出处
自由的生活方式 （vivere libero）[①]	*D*I2.7，I5.1，I6.1，I7.2，I9.2，I16.3（2），I25（2），I33.2，I36，I49.1，I49.3，II2.1（4），II2.3，III1.2，III24，III25。21 处（含 2 处复合词组）全部特指共和国。

（续表）

概念和术语	简要释义与参考引文出处
公民的生活方式（vivere civile）	*D*I3.1，I7.3，I9.1，I9.2，I19.1，I55.4，II2.2，II19.1。其中有3处（I9.1，I19.1和II19.1）既包括君主国，也包括共和国；其他5处特指共和国。
政治的生活方式（vivere politico）	*D*I6.1，I6.4，I18，I25，I55.3，I55.4，IIPr。其中有2处（I25和IIPr）既包括君主国，也包括共和国；其他5处特指共和国。
共和、共和国（Respublica/republic）	马基雅维利在《君主论》《李维史论》中基本放弃了“共和”的古典用法，而采用现代政体二分法中对“共和”的使用，亦即与君主、君主国、君主制（或王国、王政）对立的“共和国”概念，全书这种用法有上百处。
	“共和”的古典用法——一般性指称国家——仅在复述古典政体学说时使用过：“一些著书论述过共和国（republiche）的人说它们属于三种国家（trestati）中的一种，他们称之为君主制、贵族制和民主制（principato，ottimatie，popolare）”（*D*I2.2）。本章其后这种用法又连续用了5次，但最后回到罗马政体问题上来时，又恢复了君主国、王国/共和国的现代二分法。
国家（Stato/state）	作为政体的“国家”：“寡头国家”（stato di pochi）仅在*D*I2中出现过2次，还见之于*P*5.1，*P*5.2；“民主国家”（stato popolare）除了*D*I2中出现了4次之外，还见之于*D*I18.5；另有“自由国家”（stato libero）的说法，仅指共和国，见*D*I7.1，*D*I16.4，*D*I18.T/1，*D*III3。
政体（Governo/government）	政体（主要出现在*D*I2）：“六种政体类型”（sei ragioni di governi）、“三种政体形式”（tre qualità di governo）、“贵族政体”（governo d'ottimati）、“寡头政体”（governo di pochi）、“民主政体”（governo popolare）。

资料来源：刘训练：《我们今天如何研究西方政治思想史》，载《政治学前沿》，中国社会科学出版社2024年版。

注：① 曼斯菲尔德和塔科夫译为“free way of life”，其他英译本无统一译法；中译本有“自由生活”“自由体制”“自由政体”等译法。“vivere civile”和“vivere politico”的情况类似。

三、要重视比较方法的运用

在马基雅维利研究中,比较方法的运用非常普遍。比如,古今德性的对比、具体德目上的对比、某个古代思想家与马基雅维利的对比、某个同时代的思想家与他的对比。此外,还有韩非子、法家与他的对比,古代印度考底利耶(Kautilya)《利论》与《君主论》的对比,等等。但是,在目前国内学界的马基雅维利研究中,比较的方法运用还很粗糙,缺乏文本和学理上的细致爬梳与细腻分析,都显得大而不当,似是而非。相比之下,段德敏这本书中的比较意识还是非常明确的,而且是一种独特的后观式比较,也就是从美国的建国以及美国的政治发展,来重新审视马基雅维利。关于这一点,很多同仁和读者肯定都注意到了,我也不多谈了。

四、要正确对待学界现有的研究成果

在马基雅维利研究中,所谓现有的研究成果,最著名的当然是施特劳斯学派和剑桥学派的诠释。而与段德敏的著作直接相关的则是西方马克思主义以及当代西方学界所谓的"民主转向"。在这个问题上,段德敏的态度和做法值得赞赏,既充分吸收,又有所推进。我在这里就自己的体会再略作阐述。

在我关于马基雅维利政治伦理学的研究中,尤其在所谓古今问题上,我觉得自己总体上没有跳脱出施特劳斯在《关于马基雅维利的思考》中的那些评论,有时甚至想不出比他原著中更好的表述。[1] 当然,无论是在立场上还是在方法上,我都不是"施派"。在方法上,我采用的

---

① Leo Strauss, *Thoughts on Machiavelli*, Chicago: University of Chicago Press, 1958;中译本参见施特劳斯:《关于马基雅维里的思考》,申彤译,译林出版社 2003 年版。

是最传统的解读文本的方式，我接受的仅仅是施特劳斯在《关于马基雅维利的思考》中提出的一些论断。对于他提到的一些奇特的解读文本的方式，我敬而远之。由此得出的那些结论，也许太过平实，并无多少独到之处，可能有些让人沮丧和失望。但我认为，这是通过自己独立的论证得出的结论，并不是人云亦云。这是一种智识上的诚实。不过，我也发现，斯金纳的一些研究无论是在论证上还是在结论上，都是有问题的。因为时间关系，我这里就不展开了。

同样，在关于马基雅维利政治社会学的研究中，我在拙文《马基雅维利在何种意义上是一位民主主义者？》中明确承认，我在这个问题上服膺于麦考米克（John McCormick）的观点，我的看法在某种意义上，只是其著作的一个扩展和延伸而已。[①] 对于这种“眼前有景道不得”的无奈，我觉得首先应该保持平和的心态。

五、结论与问题

总之，我主张，我们的西方政治思想史研究，不应当以求新立异、跟风追潮为目标和取向。知识的积累并不如我们想象的那么容易，更不要说创新了。在西学研究中，尤其是对西方经典思想家的研究，我们必须承认，可以拓展的空间是有限的。但我又相信，通过努力，中国的学者仍然可以做出自己贡献。对此，我们也不必迷信权威、迷信洋人。

最后，就该书的主题，我想专门给段德敏留一个问题：对于现代民主——这里说的当然是西方的现代民主，亦即从现代早期开始，在英美法等国依次展开的西方现代民主——而言，所谓“马基雅维利时刻”到底指什么？换言之，马基雅维利为这种民主的形成与发展到底贡献了

---

① 刘训练、王巍：《马基雅维利在何种意义上是一位民主主义者？》，《浙江学刊》2022年第2期。

什么，以至于可以用“时刻”（moment）来形容和描述之？我们知道，波考克（J. G. A. Pocock）所谓的“马基雅维利时刻”肯定不是就现代民主而言的。[①] 同时，我们也知道，麦考米克在其论文中提出过所谓“圭恰尔迪尼时刻”。也就是说，麦考米克认为，西方现代民主的形成，更多受到了圭恰尔迪尼（F. Guicciardini）而非其友人马基雅维利的启发与影响。[②] 我想，该书以“现代民主的马基雅维利时刻”为书名，肯定是考虑到上述背景的。但我在粗略阅读本书的过程中，似乎并未看到相关的回应。那么，我们到底应该如何看待麦考米克的观点呢？

---

① J. G. A. 波考克：《马基雅维里时刻：佛罗伦萨政治思想和大西洋共和主义传统》，冯克利、傅乾译，译林出版社 2013 年版。

② 麦考米克：《马基雅维里反对共和主义：论剑桥学派的“圭恰尔迪尼时刻”》，郑红译，刘训练校，载应奇、刘训练编：《共和的黄昏：自由主义、社群主义和共和主义》，吉林出版集团有限责任公司 2007 年版，第 94—127 页。

西方政治思想史书写的返本与开新*

谢惠媛

中国学界对西方政治思想史较为系统的研究与书写,可追溯至20世纪20年代。经过百余年的研究,许多西方重要思想家的政治理论,已得到系统且深入的探讨。鉴于此,作为学科的政治思想史,其未来发展需要考虑两个基本问题:一是政治思想史的当代书写是否必要?二是如何在当代书写西方政治思想史?对此,我侧重从维度和张力两个方面,结合马基雅维利政治思想的研究,谈一谈西方政治思想史研究如何经由"返本"①达致"开新",从而找到自身发展的出路,展现其当代书写的重要价值。

一、西方政治思想史的维度与研究创新

西方政治思想史的多个维度,为其写作设定了基本遵循,同时也为思考其当代发展,提供了重要框架。② 从字面上看,政治思想史至少包

---

* 本次发言经整理后,以论文形式发表,参见谢惠媛:《西方政治思想史书写的返本与开新》,《政治思想史》2024年第1期。

① 学界对"返本"中"本"的含义有不同理解。学者们用它指称体现历史的经典文本或传统,或是具有普遍性、永恒性的问题,又或是问题的源头或根本。我更多地在第一种意义上使用此概念。从研究目的看,"返本"是为了"开新",求得真知与新知,从而更深入地理解政治元问题或解决现实具体问题,推进当代政治的理论与实践建构。

② 政治思想史研究涉及多个领域。虽然学者们大都把它归入政治学学科范畴,但不同学科背景的研究者也能参与其中,从自身视角出发来丰富与推动研究。不过,也正因如此,研究者在政治思想史的研究目的、内容、方法及方法论等方面依然存在较大争议,研究的边界和规范等仍有待开展更细致、更深入的探究,以及更积极的、具有建构性的讨论。

含政治和历史两个维度。就政治之维而言，其研究着重关注政治领域的问题，侧重探讨政治的概念范畴、重要命题、重大事件和现象，以及思想家提出的政治理论，以及由此形成的政治思潮等议题。就历史之维而言，“史”意味着它承载特定的思想谱系和文化传统，因此应集中围绕以往的，而非当代思想家的理论主张，开展研究和讨论。政治之维和历史之维纵横交汇，共同反映了政治思想史的基本性质。[①] 明确研究的主要对象，构成“返本”的重要指向，要求研究者回到作为史料的文本、实践、语境和传统等，如实描述西方思想家提出的理论主张，展现西方政治思想的真实变迁。这是研究与写作的基础。如果没有真正意义上的“返本”，那么所谓的“开新”便缺乏依据和根基，不具有说服力。

改革开放以来，国内学界在著作翻译、思潮引介与研究等方面已经做了大量工作，对西方历史上许多重要思想家的资料整理与思想阐释已经取得丰硕成果。因此，通过挖掘史料与复原思想来实现返本开新的可能性已日渐缩小。[②] 针对研究对象重复、研究空间收窄等问题，我们有必要通过拓宽视域、优化方法及注入新问题等方式，推进政治思想史研究。

从政治维度来看，应不断丰富有价值的材料。由于思想观念的形成与发展是多种因素共同作用的结果，因此思想史研究不应只专注于政治理论本身，或者把已有理论作为政治思想的全部，而应对诸如生活习俗、文化艺术、社会机制等影响因素予以必要的关注，对相关的具体政治实践也应有所关注，从而更加全面、深入地探讨西方政治理论和政

① 萧公权曾指出，中国政治思想史研究应“采政治学之观点，用历史之方法”。参见萧公权：《中国政治思想史》，新星出版社 2005 年版，“凡例”。

② 有学者在论及国内政治思想史研究的危机时指出，“研究对象高度重复”，学者“刻意选择那些影响更小、离政治更远的思想家，或者选择重要政治思想家所著的影响更小、地位更边缘的作品”。参见黄晨：《经验的归经验，规范的归规范——如何走出政治思想史的学科危机》，《政治学研究》2022 年第 3 期。

治元问题。①

从历史维度来看，应更加注重思想脉络的整体把握。实际上，西方政治思想史研究，对“史”的呈现主要包含两个层面：一是客观描述与分析西方历史上各个思想家提出的政治理论及其主张；二是系统梳理历史上各种不同政治思想的发展线索和内在逻辑，系统展现由此沉淀的传统。前者是政治思想史研究的基本要求，后者是在此基础上的必要提升，它既能深化对思想家其人其言的理解，又能为思考当代的政治问题提供参考。

进一步地，西方政治思想史研究还可以通过构建哲学之维来寻求突破。应当承认，政治思想和政治哲学，以及政治思想史和政治哲学史，均既相互关联又相互区别，不应划归为一。简单地说，政治思想涵盖政治哲学，内容更为宽泛。唯有相关政治思考上升到哲学层次进行理论提炼和总结时，或者从哲学视角对政治现象进行反思时，政治哲学才有可能形成。政治哲学一方面建立在对政治事实的认知基础之上，需要透过政治现象把握其本质，另一方面又具有价值上的诉求，在很大程度上，有追求幸福生活或美好生活的向度。它“不仅要追问政治事务本身的技术合理性和政治合法性问题，还要追问政治事务——包括政治行为，尤其是政治家的行为——的政治合目的性和道德正当性等深层的政治伦理意味”②。换言之，政治哲学包含“实然”与“应然”两个层面。政治思想史研究同样涉及这两个层面，既需要根据历史事实总结

① 有学者认为，当前的西方政治思想史研究忽视了一些问题，比如，“‘小传统’、大众文化、普通文本和图像等非文字的文本”“非理性因素、情感和激情”以及“社会机制、心理机制等中观和微观因素”。参见刘训练：《政治思想史研究的方法论反思与政治现象学的尝试》，《南京大学学报（哲学·人文科学·社会科学版）》2019 年第 1 期。

② 万俊人：《我们为何需要政治哲学》，载梁晓杰：《德法之辨：现代德法次序的哲学研究》，上海人民出版社 2007 年版，第 4 页。

经验,也需要在此基础上,做出批判性反思与规范性论证。有必要指出,构建政治思想史研究的哲学之维,其目的不是把研究对象从宽泛的政治思想缩小至政治哲学,而是要借助哲学思维方式来审视已有的政治思想。

二、西方政治思想史的张力与研究创新

西方政治思想史的发展,还可以从自身蕴含的多重张力当中找到动力和资源。政治思想史研究中真正意义上的革新不一定限于提出新异的概念或方法,而更有可能出现在新旧元素交汇、交锋或交融之际。在多种元素形成的张力中,不管处于张力的哪一方,都需要面对、回应来自另一方的质疑。然而,正是质疑之声促使研究者审视各方的优点和不足,不断进行调整与校正,避免陷入极端,从而真正拓展新知。

在解读西方经典文本的"返本"过程中,首先要面对文本作者与研究者之间的张力,回应研究者能否如实呈现思想家的政治理论及其主张、在何种程度上把握其真实意图等问题。对此,施莱尔马赫(Friedrich Schleiermacher)和狄尔泰等人坚持认为,研究者要还原和重构作者的意图。前者还通过语言学和心理学分析,从方法论的角度论证其可能性。与之相反,受海德格尔影响,伽达默尔(Hans-Georg Gadamer)从本体论的角度强调先在结构给研究者烙下具有决定性作用的主体性印记,使得一切理解都是对自我的理解,是研究者自身生存处境的投射,从而否认思想复原的可能。这两种不同的理解及其争论,促使此后的研究者开始深入反思。利科(Paul Ricoeur)、贝蒂(Emilio Betti)和帕尔默(Richard Palmer)等人不同程度地意识到,这些方法论或本体论视角,采用的是主客二分的分析框架,把文本作者与研究者对立起来,造成了难以逾越的鸿沟,因此以各自方式提出突破固有局限的

新路径。[①] 他们对方法论、本体论以及原有分析框架的重新审视与调整，在文本作者与思想史研究者之间建立起了一种更加积极、良性的关系，使有限度的“返本”成为可能。

如果说文本作者与研究者之间的张力，关乎能否“返本”以及在何种意义上“返本”，那么文本与语境之间的张力，更多地涉及如何通过“返本”实现“开新”。把握以往思想家的政治理论和真实意图时，是更倚重文本本身，还是更倚赖其社会语境，这是学界一度激烈争论的问题。持有文本中心主义立场的施特劳斯学派和持有历史语境主义立场的剑桥学派，提出了截然相反的观点。在施特劳斯看来，细致的文本爬梳、比对与分析，是揭示思想家隐藏在“字里行间”之真实意图的关键。[②] 对此，他颇具原创性地提出了“隐微写作”等概念，强调要“‘日以继夜’地对它们（文本）进行冥思苦想”，提醒读者注意文本的深层含义。[③] 与之不同，受维特根斯坦（Ludwig Wittgenstein）和奥斯汀（J. L. Austin）影响，剑桥学派的代表人物斯金纳认为，文本不仅具有言说功能，反映作者在特定问题上说了什么，而且兼具行动功能，体现作者参与时代话题的强烈意愿，因此唯有明确作者言说的意图，而不仅仅是言说的意蕴，才能真正理解与把握文本。“要理解一切正式的论断，我们既要把握言说的意蕴，同时又要把握言说想要达到的影响力。也就是说，我们不仅要把握他们说什么，而且还要知道他们通过言说想要干什么。”[④]因此，斯金纳认为，要把握作者想做什么，就应回到其所处的语

---

① 谢惠媛：《如何理解“像作者一样理解作者”？》，《江苏行政学院学报》2022 年第 3 期。

② Leo Strauss, *Persecution and the Art of Writing*, Chicago: The University of Chicago Press, 1988, p. 25.

③ Leo Strauss, *Thoughts on Machiavelli*, Glencoe: The Free Press, 1958, p. 174.

④ Quentin Skinner, *Visions of Politics*, Vol. I, Cambridge: Cambridge University Press, 2002, p. 82.

境。围绕如何解读思想、把握作者真实意图，施特劳斯学派和剑桥学派各执一词，相持不下，这一局面从方法论的角度展现了政治思想史写作的张力。然而，这两个学派对文本和语境之作用的理解，实则有言过其实、矫枉过正的嫌疑。在实际写作过程中，他们并没有只注重文本或语境，而是兼而有之。在我看来，两者的价值不仅体现在各自独特的理论方法上，更在于它们在相互交锋中对对方观点的批驳和对自身立场的坚守。此外，双方颇具“极端性”的研究方法也引发了广泛的关注与讨论。之后的研究者正是在此基础上，实现了政治思想史研究与写作中的方法论优化。

再者，西方政治思想史的书写，还需要处理史实资料与现实关切之间张力的问题。具体而言，研究的首要目的，是复原作为史料的政治理论和政治实践，还是解决当代问题？显然，前者有助于对思想家的政治理论以及主张做出相对客观的评述，但其缺陷在于问题意识不够突出，研究价值未能凸显。相比之下，后者体现的问题意识更加明确，却有剪裁史料的嫌疑，很容易受到是否如实呈现思想家理论主张、确切反映其真实意图的质疑。两者构成相异的出发点，有可能影响研究的结论。即便如此，它们在政治思想史研究中都是必要的，需要兼顾。如前所述，作为政治思想史的有机组成部分，以往思想家的政治理论和政治实践是无法抛开的要素，它们有力地解释了为什么选择这个思想家而非那个思想家、这一阶段而非那一阶段作为写作对象。因此，西方政治思想史的写作，应以尽可能如实反映思想家所思所想为基本要求，对文本做出客观阐释。同时，政治思想史的写作，也有别于单纯意义上的知识考古，不能满足于博物馆的功能。历史的镜鉴作用要与时代关切相结合，才能真正得以发挥。研究者自身的问题意识能赋予研究以新内容，不断注入新活力，激活历史文本的话语，做出生动的学问。鉴于此，政治思想史的书写既应具有史实依据，又应融贯新知，在"问题关切—历史复原—当代反思"的起承转合中实现返本开新。

三、马基雅维利政治思想研究的创新路径

透过西方政治思想史的研究维度和内在张力不难发现，政治思想史的当代书写不仅依然具有价值，而且尚存较大发展空间。以马基雅维利政治思想的研究为例，虽然这位佛罗伦萨公民已经辞世近 500 年，但后世对其人其言的着迷程度依然不减当年，相关研究成果一直迭出不穷。在国内学界，《君主论》《李维史论》不断有新译本出现。而且早在 10 年前，他的私人书信、外交公函、文学作品就已经以全集的形式出版。与此同时，人们对其政治思想的关注度不断提高，相关研究也愈发深入。面对国内外学界如此之多的成果，要做出具有创新性的研究并非易事。然而，这并不意味着研究无法取得新突破，更不意味着马基雅维利政治思想的当代书写已不再必要。

沿着前述研究维度和张力的思路，除了回到马基雅维利的著述，并结合文艺复兴时期的文化传统和社会状况对其常用的关键词或核心主张展开更为细致的分析以外，研究者还可以将他的政治主张放置在整个思想史脉络中做对比性研究，聚焦范围较小、更具体的论题，明确其在西方政治思想历史长河中的地位。换言之，研究无须拘泥于古今之变的话题。除此以外，研究者还可以引入哲学视角，检审其政治主张。之所以有必要这样做，并不是因为他提出了某种政治哲学理论，而是基于其主张触及政治的本质和定位、政治与道德的关系等元问题，他理解政治的视角、对国家形成和权力维护的看法、对政治新秩序的建构，以及对自由、冲突、宗教、军事等问题的论述在后世产生了深远影响，激活了现代政治哲学并影响其走向。鉴于此，在忠实文本、确保不曲解马基

雅维利政治思想的前提下，研究者可以结合自身关注点，以问题为中心，从政治学或哲学等多个视角，寻求思想史研究的新出路。

四、《现代民主的马基雅维利时刻》的特色与研究意义

段德敏的《现代民主的马基雅维利时刻》（以下简称《时刻》）在某种意义上便体现了这种努力。该书运用历史与现代穿插叙事的手法，论证其所理解的“马基雅维利时刻”，具有自身特色和研究意义。

一方面，《时刻》以强烈的现实面向，推进了对当代西方政治和民主的理解。尽管该书多线条地分析了马基雅维利的政治主张，但作者的写作初衷是反思现代民主。正如该书开篇指出的：“本书以美国为切入点，进入现代政治的马基雅维利视角。要思考当代美国的‘佛罗伦萨化’，必须回到其体制的原初，即其奠基时的自由与暴力、奴役之间的结合。”[①]换言之，作者探究马基雅维利的相关思想更多是出于对西方现代民主的关切。强烈的现实感使得该书没有深陷史料，而是以自身的方式架起一座连通历史和现实的桥梁。比如，论及当代美国民主境况及其“政治极化”等问题时，作者常常回到马基雅维利的政治主张，并在分析马基雅维利的文本时延伸至当代政治现象等，从而在历史资料与现实关切的相互顾盼中，处理了西方政治思想史书写中的张力关系。除此以外，该书还用相当篇幅来分析马克思、葛兰西、墨菲等关注过马基雅维利思想或深受其影响的思想家及其相关政治理论主张，回应在身份等级区分不再具有社会基础的现代社会中，马基雅维利的理论如何发挥其作用等问题。时空交错、巧妙穿插的写作方式，强化了马基雅维利与现代政治之间的密切关联。这一点使该书的写作变得生动，同

① 段德敏：《现代民主的马基雅维利时刻》，南京大学出版社2023年版，第18页。

时也能唤起读者的在场感。

另一方面，该书为把握马基雅维利的政治思想提供了新视角。《时刻》从现实问题出发，更多地关注马基雅维利政治思想中与当代民主理念及实践相关的主张。该书对冲突的意义和分类、民众与贵族之间的关系等问题的剖析不乏独到见解。比如，在分析马基雅维利的冲突理论时，该书并没有简单地做出孰是孰非的评价，而是把他的观点与亚里士多德及其同时代人的观点进行对比，并且通过对《李维史论》《佛罗伦萨史》等文本的解读，区分出两种不同的冲突，即恶性冲突与对共和国有利的冲突。这种细致的分析对于全面、深入地把握马基雅维利的思想尤为必要。又如，该书虽然关注现代民主问题，但并未过度强调马基雅维利政治理论中的民主色彩，而是以较为谨慎的态度分析其对待民众和贵族的方式。该书将马基雅维利的理论“放在当时意大利的历史语境中理解”，并“从马基雅维利所处的时代说起”[①]，从而结合其所处的社会环境，细致地揭示了他在《李维史论》中较为明显地支持平民，却在《佛罗伦萨史》中看似转向保守的缘由。同时，这种分析也为更客观地评价平民在马基雅维利政治思想中的地位奠定了基础。事实上，马基雅维利并没有像麦考米克等研究者认为的那样支持平民主义。[②] 他对平民在罗马共和国中承担的重要角色的论述，以及对君主应取信于民的强调，更多是基于实现权力制衡与国家长治久安的目的。对于马基雅维利而言，国家强大而非政体形式才是首要考量。[③] 鉴于此，虽然相较于圭恰尔迪尼等同时代的政治家和思想家，马基雅维利更加重视

---

① 段德敏：《现代民主的马基雅维利时刻》，第 258 页。

② 麦考米克：《马基雅维利式民主》，康向宇、韩广召译，华东师范大学出版社 2019 年版；麦考米克：《解读马基雅维利：不体面的作品、暧昧的阐释与平民主义政治的德性》，谢惠媛译，华夏出版社 2022 年版。

③ 谢惠媛：《共和、民主抑或制衡：马基雅维里的政治思想辨析》，《兰州学刊》2010 年第 12 期；《马基雅维利审慎概念的“术”与“道”》，《学海》2021 年第 3 期。

民众的力量，并给予其更多的关注与讨论，但他仍然远非现代意义上的平民主义者。由于《时刻》结合文本及社会语境开展分析，因此能够具有说服力地展现马基雅维利对民众—贵族关系的理解，以及讲清楚他在何种意义上与现代社会的革命话语发生关联。[①]

正如作者指出的，“马基雅维利并不是‘知识考古’中的存在，而是持续性地启发和刺激着最前沿、最有创造性的政治思考”[②]。同样，西方政治思想史的当代书写也是一项前沿性、创造性的工作，它既要遵循基本的学术规范，也不应拘泥于以简单尚古的态度，对待以往政治思想家的理论主张或政治实践。尽管中西方有着不同的文化传统，但政治元问题无所谓中西之分，中国学者既可以在前人研究的基础上给出自己独特的答案，也可以针对当代西方社会面临的现实问题，在尊重其传统的基础上开出解决问题的“良方”。这是我们从《时刻》一书中获得的最大启示。

---

① 当然，《时刻》提到的一些问题还有待进一步深入研究。比如，马基雅维利对党争和冲突的区分及其原因分析在何种意义上有助于理解当代美国的“政治极化”现象，又会对我国当代的民主实践带来哪些启示？现代民主的马基雅维利视角在多大程度上真正反映了马基雅维利的政治主张？他笔下的新君主与现代政治中的代表是否本质上相同？

② 段德敏：《现代民主的马基雅维利时刻》，第22页。

走向西方政治思想史的深度书写*

任剑涛

重新书写西方政治思想史，这个“重新”指的是什么呢？是希望在现有的西方思想史书写的基础上，挖掘出一些新东西，或者是新理念、新解释，或者是新叙事、新进路。这是对汉语西方政治思想史学界的一个新期望。这个新希望之所以浮现出来，是因为既有的西方政治思想史的书写方式已经不太适应思想史书写的新要求了。对汉语西方政治思想史学界来讲，基础性的书写方式，也就是对政治思想家、著作、观点与时代背景的系统复写已经告一段落。在此基础上更进一步的概念、范畴的精准书写，以及在相应的思想史脉络中为思想家定位的书写方式，也从多方面尝试过了。在这两类书写中，都体现出一种思想史的客观主义书写痕迹。选定一个切合当下人们政治思考的重大主题，在置入历史线索的同时，注入书写者的主观解释，从而呈现一种主题性的西方政治思想史面目，可能是一种值得尝试的新型书写方式。这样的书写方式，因为切入了书写者的主观解释意愿与历史著述意图，因此可以称之为主观主义书写方式（subjective writing）。在还原政治思想之历史面貌的客观主义书写（objective writing）已经发展得相当成熟的情况下，汉语西方政治思想史的主观主义书写方式的出场适当其时。

* 本次发言经整理后，以论文形式发表，参见任剑涛：《走向西方政治思想史的深度书写》，《政治思想史》2024年第1期。

所谓西方政治思想史的主观主义书写方式，不是将政治思想史改写为符合书写者意愿的样式，而是尝试将“西方政治思想史”的书写形式，与“西方政治理论”的发展勾连起来，以思想史书写来促进政治理论的发展。这种书写方式，涉及政治思想在现时代的多项发展，以及当代对于这些发展的多维解释，因此是一种远较客观主义的书写模式复杂化的书写方式。这不仅考验书写者的政治理论功力，也可以由此展现西方政治思想史的重叠性画面，让人们比较充分地意识到，西方政治思想史的丰富多彩与复杂多样。就此而言，西方政治思想史的客观主义书写是一种表层书写，它是历史书写真实性的保证，是历史书写必不可少的工夫；而西方政治思想史的主观主义书写，则是一种深度书写，它是历史书写深刻性的体现，既是一种深度书写，也是历史书写的高阶形式。不过，客观书写与主观书写的两种流行范式，也就是致力于凸显政治思想语境的剑桥学派与深入体察字里行间微言大义的施特劳斯学派，与这里所谓的两种书写模式还不尽相同。前者的客观主义太执着于历史情境，客观得有些死板；后者的主观主义太过露骨，主观得偏于发挥。只有在尊重历史语境与历史文本的基础之上，结合政治理论的进一步思考，去展开政治思想史书写过程，才可能真正富有深度地展示它的书写特质与魅力。

在这样的背景下，汉语西方政治思想史学界尝试重新书写西方政治思想史，可以切入的路径之多，有一种几乎不受限制的开放性。但从书写的便利性与突破性交叠的视角看，以一个人物带出的重要论题，可能是这种新的书写方式一个最切近人们阅读、理解西方政治思想史的途径。在早期现代西方政治思想史上，此类最适宜的人物可能便是马基雅维利。在由他带出的论题中，最重要的莫过于民主问题。而若以“现代民主的马基雅维利时刻”为题，那就将西方早期现代政治思想史中最为重要的人物与最重大的论题扣合起来，由此形成了引人注目的政治思想史深度书写的主题。这也便是段德敏的新著《现代民主的马基雅维利时刻》(以下引用简称《时刻》)可能具有的独特价值。我们可以看到，这样的书写，在形式上是对现代民主进程中的马基雅维利政治思想的梳理，而实际上是在揭示西方政治思想演进的核心主题，以及它在不同时期怎样发挥其思想的影响力。通过对马基雅维利的深入研究，我们可以发现马氏政治概念范畴的精确性，同时也可以更好地理解他对现代政治理论的贡献，以及他何以获得现代政治思想史的崇高地位。这种书写方式，并不是简单地推翻以往的客观主义书写范式，而是在继承其既有研究成就的基础上，以新论题、新路径、新见解重新书写，凸显西方政治思想史研究的新面貌。

汉语学界走向西方政治思想史深度书写的尝试，不是一件容易的事情。因为这样的书写先天地面对两个难以克服的障碍：一是跨文化的障碍，人们会怀疑，身在中国文化情景中的政治学者，能够超越自己的文化处境与体验，透入西方政治思想的脉络之中，超越西方同行而发现什么新东西吗？二是行业标准的刚性设定，像一道铜墙铁壁，限定着汉语西方政治思想史学者的书写。既然是操汉语写作的西方政治思想史学者，当然需要谨守西方的西方政治思想史写作的规范。假如逾越这些规范，那还能被称为“西方”政治思想史书写吗？它必然被西方的西方政治思想史学界设定的标准撞得头破血流。因此，即便一个接受了很好学术训练的中国学者，兼有不错的学术雄心、发现问题的敏锐、高超的写作技巧以及独到的解释能力，也不能不受在西方已经成气候的那些著名学者的影响。一般而言，萨拜因的西方政治思想史“传统式”书写模式，即透过政治思想家的个人经历、主要著作、基本思想、与时代的互动、产生的历史影响，来呈现西方政治思想的历史面貌，乃是主导改革开放后的汉语政治思想史书写者的主流思路。[1] 自 21 世纪以来，西方的政治思想史的两种书写范式流行开来，造成“不归杨，则归墨”[2]的局面：试图在字里行间看开去的汉语西方政治思想史学者，大力推崇并且悉心模仿施特劳斯学派的思考与写作方式；而赞同政治思想乃是思想与时代互动之结果的学者，则潜心尝试剑桥学派的书写方式。于是，汉语西方政治思想史研究似乎成为这三种书写模式的试验场。这样的模仿产出了不少质量不错的著作，但模仿的痕迹始终清晰可辨。汉语西方政治思想史学界需要挣脱已成套路的三种书写方式，才足以走出模仿性的写作定式，开创具有汉语西方政治思想史书写个性的新局面。而段德敏以“现代民主中的马基雅维利”为主题展开的写作，属于不同于这三种写作范式的一种新探索。

确实需要正视的是，非西方学者和西方学者在书写西方政治思想史时的视角不同。西方学者的切入角度可被称为内在视角（internal perspective），因为他们处在西方文化现实的生活状态之中，不仅拥有感同身受的经验支持，而且还有一种文化无意识的加持。况且，西方学者本身接受的知识教育、学术研究训练、学术共同体评价标准，都可以将显性知识与默会知识综合起来，从而为书写西方政治思想史奠定坚实的基础。非西方学者书写西方政治思想史，无疑基于一种外部视角（external perspective）。这种外部性是生活于非西方社会和仅受西方

---

① 商务印书馆在 1986 年出版了萨拜因《政治学说史》的中译本，1990 年重印；到世纪之交，又有邓正来的中译本问世（由上海人民出版社分别于 2008 年和 2010 年出版了上卷和下卷）。萨拜因的《政治学说史》发行量不小，被广泛用于大学的西方政治思想史教学，学者的引用也比较普遍。列奥·施特劳斯编的《政治哲学史》在 1993 年由河北人民出版社出版了李天然等人的译本，后来又由法律出版社多次再版，可见影响之大。剑桥学派几位代表人物——如斯金纳、波考克、邓恩、拉斯莱特等人——著作的中译本出版也不少，影响广泛。

② 《孟子·滕文公下》。

知识外部感染这两重因素决定的态势。即便在全球普遍流动的情况下，在西方国家接受教育和长期生活的非西方学者，要从外部视角转换到内部视角，也是非常困难的事情。仅有极少数非西方学者，能够成功融入西方学术界的主流话语圈（如新近政治理论阐释上较受关注的德国韩裔学者韩炳哲，“更成功的”、受到全球广泛关注的政治学者弗朗西斯·福山）。就研究西方政治思想史的非西方学者来讲，目前出版的作品中被视为典范的，实在是寥若晨星。这也许就是西方学者在书写政治思想史方面的天然优势。

对非西方学者而言，即使在西方接受了长期教育，他们的直接经验和关注问题仍更多地与祖国相关。对中国学者来讲，那就意味着跟中国更直接相关。这是一种先天不足，但也不必然是无法克服的先天缺陷。相反，西方政治思想史的外部书写方式，也可能是一种刷新写作范式的有利因素。由于外部书写可能免于一种众所周知的缺点，即“不识庐山真面目，只缘身在此山中”，有时候反倒可以发现身处局中的西方学者难以发现的新论题、新线索与新进路。就此可以说，西方政治思想史的外部书写对于相关知识的贡献未必弱于内部书写。不过，这需要书写者满足一些刚性条件：一是要自觉挣脱长期以来习惯性的、关于西方政治思想史的表层或浅度书写模式，从根本上摆脱尾随意识的缠绕、知识上的不足、问题意识的不明、论述深度的不够；二是要勇于跟踪西方学界政治思想史书写的新潮，但不是在潮尾喃喃自语地表达赞同或反对，而是站在潮头迎接西方前沿学者的崭新论题，并表达与之有对话实力的新兴观点，从而置身西方学界之内，而不是甘于在这一学术圈之外来书写西方政治思想史；三是要努力发现并明确阐述西方学者尚未发现的思想史论题、线索、理念与方法，从而展现非西方学者书写西方政治思想史的新貌，并促使西方学者加入这些话题的争论，给相关学术圈以源头活水。另一个重要的，但属于尝试已久却仍存创新余地的就是东西方政治思想的比较研究问题。如果将长期以来东西方政治思想的异同比较，拓展为范围广泛的全球性政治思想的比较，抑或将描述性的异同展示推向研究型的异同究因，那么也完全可以提供不输于西方学者的政治思想史书写成果。

在这个过程中，非西方学者可以将自身的经验和独特的视角，融入对西方政治思想的理解，为这个领域注入新的活力。这也就是所谓主观主义书写方式。它是否可能开拓一个外部人的内部书写范式，尚未可知，但肯定不会被认为是对西方政治思想史肤浅的外部欣赏与模仿写作。这种努力将引导纯粹的外部书写方式走向“内外兼修”，从而为非西方国家——或直接说中国——的研究者重新书写西方政治思想史带来积极的影响。

这种积极影响最重要的体现是推动人们超越西方政治思想史目前流行的书写。追溯起来，这种超越意欲在 20 世纪 90 年代开始成型，差不多流行至今。它是一种告别 20 世纪 80 年代所谓“空疏”学风——那时流行的是东西文化宏大话语的比较——的结果。当那种“空疏”学风投射在政治思想史的书写上时，就体现为重现历史巨变中的大人物、大事件与大观点。确实，这样的书写方式常常表现出闳大不经的弱点，缺少扎实的知识支撑。政治思想史的书写者，常常在没有认真阅读基本著作的情况下，就急于通观一部人类政治思想史。20 世纪 90 年代兴起了注重学术的风气。[①] 人们倡导对人物、著作、思想以及时代的细节处处留心。受基督教解经学、解释学理论的引导，也受类似施特劳斯学派注重字里行间、微言大义、推崇文本、按章索句的文本解读方式的引

① 任剑涛：《为思想申辩——关于 80 年代学风的反思》，载任剑涛：《权利的召唤》，中央编译出版社 2005 年版，第 24—37 页。

导,“读经典”成为学界新风气。这种学术性出场、思想性淡出的经典解读,由此成为书写思想史的基本进路,影响了西方政治思想史书写差不多30年。从积极意义上讲,20世纪80年代至90年代的学风丕变明显提升了学术文本的深度和探讨的细致性。但它也显著削弱了思想的穿透力和理论的建构力。就此而言,汉语西方政治思想史的深度书写,不是愈近了,而是愈远了:模仿西学进路的,成为西方学者的尾随者,不少声名卓著的西学名家其实都是以这种面目示人;接近传统进路的,小学功夫替代了大学精神,常常以乾嘉学派的当下传人自居但不得其要领。因此,超越单纯的文本解读,深入文本背后的意义、内涵和历史背景,必然触底反弹,成为学术风气又一次转变的新方向。但两种学风的渐次互动,提醒人们需要一种平衡术——“有思想的学术和有学术的思想”[①],它成为人们大致都能接受的取向。于是,汉语西方政治思想史的书写,有了一个书写者首先理解文本,然后面对解释的本土经验,再寻求贴近解释对象的新进路。这样就有望使汉语西方政治思想史的书写者的本土文化与背景与西方政治思想产生共振。通过将东西方思想文化融合,这种新进路为西方政治思想史的研究引入了新的视角,进而为理解西方政治思想提供了更丰富的框架。

段德敏以马基雅维利为人物经线,以现代民主为问题纬线,纵横交织,凸显了现代民主中不断再现的马基雅维利时刻。从书写对象上看,他的人物书写侧重点自然是在马基雅维利,所引用的马氏著作主要是《君主论》《李维史论》与《佛罗伦萨史》。从书写主题上看,民主问题的书写重点,自然是在民主思想线索中的马基雅维利。人们有理由要求段德敏,必须将马基雅维利的所有著作串联起来,对他使用过的所有概

① 王元化、许纪霖:《追求有思想的学术》,《文史哲》1996年第1期,第90页。

念的不同含义，以及使用过程中的这些概念呈现的差异性和相同性进行勾勒，然后才能可靠地呈现一个马基雅维利全面的形象。从学术史的角度来看，从马基雅维利全部思想述评的角度来看，这样的要求有自成其理的地方。但论及马基雅维利思想时，是不是一定要将其所有著作纳入讨论，如此才能断定是在论述他的思想呢？这就不一定了。就讨论马基雅维利的君主技艺与共和主义理念而言，《君主论》和《李维史论》的内容已足够丰富。如果不引用他的其他作品，当然不便全面讨论他的思想；但如果只是想凸显马基雅维利的主要思想，则不必遍涉其文字。否则，倒显得抓不住要领，陷入对马基雅维利思想的无意义复述或概述，无法凸显他对政治思想史的突出贡献。因此，段德敏不以马基雅维利所有著作，而以主要著作来论述他的思想，是一个可以得到辩护的做法。段德敏的书写尝试展现出令人欣赏的三个不满足。

第一个不满足，是对西方学者的西方政治思想史书写范式的不满足。对文本的深耕或语境的还原，是两种大不相同的西方政治思想史书写方式。但学者们尽可以在两者之间进行权衡，选择其中一种书写方式，抑或两种方式都不选择，而尝试自己确定的不同书写方式。段德敏在《时刻》中便比较自觉地表现出超越两种书写范式的意图。这是一种创新性尝试：他不同于施特劳斯学派那样将马基雅维利的思想直接视为民主的一种表述模式，但也致力挖掘其思想中的民主要素，并且尤为关注现代民主思想演进中马基雅维利的活性因素；他也不同于剑桥学派那样，将语境还原作为政治思想史书写的基本目标，而着力于刻画马基雅维利以降的民主的思想线索，并且将书写线索从思想史范围跨越到政治史领域，将现代早期与近期的现代嬗变连贯起来论述。

第二个不满足，是对汉语学界西方政治思想史书写的“他者”处境的不满足。汉语学者倾向于认为西方学者是更可靠的历史书写者，因为他们身处局中，体验加认知的力量保证了较高程度的可靠性。这符合人们的一般认知定式：由于经验以及代际传递、书写传统以及知识积累的影响，那些亲历历史的人写下的历史自然是相当可信的。相比之下，受“他者”处境的影响，中国或汉语学界的学者进行的相关书写则缺少刻骨铭心、深入骨髓的直接体验，又相对缺乏相关知识传统的浸润，故其思想史书写总存在一种隔靴搔痒的缺陷。如何在自我与他者之间找到一个平衡点，发现不同于西方学者，但保有启人心智作用的书写视角，可能是汉语学者书写西方政治思想史的基本支撑点。这就需要建立某种中西方学者对话的桥梁。这样的对话，不是蜻蜓点水式的优缺点指陈，而是深度切入西方政治思想史的重大话题，提出不同于西方学者的分析方式与新颖结论。段德敏的书有强烈的对话意图，从书名就表现出与撰写《马基雅维利式民主》的作者麦考米克对话的意图。此外，他在书中不断与西方的政治理论名家和政治思想史名家对话、争辩。他并没有仅仅作为一个外部的欣赏者发表一种钦佩的言语，而是积极介入当代西方学术讨论，论及他自己设定的现代民主的马基雅维利时刻——一种激进的、友好的、平民的政治理念及其现代延续。这就在施特劳斯学派的主观性、任意性与剑桥学派的客观性、还原性之间，若隐若现地辟出了一条以政治理论的基本问题，深入探讨西方政治思想史的进路。

第三个不满足，是对西方政治思想史的书写仅限于特定历史人物与文本解读的不满足。施特劳斯学派也好，剑桥学派也好，萨拜因也好，他们都高度关注西方政治思想史的主要人物及其著作包含的思想观点与时代的互动。但是，他们对现代政体的主流形式与某一个政治思想家的关联，对一个人如何贯穿了整部现代民主的政治思想史，则关注不够。这就让政治思想史中的人物与著作，处于一个似乎是超越时代的思想真空中，或者止于政治思想家与其生活时代的关联，或者干脆将其当作个人体验的工具，或者径自将其置于历史语境之中安顿。因此，在马基雅维利政治思想的研究中，现代民主观念与马基雅维利之间的关系，作为整合性处理的政治思想史论述主题，还需要进一步深究。人们没有理由将后者作为一个过分想象政治思想史的匪夷所思的论题，或者是一个干脆弃之不顾的闲置性问题。段德敏恰好由此确立全书主题，发挥出了一种查漏补缺的效用。

在我的理解中，段德敏指出了现代民主关乎马基雅维利的三个关键时刻，这些时刻显示了现代民主的发展以及活性的马基雅维利思想。这些时刻包括《君主论》中新君主政治规约的呈现、对激进民主的追求、对当代激进民主或左翼民主理念的激发。这三个时刻的串联，让马基雅维利成为西方政治思想史，尤其是现代西方政治思想史上最耀眼的标志性人物。这是西方政治思想史上一个充满活力的进程，是一个不断演化的过程。可以进一步探讨的问题是，对于新君主的政治规约，对于新君主、新共和的追求，是否存在一条不被人重视的西方政治思想史线索？这就促使人们超出特定历史时刻，去探究这些时刻在政治史上何以不断再现。思想史的特质就此浮现。

段德敏通过尝试论及西方政治理论界的左派观点而表达了一条思想史线索。这使他得以鲜明地凸显了马基雅维利的左派面目，而马基雅维利的右派面目则可能因此被忽略。但前一个面目是马基雅维利研究中，长期没有受到应有重视的方面，其价值自不待言。书中论述的关于“自由而伟大的共和国”如何建构的问题，以及美国的“佛罗伦萨化”问题，促使人们审慎对待现代建国难题。对现代民主国家而言，“佛罗伦萨问题”，也就是冲突及其控制的问题，是一个从马基雅维利的佛罗伦萨史投射出来的严峻现实问题。由此，马基雅维利在16世纪的思考便与21世纪的政治现实问题紧密地联系起来。

如果没有这三个不满足，那么汉语政治思想史学者可能只能在西方学者的引导下，以描述性、文本性或历史还原性的方式来书写西方政治思想史。正是因为存在这三个不满足，段德敏才写出了这本书，并做出了值得留意的三个贡献，成为汉语西方政治思想史深度书写尝试的一部有必要予以重视的著作。

其一，段德敏以勃勃雄心参与到了当代西方政治史书写的思想市场竞争之中。这种理论雄心，甚至可以在他书名的封底解释中直接看出。他明确表达了自己的理论野心——要与解读马基雅维利的三大流派即施特劳斯学派、剑桥学派与左派展开对话。他认为马基雅维利的既有解读存在问题。他对平民的重视是否真的只是狡计而已？是否想在平民和贵族之间取得平衡？在马基雅维利生活的意大利，尤其是佛罗伦萨，这既是一个现实问题，也是一个驱动马基雅维利展开政治思考的理论问题。段德敏的回答是，马基雅维利成就的是一种"激进的、友好的与平民化的"政治理论。这就对马基雅维利的政治理论属性做出了具有鲜明个性的定性结论。但段德敏似乎并不打算将共和主义还原为佛罗伦萨共和国的那种追求。他所关心的核心问题是，在现代民主的发展中，马基雅维利的开创性究竟表现在哪里？他认为，马基雅维利并不是要张扬古代共和主义，更不是诉求一种君主制，他执意将新君主的权力与规范加以勾连，寻求以"新君主"面目表现出的、颇具现代性特征的平民立场的政治理论。这就是马基雅维利政治理论民主属性的体现。相应地，他勾勒了佛罗伦萨贵族与平民的冲突问题，认为冲突可以发挥一种积极作用，可以增进政治共识并维护政治共同体或政治实体的稳定，但也需要避免冲突导致政治体解体。这是马基雅维利著作"处处透露出的革命精神”[①]的表现。总之,成就一个“自由而伟大的共和国”是马基雅维利政治思想的焦点。这是他否定贵族、重视平民而必然衍生出的民主性聚焦。

其二,段德敏对马基雅维利思想与现代民主的关联性研究,为西方政治思想史的书写确立了一个新的角度。马基雅维利作为现代政治思想的源头,是众所公认的结论。但两种对立的刻画,使马基雅维利并非以光彩的形象示人。一种可谓极右派及右翼的刻画,他们将马基雅维利视为“邪恶导师”,强调政治脱离道德规范的状态之不可容忍。这样的刻画在政治思想史中很常见,但段德敏没有去强化这样的刻画。他选择一种中间偏左的刻画方式,即以一种理解式的方式,尝试刻画马基雅维利在现代西方左翼政治思想史上的影响。这是本书的一个亮点。在西方政治思想史中,很少有研究者集中关注马基雅维利与左翼思想关联性这条线索。段德敏在书中清晰地梳理了这条线索,揭示了西方左翼思想——从极左到中左——与马基雅维利思想的关联性。西方的左翼政治思想是现代政治思想史中的重要元素。在自身演进史上,它从诉诸暴力的极左主张逐渐转向温和的方向。在马基雅维利与左翼思想的关系上,段德敏通过对葛兰西、凯文·乐福(Kevin Love)以及弗朗西斯克·彼特拉克(Francesco Petrarca)的研究,将这些思想家的贡献融入马基雅维利的思想史谱系,令人感到耳目一新。如果说段德敏将马基雅维利确定为激进的、平民的现代政治理论的话,那么这条线索并不止于马氏,而是沿循其革命精神、新君主、激进民主的理念向下延伸。在我有限的阅读中,西方作者的政治思想史著作,很少从这一条线索论述马基雅维利的历史影响。这贯彻了他立定的著述宗旨,即不将马氏

---

① 段德敏:《现代民主的马基雅维利时刻》,南京大学出版社 2023 年版,第 12 页。

的学说作为知识考古对象，而是作为活生生的、具有现实影响力的思想来加以研究。这是他能够展示现代西方政治思想史面貌的一个基本切入点，“马基雅维利与反马基雅维利构成了现代政治思想的重要坐标系”①。

其三，段德敏尝试了一种将西方政治思想史与西方政治现实贯穿起来的书写方式，从而将政治的观念史与运行史关联了起来。他的写作始于对当代美国政治的讨论，将人们关注马基雅维利的单纯历史情怀引入了颇为感染人的现实政治之中。这可能会让一些读者感到有点脱离主题，但它恰恰由此展现了一种新的写作进路：正因为总是可以拓展延伸人们关切现实政治的目光，所以循一条历史的线索，人们会在现实政治的某些表现上感知到它的历史脉络。作者关注陷入困境的美国民主，经由美国现实而切入马基雅维利思想，进而切入古罗马政治，饶有趣味地探讨了如何避免因斗争引发的负面后果。对运行中的政治来讲，如何在斗争中保持共识，缓解社会分歧，避免政治极化，即在政治共同体的诸力量之间实现“斗而不破”，正是贯通古今的重大政治主题。通过对美国的佛罗伦萨式政治极化的分析，段德敏呈现了对美国现实政治的马基雅维利式关切。如何既保有美国民主的政治特性，又避免政治的极化与裂变，确实是将马基雅维利的关注点与现实政治串联起来的重要依托点。可见，西方政治思想史的深度书写不是发思古之幽情，而是贯穿古今的连续性思考。这有助于消除西方政治思想史读者中的普遍误解，即那不过是记录历史上的政治思想而已。段德敏在书中讨论了美国和俄罗斯等国家，征引了从马基雅维利到罗尔斯的政治思想资源，使读者能够在复杂化的图景中理解政治思想。

① 段德敏：《现代民主的马基雅维利时刻》，第 23 页。

可以进一步探讨的是将西方政治思想史的表层书写转向深度书写的“条件”问题。进行西方政治思想史的表层书写——这当然并不意味着浅薄的书写——可以展现思想史的大致轮廓，展示政治思想蕴含的历史活力。但超越表层书写，走向深层书写，尤其是让中国的西方政治思想史学者足以涉入西方学界的西方政治思想史书写圈子，并发表受人敬重的学术见解，还需要一些必不可少的条件。这些条件自然很多，概括起来讲，至少应该考虑三个关键转向。

第一个转向，要将简单地因循历史时段的政治思想史书写线索，转变为更为复杂的交织性线索，以富有创意的方式描绘西方政治思想的发展过程。所谓复杂，是指不仅要同时涵盖思想史的不同方面，还要能够促成古今转化，引导当下发展，保有独特的问题意识。以民主主义和现代民族主义为例，至少就需要叙述三条相关的关键线索：源流、结构与交错性。这种交错的叙事，不是简单地缕析一条一条的历史线索，而是要展示一个全景的状态。这样的写作尝试，无论是失败还是成功，都具有相当的价值。剑桥学派的语境主义、施特劳斯学派的文本主义、萨拜因的历史主义，都是力求凸显西方政治思想史真实画面的进路，但其复杂交错的程度还不够，还有从不同语境及其重合性、不同文本的互读性、跨越时代的近似互动机制等视角，不断发现新观察、新解释的广阔余地。这既是开辟西方政治思想史书写新天地的动力，也是促使进入这一书写场域的学者展开创新的引力。

受既有的西方政治思想史书写方式的约束，超越的可能性看似不大，但也不是完全没有可能。前述三个学派就因为各存局限，而让后来的书写者保有超越的余地。施特劳斯学派认为，自己对古典文本的理解是仔细的、深刻的、鞭辟入里的，但在某种程度上，他们对古典文本的解释显得牵强，这与他们主观主义的解释进路具有密切关系。古典学出身的著名政治理论家努斯鲍姆(Martha C. Nussbaum)就不认同施特劳斯学派自诩擅长解释古典文本的说法,认为他们在解释现代早期政治理论文本的表现上更为突出。[①] 这就为人们沿用或逆反施派之路提供了别样的可能性。与此类似,剑桥学派致力于还原语境,这一方面确实有利于"避免对文本过度现代化的解读",另一方面也推动人们尊重历史原貌,"将经典文本置于其产生的环境之中"加以阅读和理解。[②] 但是,还原语境反过来必然影响对文本的深耕。在施特劳斯学派与剑桥学派的相互矫正中,人们似乎看到了跳出二者之外的书写政治思想史的可能性。至于显得更为传统的萨拜因式书写范式,仅仅因为在历史的客观述评中存在侧重点的差异,就已经为后来的书写者留下了重新书写的巨大空间。

上述权威性的书写路径定格化了西方政治思想史的一些画面,但也限制了其研究的深度或广度。而后来者以更为复杂甚或更为简洁的书写方式,是可以刷新西方政治思想史写作面貌的。这会促成一种竞争性的写作局面,从而推动表层写作、文本解读、语境还原等写作进路的"较量",不断催生新的写作范式,让西方政治思想史的不同解读日趋丰富地展现在人们面前。每个写作者在这一竞争性的写作进程中都发挥着不可或缺的作用。这意味着不应事先给写作机械地设定框框,而应明确鼓励多元的书写尝试。在西方政治思想史的深度写作中,竞争性的局面至关重要,因为只有这样,才能开创研究新局面。

---

① 努斯鲍姆就明确指出:"在涉及到柏拉图和亚里士多德的问题上,施特劳斯学派中很少有人对希腊文有很好的了解。也有人了解得不错,但通常来讲他们做得不好。有时候我认为他们在对近代思想家的研究中所做的贡献要更好。"参见谭安奎:《古今之间的哲学与政治——Martha C. Nussbaum 访谈录》,《开放时代》2010 年第 11 期。

② 李汉松:《语境中的观念——对话昆廷·斯金纳》,载李汉松:《政治思想史对话录》,中国社会科学出版社 2022 年版,第 3—4 页。

第二个转向，强调转向西方政治思想史的时代性与超时代性的关联思考。这涉及一个双重层面的写作转变问题。就政治思想的时代性而言，语境还原或文本解读都是想将历史上的政治思想家的观点可靠地呈现给人们，它们都受时代性设定或客观性写作的定位约束。相比而言，施特劳斯学派的主观主义因素较浓，其超时代性的可能性要胜于剑桥学派，而剑桥学派的语境主义在时代性特征上便会比施派稍胜一筹。在人类政治生活的本质特征中，既有亘古不变的人性，又有随着生活方式变化而演变的政治。这两种特征在施特劳斯学派与剑桥学派的思想史维度上得到了不同的体现。但这会催生两种令人疑惑的现象：施特劳斯学派可能会因为超时代性或绝对性诉求而遮蔽了时代性或相对性；剑桥学派则会因为语境还原，而将政治思想静止地安顿在论述对象的语境之中，政治思想的超时代性难以体现出来。施特劳斯学派对古今变迁不以为意，而剑桥学派则积极描绘这一变局，这背后反映了两者在处理时代性与超时代性关系时存在的差异。正因如此，两者未能较为令人满意地应对这一问题。

在段德敏设定的主题上，马基雅维利重视的共和之核心是美德、能力和机运的综合结果。故此，他主张疏离贵族，贴近平民。所以，他的共和吁求肯定不会属意古代共和主义。然而，新共和是否从古代共和中汲取了某种灵感，以至于在自由主义规训共和主义后成为现代主流政治思潮的一部分，就需要进行辨析。[1] 段德敏尝试从两个活的角度审视马基雅维利，这便是一种时代性与超时代性的双关性进路：在民主的大时代中，马基雅维利一直活在激进的、平民的民主主义思潮演进中；在政治冲突与和谐的交替中，马基雅维利一直活在现代政治的体制

---

① 任剑涛：《重启共和：现代早期共和主义与民族国家的兴起》，《学习与探索》2021年第4期。

机制变化中。可以说,任何一位重要的政治思想家的思想,都既有时代性的规定,也有超时代性的内涵;只有从关联的角度去审视,才能观察到政治思想的精妙之处。

第三个转向,需要从一种近似特殊主义的书写转向一种普遍主义的书写。由于政治思想史必须沿循政治思想演进的线索来书写历史,因此,思想家的集群归属、历史时段的规定和地理环境的制约,都会体现出或强或弱的特殊主义色彩。不过,书写者可以努力超越这些局限,展现政治思想家的思想中具有的普遍主义内涵,将政治思想提升到人类思想的高度来加以看待,进而揭橥政治思想的重大意义。在空间层面上,既需要承认地域规定性,也要寻求超越地域局限的普遍意义。在时间线索上,需要承认时代及其特质框定了思想家的主题、解释方式与时限既定性,这是历史间断性的体现,但也要致力发现历史的连续性。在空间与时间关联性上,当某一被时空限定了的政治思想在后续时间及空间变易中出现碰撞的时候,前一思想与后起思想自然会发生视界融合(the fusion of horizons)。

以段德敏的这本著作为例,它的审视目光从旧大陆到新大陆,再从新大陆到全世界,在一个逐渐扩展的过程中,展现出一种超越地域的思想史写作意向。因其或隐或现的普遍主义倾向,这一线索的构建或许会受到质疑。但唯有经过这种扩展,才能打破人为划定的“中国”政治思想史与“西方”政治思想史之间的僵化界限,尊重但不受时间和空间维度的限制,既避免政治思想史仅仅成为受时空拘束的僵硬学科,又避免政治思想史书写成为与现实政法事务比附的笑话。这样的书写能够引导人们思考政治生活并规划政治蓝图,引导人们改善政治生活品质。循此线索推进,可以逐渐凸显出一幅“人类”政治思想史的宏大画卷。如此,政治生活便能够被准确地理解为“人”的生活形式,而不是地域性的生活形式；政治思想便能被恰当地安置在“人”的思想位置上，而非民族或国家的思想位置上。

依托这三个转向，汉语西方政治思想史的深度写作便有可能以崭新的面貌脱颖而出。

西方·政治·思想·历史*

任军锋

我这里想把今天讨论的问题切分为四个关键词：西方、政治、思想、历史。这四个关键概念背后还分别对应着另外四个概念：中国、学术、行动、当代。下面我将分别从西方与中国、学术与政治、思想与行动、历史与当代四个对应范畴，结合段德敏的新著，谈谈自己的一些初步看法。

总体来看，西方政治思想史著作，在方法上大致有三种研究和写作进路：观念史进路，以剑桥学派为代表；学说史进路，以施特劳斯学派为代表；文化史进路，代表性的研究者如邓宁、萨拜因、瑞安（Alan James Ryan）等。三种进路的主要差异集中体现在对待经典文本的解释策略和态度上。观念史进路注重经典文本的话语情境、著作家的历史处境，借以理解经典作家的创作意图和思想意涵，强调思想的情境性、特殊性。学说史进路注重经典文本自身的严整性、自足性，强调思想学说本身的连贯性、承载义理的普遍性。与前两种进路相比，文化史进路属于更为传统的研究，且至今不绝如缕。该进路采取社会相对论，注重思想人物著述的政治、社会以及文化环境，经典文本更多地被作为针对重大事件和时代议题的回应和解释。该进路的研究者认定，思想是特定政

---

* 本次发言经整理后，以论文形式发表，参见任军锋：《西方·政治·思想·历史》，《政治思想史》2024年第1期。

治环境的一部分，著作家是政治演进情势的参与者。由于这一进路在基底上与剑桥学派的观念史进路，有着某种程度的交集，因而在很大程度上被后者的研究范式涵括。在晚近的西方政治思想史领域，施特劳斯学派倡导的学说史进路与剑桥学派主张的观念史进路之所以表现出强大的学术感召力，就在于两种进路各自的高度方法论自觉、强烈的问题意识和当代感。两大学派的中坚人物不仅贡献了大量极具挑战性和影响力的学术著作，而且培养了一批极富思想活力的青年学者。

段德敏的新著《现代民主的马基雅维利时刻》在方法上很自然地受到了上述两种研究进路直接或间接的影响。作者聚焦马基雅维利的三大核心文本《君主论》《李维史论》和《佛罗伦萨史》，在阐释文本义理的基础上，试图将相关论题嵌入当代议题的讨论，诸如君主与人民、共和与党争、民主与代表等。不过这些议题的现实感仅到美国那里为止，由于各种原因未能延伸至更为鲜活生动的中国经验，稍显遗憾。

中国人研究西方，恰如西方人研究中国，很自然地会采取不同程度的比较方法。百年以降，无论是作为政制的“西方”，还是作为文化的“西方”，已然成为现代中国人文明经验的有机组成部分。为此，我们研究西方，必然是作为认识中国的重要组成部分。无论你是认可中西差异论立场，还是采取中西差距论立场，都是中西比较视野及其思想框架塑造的结果。

借助中西比较视野，我们会发现政治与学术的关系结构在中国和西方表现出的本质性差异。在西方的大传统中，从柏拉图以降，哲人与城邦、真理与意见、静观的生活与行动的生活开始分道扬镳。中经奥古斯丁，上帝之城与恺撒之城、灵魂与帝国更是彼此对峙，终成两立之势。晚近则集中体现在韦伯的两个著名演讲，即关于学术与政治之间的分际边界，以及各自使命的深入讨论。学术与政治在西方的这一特定关系结构，决定了西方学术大传统中存在两种小传统的显著分野：第一种是以柏拉图—奥古斯丁为代表的“哲学”思想传统，该传统以探索本原性“真理”为职志，强调从真正超越性的视角俯瞰和审视现实政治；第二种则是以修昔底德—马基雅维利—霍布斯为代表的“政治”理论传统，主张从政治本身审视政治，理论服务公共事务，智识服务实践，思想助推行动，该传统与中国以传统儒家为代表的政治理论路径有着高度的亲缘性。

传统儒家以“学而优则仕”作为其基本的精神取向，从政求禄历来被儒家士大夫奉为其生命意义的最高旨趣。“居庙堂之高则忧其民，处江湖之远则忧其君”，中国士人于进退之间，无不有着深深的政治牵挂，进则忠君报国，退则修己补过。不可否认，传统儒家念兹在兹的还有超越性的“性与天道”，这一强调与西方柏拉图—奥古斯丁一脉的“哲学”思想传统有着某种程度的默契，但毕竟未如思想与行动、学术与政治在西方那样形成结构上的分庭抗礼之势。传统儒家的上述精神取向，在当代表现为学术服务政治、立功优先立言等，这既是政治家的殷切期待，也是学者的自我期许。近年来，中国大学里不断兴起的旨在服务国家政策和发展战略的形形色色的智库，就是学术与政治、思想与行动在中国大传统中的关系格局的集中体现。所以，从精神基底来看，中国学人对修昔底德—马基雅维利—霍布斯一系的“政治”理论传统产生强烈的思想共鸣，是再自然不过的事情。近些年来，这三位西方思想家受到中国学术界越来越多的关注，其深层根源也端赖于此。段德敏的这部新著也可以放在上述学术和思想语境中阅读。

政治思想史即便落脚于“历史”，却也不能仅仅局限于历史本身。对于过往思想人物及其已经典化的思想文本，我们需要慎重对待，仔细阅读。这就涉及“经典与解释”这一前设性问题。一般来说，经典的内涵大致有三层：文本义、历史义、当代义。文本义包括经典作家的著作意图、概念内涵、论证结构等，这需要研究者沉浸其中，做出有说服力的解释；历史义包括著作家与前后左右思想人物的彼此观照、互鉴互文；当代义则要求研究者将经典文本的议题、方法或思考角度放大，与当代（中国）议题有效衔接，在激活经典文本的同时，获得审视当下的思想坐标。施特劳斯及其弟子们的著述之所以能够在中国知识界产生如此广泛而深远的影响，恰恰就在于其开启的“古今之争”“春秋笔法”。这在传统儒家那里可谓根深蒂固，对于我们思考当代中国的现实处境和精神状况均不失其真切性。

这些年来我越发觉得，在当代中国文明经验的语境下，阅读诸如修昔底德、托克维尔这样的西方思想大家的著作，其思想意义会得到空前丰富和放大，其现实相关性甚至超过在当代西方语境中的相关阅读。霍布斯—洛克—卢梭完全可以作为现代“中国的”政治理论家，其回应的系统性和适切性，甚至在很大程度上超越诸如康有为、梁启超、梁漱溟这样的中国思想家。历史与当代互文互鉴，诊断当代问题的精神机理，这方面的最高典范当推施特劳斯的《自然权利与历史》和沃格林的《新政治科学》。

最后，回到今天讨论的主题“如何重写西方政治思想史”。可以说，段德敏的新著正是在相关方面积极且有益的尝试。中国学人需要在充分消化吸收过去数十年西方同行学术成果的基础上，展开富有建设意义的学术对话，进而做出自己力所能及的学术贡献。学术本身只论优劣，无论中西。我们有理由期待，在不久的将来，中文学界专攻西方政治思想史的学者能够贡献出更多佳作。我自己也正在做努力和尝试，相关成果预计将在明年与读者见面。届时，我希望有机会结合自己的著作，就相关议题和各位同仁进行深入探讨。

作者谈*

段德敏

本次活动有一个更大的主题，即“如何重写西方政治思想史”。我的书主要是提供一个反面教材，供大家批评。各位的真知灼见一定会惠及学林，促进这个领域的发展。我尚不清楚该如何重写西方政治思想史，但我有感兴趣的题目，也有适合自己的研究计划，仅此而已。我尚无资格告诉别人该如何撰写西方政治思想史。

李强对我的书进行了很好的总结，总体来说确实是讲了三个故事：关于马基雅维利的故事、关于马基雅维利的现代影响的故事、关于能从中抽象出的政治理论的故事。我做马基雅维利研究是“半路出家”，因为我原来的研究对象是托克维尔。正如我在书中序言中所言，我发现托克维尔和马基雅维利正好构成了二元对立：在法国大革命之后写作的托克维尔，特别担心身份平等所带来的社会纽带断裂以及社会的原子化，他希望现代人能在新的条件下以某种方式重建社会关系；而马基雅维利则以一种近乎愤世嫉俗的方式，审视现代人的一切社会关系，他提醒人们要时刻对它们保持警惕，在有可能的情况下就要去冲击它们、打破它们，否则它们就会变得具有压迫性。因此，我特别关注马基雅维利对冲突和抗争的阐释，特别是在一个共和国——如他所详细讨论的

* 本次发言经整理后，以论文形式发表，参见段德敏：《在思想史的文本中思考我们的现在和未来》，《政治思想史》2024 年第 1 期。

罗马共和国——之中，它们会起到更新、改善法律规则的作用，使共和国永葆活力健康而不至于衰败堕落。这种冲突是对现有法律规则的突破——突破才有更新。但同时，它又是有条件的。正如马基雅维利在晚年的《佛罗伦萨史》中详细讨论的，冲突不能是一种单纯派系性的、你死我活的流血斗争，而正是后者使当时的佛罗伦萨“变得越来越孱弱，越来越卑鄙无耻”。

那么，究竟应该如何理解马基雅维利在此处言及的冲突？我对这个问题非常着迷。我觉得它是理解马基雅维利的思想史贡献的一个重要的，但并没有被足够重视和探讨的问题，对它的解答也会深刻影响现代社会的政治理论发展。我在书中举的例子是美国。当代美国的政治极化，其实很接近马基雅维利笔下的佛罗伦萨共和国的内斗。斗争的两派看上去是在对话，但其实并没有真正的对话，主要内容是权力斗争：你认为是对的，那么我必须认为是错的，反之亦然。很多人认为这是一个美国国内的新现象，其实不然。可以说，美国从建国初始就充满着内部矛盾和冲突，这是其构成性的特征。当代的所谓政治极化问题，只是它在特定社会境况下的表象。以小见大，马基雅维利提出的问题，其实具有极强的当代相关性。但要理解这种当代相关性，我们首先恰恰需要回到思想史、回到文本中，正如刘训练和谢惠媛所共同强调的那样。所以，我尤其强调马基雅维利在冲突问题上的立场，如何与亚里士多德以来的传统政治理论相矛盾，尽管其中也有一种潜在的继承关系——例如，马基雅维利在《李维史论》开篇对混合政体理论的承认等。我同时也关注了马基雅维利和其同时代知识分子的关系，尤其是他和圭恰尔迪尼之间的相似点以及争论。事实上，在文艺复兴时期的所谓“共和派”知识分子圈子中，马基雅维利也是特立独行的。当然，这一讨论也会延伸到其他问题：比如，马基雅维利的《君主论》涉及他的君主论如何与传统的君主论相区别，并且又如何引申出了现代国家和革命的概念等。

我始终认为，做政治思想史研究的最终指向是现在和未来。我在书中也写了不少马基雅维利影响现代思想家和思想辩论的例子。比如，当代左翼思潮和后马克思主义的一些知识分子批评罗尔斯、哈贝马斯（Jürgen Habermas）等人有关理性共识的理论，认为很多社会底层和边缘群体实际上无法参与理性共识的形成过程；这些弱势群体无法自我表达，无法融入其中，而主流的所谓“理性”概念有时甚至对他们不利；并且，他们所能表达出来的异议还经常被视为有悖于理性与和平。因此，这些左翼知识分子试图突破作为主流的自由主义理论。在该过程中，马基雅维利的学说就成了他们所能援引的思想资源，因为后者恰恰赋予了这些看似非理性、不那么和平的表达以理论上的尊严。还有更早期的左翼思想家（如葛兰西）更是在革命和领导权理论方面深受马基雅维利的影响。我在书中写这些，并不是说要从现代知识分子回溯去解释马基雅维利，而是说马基雅维利可能会对不同的人产生完全不一样的影响。这些影响虽然可能有别于我们的一般预期，但同样值得参考。换言之，这些思想敏锐的现代学者其实也是很好的读者。从他们独特的阅读理解中，我们能学到很多东西。我认为这种参考和对马基雅维利本人思想的解读、对他和前现代思想传统的比较等，不仅不矛盾，而且是相辅相成的。

我受益于左翼学者对剑桥学派的马基雅维利解读的批评，但我其实并不完全同意他们的批评。特别是，我认为马基雅维利想通过政治写作来“教育”的对象，虽然在相当大程度上包括底层民众，但其实并不限于他们，因为他想要教育的是全体民众。在试图教育底层民众方面，马基雅维利确实与古典传统断然相别，但他又没有真的变成很多左翼学者描绘的“左翼马基雅维利”。同时，这一解读显然与施特劳斯的视角也极为不同。施特劳斯及其弟子们有他们自己的问题意识——比如批评美国的多元文化主义以及由此带来的虚无主义危险等，但他们的问题不一定是我的问题。从我的视角来看，施特劳斯学派的解读，往往因为他们自己的需要而掩盖了现代人可以从马基雅维利那里参考和借鉴的地方。然而，这也并不是说施特劳斯学派的解读就是错的，或者一无是处。恰恰相反，我们可以从中学到很多。因此，我试图将自己置于现代主流的马基雅维利解读图谱中，寻找在我看来是对其文本的恰当理解。这么做的目的，仍然是指向当代，即如本书题目所示——“现代民主的马基雅维利时刻”。现代民主事关民众的参与，参与的内容主要是对话和说理，但对那些无法说理，不能正常表达，只能以异常的方式冲击、突围的人怎么办？完全排斥或一味迎合好像都有问题。简言之，这就是“现代民主的马基雅维利时刻”。

所以，我们处于思想史的文本解读和当代关怀之间，两者互相支持，不可偏废。这里确实涉及如何书写政治思想史的问题。谢惠媛所说的要“像作者一样理解作者”确实是其中的一种写法，我相信这样的工作也非常值得我们学习，但我这本书不是这样写的，而且我感觉这种写法可能也不适合我。我觉得写法多元化是好事，多元化才能促进对话，增进学术繁荣。对我而言，“像作者一样理解作者”的前提是，政治思想的文本有某种确定的本质，解读者的任务是尽可能地接近这个本质，解读工作的好坏取决于解读与该本质的距离。我担心的是，当作者写了一本书后，他自己是否能完全把握这本书的本质？如果他自己都不能完全把握，那我们怎么能“像作者一样理解作者”？很多时候，一个作品创作出来后，它就和它的作者相对地分离开来，而成了某种理论或范式的表达。我们去解释它，其实也就是和这种理论或范式对话，解释者通过这个对话表达自己的一些观点。我们尊重原始文本的作者，但也不宜膜拜他。我们有自己的观点和立场，其实也无须避讳。这既是对原始文本理论创新的致敬，也是表达一种谦虚的态度：我的解释只是多种可能性中的一种，拥有不同出发点和问题意识的人很可能有完全不同的解读，我们之间有很多可以互学互鉴的地方。所以，对我而言，政治思想史研究不是一个朝向“作者本意”的锦标赛式的竞争，而是问题意识之下的回溯、文本解读、理论对话和政治社会问题反思。

换言之，对政治思想文本的解读，或许并不需要刻意地将“我”作为解读主体摘除出去，将一切都变成“本意”的展示，没有“我”的痕迹。坦然接受“我”的主观性、地方性要素，反而更能体现原始文本如源头活水一般，直到今天仍然可以刺激我们的思考，尽管我们和原始作者在时空上相隔甚远。就此而言，我可能更认同任剑涛的评论，即我们在做西方政治思想史研究的过程中如果一味关注文本本身，有时反而会割裂它们与我们的地方性经验的关系，并大大降低文本的重要性。所以，我也更同意任军锋的看法：我们非西方学者可以将自身的经验和视角，融入对西方政治思想的理解……勇敢地超越现有的限制，大胆提出新的观点和解释。我想补充的一点是，并非仅仅是非西方学者在面对西方文本时可以这样做。其实，西方学者在研究思想史文本时早就这样做了：正如前文所述，当代左翼学者在批评自由主义时提出的新观点在相当程度上受到了马基雅维利等往昔思想家的启示。他们对马基雅维利的解读，可能并不一定全面或准确，但谁的解释又能真正全面而准确呢？他们的目的不是展示文本本质，而是希望能在当代沉闷的学术氛围中打开一些空间，增加一些批判和对话的可能。

所以，我也很同意任军锋的观点：思想史写作需要在主观性和客观性之间寻求平衡，而不应轻易将二者对立起来。找到适当的平衡是关键，这也是一个问题轴的探索过程。在思考问题时，我们既需要保留自己的主观观点和体验，又需要考虑客观的事实和历史背景。这种平衡可以帮助我们更深入地理解问题的复杂性。这种方法非常有益于西方政治思想史的研究。它让我们可以在中西古今交融的状态下，探究文明经验和政治体制等方面的联系与分歧。同时，我们必须认真对待当代，尤其是中国面临的问题，并深入进行回应和解答。作为世界的一部分，我们需要以这些问题为线索，开展有针对性的研究，以更好地理解自己的处境及其影响。

我想再次强调，这并不是说我们不需要精读和考证文本。相反，我们需要做大量这样的工作。但对我来说，这种工作的目的还是刺激我在当代的思考，帮助我们更好地理解和应对现在和未来的重要问题。当然，可能也会有人问，我们在当代为什么要回溯这些政治思想文本？我认为，这恰恰是政治思想史研究的巨大优势之所在，因为当代可资借鉴的思想资源往往并不多，或者至少没有我们想象得那样多。而且，我们在思考当代的问题时，经常受到时下流行观念的影响，受到多数意见的限制。而回溯思想史文本能够帮助我们突破那些流行观念的限制，去寻找更多元、更深入的思考。正如约翰·斯图亚特·密尔所言："最具原创性的思考者是那些对前辈们的思考了解得最透彻的人。"①

① John Stuart Mill, *The Collective Works of John Stuart Mill*, Vol. XXI, Toronto: University of Toront Press, 1984, p. 315.

第五章
全球本土化的概念史

时　　间： 2023 年 9 月 9 日

地　　点： 线　上

主 持 人： 李里峰（南京大学教授）

与谈嘉宾： 黄兴涛（中国人民大学教授）

方维规（北京师范大学教授）

张宝明（河南大学教授）

李恭忠（南京大学教授）

阅读文本： 孙　江，《人种：西方人种概念的建构、传布与解构》，江苏人民出版社 2023 年版

与谈作者： 孙　江（南京大学教授）

主持人语*

李里峰

本次活动主题为“全球本土化的概念史”，并选择孙江的新著《人种：西方人种概念的建构、传布与解构》（以下简称《人种》）作为研讨书目。之所以将“全球本土化”定为关键词，是因为这是孙江领衔的南京大学学衡研究院多年来从事概念史研究的基本旨趣。之所以以《人种》一书为研讨对象，是因为该书是刚刚问世的概念史丛书“学衡尔雅文库”的首批七本著作之一，不论在学术视野、研究方法还是写作风格上都呈现鲜明特色，既彰显了“全球本土化”的学术内涵，也为创新中国概念史研究提供了有益启示。

一、全球视野与本土实践

概念史研究大约从 21 世纪初传入中国学界，经过多年探索和实践，已取得令人瞩目的成绩，颇有成为“显学”之势。

近 20 年来，中国概念史研究者做了大量卓有成效的工作。一是对西方尤其是德国概念史的译介，例如，方维规、孙江、陈建守等人撰文介绍以科塞勒克为代表的德国概念史研究，并提出开展中国概念史研究的设想；李宏图组织翻译了《政治和社会概念史研究》《比较视野中的概

* 本次发言经整理后，以论文形式发表，参见李里峰：《全球本土化的概念史研究》，《上海师范大学学报（哲学社会科学版）》2024 年第 2 期。

念史》等理论著作;英美概念史的代表作《政治创新与概念变革》(剑桥大学出版社"语境中的观念"丛书之一)和一些重要的概念史文集(如狭间直树和石川祯浩主编的《近代翻译概念的发生与传播》)也被译为中文出版。二是概念史理论和方法的探索,例如,金观涛、刘青峰尝试用数据库方法研究中国现代重要政治术语的形成;黄兴涛主张将新名词研究与思想文化史研究相结合;张凤阳将德国概念史视为现代性研究的"语言方案";孙江倡导"概念史研究的中国转向",并提出新的"四化"标准;郑文惠主张在中国/东亚/全球的范围内开展比较概念史研究。三是对中国近代基本概念的实证研究,先后出版了冯天瑜的《"封建"考论》、金观涛和刘青峰的《观念史研究:中国现代重要政治术语的形成》、黄兴涛的《重塑中华:近代中国"中华民族"观念研究》、方维规的《概念的历史分量:近代中国思想的概念史研究》等重要著作,发表了大量有价值的学术论文。[①] 特别是金观涛、郑文惠于 2011 年创办的《东亚观念史集刊》(已出 20 期)和孙江于 2013 年创办的《亚洲概念史研究》(已出 11 卷)已成为中文概念史研究的重要阵地,并产生了很大的影响。

在这些学术尝试中,探索一条契合中国情境、彰显中国特色的概念史研究路径,始终是学者们的关切所在。近年来,"全球本土化"(glocalization)逐渐成为诸多概念史研究者的共识。这个由"全球化"(globalization)和"本土化"(localization)合成的词大致出现于 20 世纪 80 年代至 90 年代,起初是一个关于商品生产和营销的概念,强调将全球化的产业链和市场网络与本土化的独特需求和文化品位相结合。后来,这一概念延伸到文学批评和文化研究领域,指称一种强势文化渗透

① 限于篇幅,上述论著的详细信息兹不具列。中文学界的概念史研究概况,可参见李里峰:《概念史研究在中国:回顾与展望》,《福建论坛(人文社会科学版)》2012 年第 5 期;《中国政治概念史研究的新探索》,《当代中国史研究》2024 年第 1 期。

与弱势文化抵抗并存、具有后殖民主义和后现代主义色彩的“混杂的”(hybridized)理论话语。[①] 如今,“全球本土化”已成为人文社会科学研究中广为使用的概念,对其确切意涵虽有各种不同的看法,但由词汇结构直观呈现出来的全球化与本土化之间的辩证关系赋予这个合成词强大的生命力。

以“全球本土化”作为中国概念史研究的基本取向,意味着研究者既要具备全球化的视野、跨文化的自觉、跨语言的能力,又要有本土化的问题意识、理论关怀和学术实践。前述两种概念史集刊都体现了将中国/东亚与世界/全球有机连接起来的自觉意识:《东亚观念史集刊》旨在“呈现东亚概念与世界复杂而动态的互动轨迹与交流状态,立体而宏观地勾勒出东亚观念变迁的历史图像”[②];《亚洲概念史研究》旨在“梳理中国现代知识体系的生成与流变,继而在东亚范围内进行比较研究”[③],并在全球史视野下与欧美学界进行理论对话。

在德国概念史刚刚兴起的20世纪50年代至60年代,还没有“全球本土化”的说法。但是,在通过概念变迁揭示德国或欧洲现代社会如何形成的方面,以及在跨文化、跨语言的意义上,可以说,概念史从一开始就把欧洲视野、全球视野与德国现代性的本土关切紧密结合在一起。梅尔文·里克特(Melvin Richter)指出,德国概念史的扛鼎之作《历史的基本概念》虽然表面上看来仅限于德语国家,但书中对许多重要术语早期意涵的追索往往是在拉丁语、希腊语、法语和英语文本的翻译中实现的。所以,该书比考察古典时期和现代欧洲语言中政治概念的其他

---

① 王宁:《“全球本土化”语境下的后现代、后殖民与新儒学重建》,《南京大学学报(哲学·人文科学·社会科学版)》2008年第1期。

② 郑文惠:《发刊词》,《东亚观念史集刊》2011年第1期。

③ 编委会:《开卷语》,载孙江编:《亚洲概念史研究》第1卷,生活·读书·新知三联书店2013年版。

著作更为出色。[①] 从一些代表性词条，例如由 Volk（人民）、Nation（民族）、Nationalismus（民族主义）和 Masse（大众）四个概念组成、篇幅近 300 页的一个词条中[②]，更能感受到该书的编撰者们是如何在从传统到现代、从文本到语境、从德语世界到西方世界的时空背景中自由穿梭的。

孙江很早就提倡“全球本土化”的概念史研究，并将其写入南京大学学衡研究院的学术宗旨。[③] 不过就我所见，他似乎并未对“全球本土化”做过详细阐发，只是强调了全球化与本土化之间的张力关系，主张“从全球范围思考，进行地方性实践”[④]。《人种》一书，在很大程度上弥补了这一缺憾。该书楔子从《中国季刊》（*China Quarterly*）对当代中国一起冲突事件的有意曲解入手，对冯客（Frank Dikötter）等西方学者在方法论上的本质主义和目的论进行批判，进而指出：“人种概念涉及中国人如何接受西学的问题，要厘清该概念在中国的再生产，有必要进行跨语言和跨文化的比较研究。”[⑤]“中国”“西学”“再生产”“跨语言”“跨文化”“比较”，这些关键词为全书奠定了“全球本土化”研究路径的基调。结语部分再次呼应，指出人种知识在东亚的再生产既是一部“全球史”，又凸显了“区域性”特征。[⑥]

---

① 梅尔文·里克特：《政治和社会概念史研究》，张智译，华东师范大学出版社 2010 年版，第 72—73 页。

② Otto Brunner, Werner Conze, Reinhart Koselleck, *Geschichtliche Grundbegriffe: Historisches Lexikon zur politisch-sozialen Sprache in Deutschland, Band 7*, Stuttgart: Klett-Cotta, 1992, pp. 141-433.

③ 学衡研究院网页“组织缘起”云：“梳理知识之谱系，前瞻学术之大势，预流国际前沿，树立本土风范。谓其主旨曰：‘全球本土化’。”参见南京大学学衡研究院官方网址 https://xueheng.nju.edu.cn/jggk/zzyq/index.html。

④ 孙江：《概念史研究的中国转向》，《学术月刊》2018 年第 10 期。

⑤ 孙江：《人种：西方人种概念的建构、传布与解构》，江苏人民出版社 2023 年版，第 2—6 页。

⑥ 孙江：《人种：西方人种概念的建构、传布与解构》，第 181 页。

二、概念与知识的跨文化旅行

概念史研究来自德国、来自西方，但近代中国的概念变迁和社会转型，是在与西方不同的时代背景下完成的。姑且不论“后发次生型”现代化国家在经济、政治、思想、文化、社会诸领域的尴尬处境，仅就概念本身而论，中国现代政治与社会的基本概念大多由西方或日本翻译而来，作为其载体的字词是旧有的，作为其内核的意涵大多是外来的。陈力卫指出，西方概念传入中国有西方和日本两条途径，前者主要是由传教士译介西学知识及概念，后者则经历了在中日之间往复的过程：先是中文的西学新书传入日本，推动日本近代新词的形成；“甲午”以后，这些日本新词又回流到中国，成为中国现代词语的重要来源。[①] 因此，中国概念史研究首先要关注词语/概念/知识在不同文化、不同语言之间的翻译和传播，即所谓跨文化旅行的问题。

和一般的概念史论著不同，《人种》一书的重点不在于“人种”概念本身，而是聚焦这一概念所承载的人种知识，以及围绕概念和知识所展开的政治实践。该书作者曾经提出，中国的概念史研究应该包含词语的历史、词语被赋予政治和社会内涵而成为概念的历史、概念在文本中的不同呈现、文本得以生产的社会政治语境等不同层次的内容。换言之，概念史狭义上是关于词语和概念的研究，广义上则是关于知识形态的研究。[②] 这一主张在《人种》中得到了充分体现。大致来说，该书前五章（“基准”“谱系”“东渐”“差序”“竞争”）着重梳理“人种”概念和人种知识的形成、传播及其在日本和中国的差异与变化，后三章（“黄恐”“主

---

① 陈力卫：《东往东来：近代中日之间的语词概念》，社会科学文献出版社2019年版，第10—14、302—303页。

② 孙江：《近代知识亟需“考古”——我为什么提倡概念史研究》，《中华读书报》2008年9月3日。

义""汤姆")主要探讨西方、亚洲、拉丁美洲就人种和肤色问题所展开的实践与斗争。

从某种意义上说,"人种"是西方现代概念体系和知识体系的一个异数,因为在人文科学产生、"人"得以"发明"的 18 世纪末 19 世纪初,"启蒙思想家一面倡导人与生俱来的平等,一面对人进行差异化叙述,这反衬出启蒙思想的两张面孔"[①]。德国人类学家布鲁门巴赫(Johann Friderich Blumenbach)创立的"人分五种说"不仅被裹上"科学"的外衣,还被赋予"文明"与"野蛮"二分的色彩,从而预设了人种高下的等差和文明的优劣。[②] 19 世纪,裹着"科学"外衣的西方人种知识陆续传播到中国和日本。孙江从人种志、地理学、格致学三个脉络勾勒了这一"东渐"过程。值得注意的是,译介到中国和日本的人种知识并非直接出自布鲁门巴赫等人的著述,而是几乎都来自欧美的通俗读物,如中小学地理教科书、百科知识等。[③]

在人种知识的跨文化旅行中,日本和中国不仅在时间上有先后之别,而且在内容和特征上呈现出鲜明的"差序"格局。在日本,人种知识在明治维新后即开始广泛传播,由文部省组织翻译的钱伯斯的《人种志》(*Chambers's Information for the People*)成为所有教科书人种叙述的底本。福泽谕吉于 1869 年出版的小册子《世界国尽》和内田正雄于 1870 年编译的《舆地志略》代表了两种不同的人种书写模式,前者形成了以文明开化程度区分人种高下的教科书主流叙述方式,后者则并未对不同人种进行文明与野蛮的区分。[④] 伴随着进化论的传入,明治日本的人种论述一方面从"蒙昧"转入"文明",另一方面又衍生出以高

① 孙江:《人种:西方人种概念的建构、传布与解构》,第 16—17 页。
② 孙江:《人种:西方人种概念的建构、传布与解构》,第 20—24 页。
③ 孙江:《人种:西方人种概念的建构、传布与解构》,第 35 页。
④ 孙江:《人种:西方人种概念的建构、传布与解构》,第 56—68 页。

桥义雄、加藤弘之为代表的“人种改良论”或优生论。①

而在中国，直到19世纪90年代初，作为西学的人种知识虽已传入，相关内容却几乎不为晚清知识人所知，一般人对“人种”的认知仍停留在朴素的华夷、华洋之辨上。② 1895年中日甲午战争后，人种问题才引起严复、梁启超、唐才常等人的关注。经过戊戌变法和庚子事变，在19世纪和20世纪之交的中国，人种叙述总是和满汉问题，进而和政体问题关联在一起。改良派主张满汉一体，保留满人君主；革命派主张满汉异体，推翻满人政权。人种由此成为一种“差异化的政治装置”③。清末地理教科书大多由日文改编而来，其人种叙述体现出不同的特征。不同于日本教科书突出人种差异，中国教科书偏重“种族竞争”，在人种排序上一般是先黄后白，很少推崇白种而时常歌颂黄种。④ 民国初年的教科书延续了这一逻辑，在不同人种的序列中，白种为优胜劣汰的正面教材，红黑棕为反面教材，黄种唯有发愤图强方能免于被淘汰的命运。⑤ 人种知识“东渐”中的一个插曲——20世纪初出现并引发热议的中国人种“西来说”，生动地揭示了将中国人种置于文明史叙事时所遭遇的困境：一方面，中国人种和文化具有跨越时间不变特质的“本真性”；另一方面，西亚起源说赋予中国以进化和征服能力的“外来性”。二者间的龃龉难以化解。⑥

至此，《人种》大致完成了副标题所示的前两项内容，即西方人种概念的“建构”与“传布”。关于人种概念之“解构”，作者则采用了不同的

① 孙江：《人种：西方人种概念的建构、传布与解构》，第72—76页。
② 孙江：《人种：西方人种概念的建构、传布与解构》，第52页。
③ 孙江：《人种：西方人种概念的建构、传布与解构》，第82—84页。
④ 孙江：《人种：西方人种概念的建构、传布与解构》，第86页。
⑤ 孙江：《人种：西方人种概念的建构、传布与解构》，第92—93页。
⑥ 孙江：《人种：西方人种概念的建构、传布与解构》，第103—104页。

处理方式。

三、“反概念”的概念史

《人种》一书后记中的一段话给人留下了深刻印象：“作为很早提倡研究概念史（Begriffsgeschichte）的学人，在本书的写作过程中，我有意避开目下业已固化的研究取向，不纠缠词语学上的含义，不提与概念史有关的术语和著述。我试图从人种概念的生产、流通、再生产及其政治化等呈现其由‘空即是色’到‘色即是空’的过程，探寻契合中国情境的概念书写。”[①]此言不虚。

除了该书第一章将马礼逊（Robert Morrison）、罗存德（Wilhelm Lobscheid）等人编纂的近代双语词典以及1936年、1961年、1989年版《辞海》中对“人种”的释义作为论述起点，全书没有对“人种”（race）一词过多着墨，而始终围绕人种知识的结构、传播、差异和斗争展开论述。除了个别地方简要提及作者的研究旨趣，全书基本没有阐述概念史研究的理论与方法，而是将其有机融入对“人种”跨域旅行的钩深索隐之中。如黄兴涛所说，这本书在写法上的最大特点和优点是坚决不掉书袋，坚决不写成词汇史和翻译史。

如果不把概念史写成词汇史和翻译史，那它应该写成什么呢？《人种》一书给出的答案或许是：关于特定概念的知识史和实践史。书中主体部分关于西方人种知识“东渐”之旅的条分缕析，可以看作一种知识史取向的概念史；最后三章关于“黄祸论”、亚细亚主义和“汤姆故事”的精彩论述，则诠释了以概念使用和政治实践为中心的概念史。

孙江指出，“18世纪欧洲人建构的基于可视的外在差异而来的人

① 孙江：《人种：西方人种概念的建构、传布与解构》，第186页。

种知识，在资本主义世界体系形成过程中不断被自他再生产”[①]。大致上，《人种》后三章分别探讨了以白种人、黄种人、黑种人为中心的不同政治实践。其中，“黄恐”一章堪称西方人对人种知识的自我再生产，“主义”和“汤姆”两章则是亚非拉人民对人种知识的他者再生产。由此，论述主题从“建构”和“传布”转向了“解构”。

“黄恐”一章从1895年德意志皇帝威廉二世(Wilhelm II)授意绘制的“黄祸图”入手，梳理“黄祸”话语的由来，继而以涉及中国的事项为中心，解析“黄祸论”的内在矛盾，并概述中国知识界对此谬论的批判。从德皇威廉到英人戴奥西(Arthur Diósy)、俄人巴枯宁(Mikhail Bakunin)、日人冈仓天心及中国的诸多评论者的言辞均表明，西方以宗教之战和文明之战的名义炮制出的“黄祸论”乃帝国主义的“自画像”，[②]既反映了资本主义生产的内在矛盾，也是帝国主义的政治修辞，所谓“黄祸”的根源和本质恰恰是“白祸”。[③]

面对来自欧美的“黄祸论”，被视为“黄种”的日本在接受差异化的人种知识并进行再差异化的同时，逐渐产生了一种与之对抗的理论——亚洲主义(Asianism)。和民族主义(nationalism)不同，亚洲主义是以日本与亚洲其他国家的“连带”为特征，将地域(亚洲)、文明、种族结合起来的超域民族主义(trans-nationalism)。[④] 针对日本言论界的“脱亚论”和“兴亚论”，孙中山的亚洲主义话语蕴含着近代国家(民族主义)与超国家(中日联合对付西方列强)之间的紧张关系。[⑤] 李大钊

---

① 孙江：《人种：西方人种概念的建构、传布与解构》，第106页。
② 孙江：《人种：西方人种概念的建构、传布与解构》，第113页。
③ 孙江：《人种：西方人种概念的建构、传布与解构》，第132页。
④ 孙江：《人种：西方人种概念的建构、传布与解构》，第142页。
⑤ 孙江：《人种：西方人种概念的建构、传布与解构》，第143—145页。

则主张以“新亚细亚主义”批判和取代日本的大亚细亚主义。[①]

最后，从“白色”“黄色”转向“黑色”，“汤姆”一章描述了美国小说《汤姆叔叔的小屋》的中国之旅。这部小说于20世纪初由林纾以《黑奴吁天录》为题翻译出版。尤其是被春柳社改编为同名话剧后，汤姆叔叔的悲惨命运唤起了中国知识界的共情，“哀汤姆”与“哀黄种”发生共振，进而指向“唤醒国民”。[②] 20世纪50年代末至60年代初，高龄黑人斗士杜波依斯（W. E. B. Du Buis）访华，这一事件催生了话剧《黑奴恨》的改编和上演，为人种知识的全球旅行增添了亚非拉民族解放的新篇章。

综上，《人种》为读者讲述了一个复杂而曲折的故事：欧洲人以科学之名建构了一套基于肤色差异、呈现等级秩序的人种知识，它伴随着资本主义的全球扩张而四处传布，并不断地被自我和他者再生产。然而，这种以“白色”为主体的等差秩序，最终却在“黄色”的平等化诉求和“黑色”的政治抗争下被消解了。其象征就是《辞海》“人种”释义的变化：1961年版将肤色差异转换为亚非与欧美的不同，从而将人种概念转化为地缘政治概念；1989年版强调“全世界各人种在生物学上同属一个物种，并具有共同的祖先”，从而彻底解构了人种概念和人种决定论——作者称之为“反概念”。[③] 借用这一说法，似乎也可以把《人种》一书的写作风格称作“反概念”的概念史。

概念史研究者常用中国传统范畴中的“名与实”或福柯的一部经典著作的标题“词与物”，来表达语言世界、概念世界与现实世界之间的复杂关系。我曾提出，名实之间存在双重的张力，循名责实或为实正名都难以真正做到，而将其理解为词（词语）—义（概念）—物（事物）的二元

① 孙江：《人种：西方人种概念的建构、传布与解构》，第148—149页。
② 孙江：《人种：西方人种概念的建构、传布与解构》，第166—167页。
③ 孙江：《人种：西方人种概念的建构、传布与解构》，第10—13页。

结构或许更为贴切。[①]《人种》一书则为我们展现了概念史书写的另一种可能性：从局限于词与物的概念史，走向包含人与事的概念史。或者说，一种将全球视野与本土关怀有机结合，将词语、概念、知识、实践、人物、事件熔于一炉的概念史，打破了将概念史视为繁琐语言考证的刻板印象，使斯金纳关于"处于论战之中的概念使用的历史"[②]或者科塞勒克关于"概念史"与"社会史"相结合[③]的设想成为可能。就我所见，这种尝试在中文概念史领域尚属罕见，其理论价值和方法意义值得同仁深思。

---

① 李里峰：《近代中国情境下的概念史研究——以方维规〈概念的历史分量〉为例的方法论思考》，《学海》2020年第1期。

② 梅尔文·里克特：《政治和社会概念史研究》，第98页。

③ 伊安·汉普歇尔-蒙克：《比较视野中的概念史》，周保巍译，华东师范大学出版社2010年版，第二章。

概念史研究的功夫、视野和思想关怀

黄兴涛

我今天的发言主题围绕“全球本土化的概念史——以孙江《人种》一书为例”展开。孙江的《人种》一书，不仅仅是一部学术佳作，更是一部跨学科、跨文化、跨地域的思想之旅。它通过概念史的独特视角，深入剖析了“人种”这一复杂概念在全球化背景下的历史嬗变。

正如主持人在开场时精辟地指出，“人种”这一概念不仅蕴含着深刻的政治意涵，而且背后支撑着一个跨学科的政治与知识体系。在实际应用中，它受到不同意识形态的影响，并在社会政治层面发挥着多样的作用。这一概念无疑具有全球性和政治性，是孙江倡导的“全球本土化概念史”主题的绝佳体现。《人种》一书虽篇幅不长，却内容丰富，是一部高水平的学术作品，阅读后我获益匪浅。同时，这本书也加深了我对孙江这位同行与朋友的了解和敬意。

概念史研究具有跨文化、跨国界和跨学科的特点。近代中国产生的重要概念往往是跨文化和跨国界的，它们经历了从西方到东方的传播，以及中日西之间的互动。因此，概念史的撰写要求作者具备深厚的语言功底、广阔的分析视野和深刻的思想关怀。只有满足这些条件，才能创作出引人入胜的学术作品。在这方面，孙江的工作无疑是杰出的。

多年来，孙江与在座的各位，包括我自己，都在概念史研究领域共同努力。特别是孙江和方维规，他们出色的外语能力和对概念史的深入研究，在中国的概念史研究和实践中发挥了重要作用。正如主持人所提到的，方维规在理论查证方面作出了巨大贡献，而孙江在组织团队和推动概念史研究方面更是不遗余力。他主编的《新史学》《亚洲概念史研究》以及“学衡尔雅文库”都是其努力的见证。孙江曾向我透露，他有一个宏伟的愿望，即在未来几年内，组织专家学者撰写至少100种关于近代中国的重大社会政治和文化概念的研究成果。这一愿望不仅宏大，也体现了他的勇气和能力。去年年底和今年年初，“学衡尔雅文库”已经推出了首批书籍，《人种》便是其中极具代表性的一部作品。

《人种》令我印象最深的一点就是：功夫深，但是表达又极为简明扼要。这是双重的功夫。人种是一个重要的概念，具有双重意义上的全球性。一方面，在大航海时代之后，西方学者见到了世界各地的各种人，逐渐形成了关于人类的种类划分知识，并把它作为科学知识的一部分。它是与全球化过程紧密相连的早期概念。同时，它又是和“我们到底属于哪一类人，我们是黄种还是白种”这样一个问题相关的知识，所以有着另外一种意义上的全球性。

因此，孙江要下的功夫可想而知。例如，这个概念在西方如何形成？向东方的日本和中国如何传播？这个研究线索必然要游走在中西日之间，需要作者投入很多精力。可以看出，他有很多东西没写进来，但他毕竟付出了艰辛的努力。他提炼归纳了大量信息，也删除了很多东西，包括一些无关的词汇、概念等内容。因此，我这里提到的所谓的“功夫”，就是简明扼要的提炼功夫。并且，下这样的功夫，也是为读者着想。我们有时候因为好不容易才找到点材料，所以总想把它多写一点。但孙江与之不同。从某种意义上讲，他是非常自觉地坚持“不掉书袋”。

孙江不谈某些与这一概念紧密相关的词汇或者不太相关的术语，

也没有和学者进行相关概念史的对话，而是直接切入主题并展开讨论。该书没有给人带来繁琐考据的感觉。相反，它始终紧抓核心。对于目前的概念史而言，这本书呈现了一个非常值得学习的方法。

我与李里峰有同感。好多学者不喜欢概念史，其实就是不喜欢掉书袋——所言甚多却半天不进入主题。就这点而言，孙江做得很好。他增加了概述的可读性，值得学习。首先，人种概念本身的思想内涵非常丰富，是吸引人的概念。另外，作者的写作有温度、有态度，用心灵去感受，去揭示相关的思想内涵。这一点是我们学习的榜样，稍后要专门细讲这一点。很多人写半天，自己都不进入状态，自己也不投入，一直游离于这个概念。所以，孙江的这本书给我们提供了一个改变研究风格的契机。

此外，该书的标题设置给我留下了极其深刻的印象。它阐明了日本人在接受西方人种概念的过程中所进行的改造与选择，以及由此产生的变异。所谓变异，就是日本人直击痛点：其谈论的“黄祸”，并非我们通常所说的“黄祸”，而是明确指出“黄祸”的根源所在。当然，本书还论及“主义”，并且更多地将其与亚洲主义联系起来。总的来说，标题的设置体现了深思熟虑的提炼功夫。读完后，再回过头看这个概念和标题，的确引人深思。

另外，在阅读过程中，人种的概念给了我很多思想的启迪。实际上，我这些年比较喜欢一般思想史。我记得在南京大学讲过，自己想写一般思想史。但那究竟是什么东西？比如说，关于天地人，基本的新知识是怎么产生的？关于人，在近代中国到底出现了什么样的新知识？现在想起来，首要的就是关于人的分类。人种是第一个关于人的知识，并且是一个重要的知识。另外一个知识，则是跟我们的生理学、心理学、经济学和法学都有关系，比如在心理学的意义上，人是什么？生理学意义上的人是什么？“经济人”或“法人”又是什么？当然，还有政治学里的人的问题，比如说人权。这些都是新知识。把它们组织起来，就构成了一般思想史的最重要内容。

人种学的知识，是一般思想史中最重要的知识。在阅读本书之前，我有一些皮毛的知识，但并不系统。我记得多年前在翻阅1911年版《普通百科新大词典》时看到的有关解释是：人和动物学有关。关于什么是人，它的定义是：人是哺乳动物。这句话令我惊讶。我们中国人现在讲人情，以为人和动物不一样。但为何到了“普通百科”领域，又声称人是哺乳动物？这就牵涉动物学的知识来源了。所以，孙江的这本书给我非常重要的启示。它借助讨论“人分五类”来说明人种概念的重要性。他为了澄清该概念在中日双方之间的传承和互动关系，还介绍了日本学者的观点，并讲解了历史地理教科书是如何传播这些概念的。可见，作者下了非常扎实的功夫。

前文提及他的写作“有温度”“有态度”，而这两点就体现在他分析概念传播的过程中。中国古代有现代人种概念吗？有现代人批评的人种主义的意识或者观念吗？我过去在读冯客的那本书时曾萌生不满之感：当他想解构一个东西的时候，就用反本质主义，但当他想来表达一个东西的时候，又上了本质主义的“贼船”。其他一些学者的研究中也存在类似问题。孙江强调，人种概念是在18世纪以后的全球化进程中才告形成。在古代，即使存在和它有关系——或有一点联系，或有相似之处——的概念，也一定不是真正意义上的人种概念。

第二个令我深受触动的方面是孙江对于启蒙的双重面孔的概括。我对此也曾有所了解，但是所知内容不如他那般清晰明确。不同人群的歧视自古有之，但上升到科学和文明的高度进行演绎，则是近代的发明。孙江认为启蒙有双重变革，一种是张扬个性，促人向上进步，一种是贬抑，定格于蛮荒。前者是启蒙，而后者的表现就是“科学种族主义”。人种的概念清楚地体现了这种双重关怀。但是，孙江谈及最多的是人种概念的消极面。然而，人种这个概念究竟是否曾给中国人带来一点积极的影响？他没怎么太谈，但我倒还想讲一讲，因为既然说存在所谓“双重面孔”，那么它必然也有积极的一面——那个曾经吸引人的面孔，鼓励人向上的那个面孔。人种概念从西方传来后，也必然存在对中国人产生积极影响的一面。就这个问题，孙江恐怕也应考虑一下。

孙江对戊戌时期的中日互动，对于日本人人种改良论传入中国以后的讨论非常深入。他提出了地域概念与人种概念的相合与相异。这是具有深刻意义的。当中国人和日本人被西方人称为“黄祸”的时候，日本人逐渐产生了黄种人应当联合起来去抵抗白种人的构想。当然，他们使用的“亚洲主义”从字面上看并非纯粹的人种概念，但它又包括了人种的内涵。亚洲主义的知识基础是什么？“亚洲人”当然是一个与地域相关的概念，但它也与种族概念（比如黄种人）存在联系。所以，这样一个地域概念与人种概念相合给了我很大启发。它体现了真正的中西式互动，且极具历史感。

当梁启超使用黄种人这个概念时，黄种人在这五类里虽然不处于最顶端，但仍处于第二层次。所以，梁启超、康有为等人看到以后觉得比较满意，认为我们优于其他种族，并相信这预示着中国人在 21 世纪会有更远大的前途。由此就形成了一种积极影响。但这是把双刃剑。随着时间的推移，人种概念产生了越来越多的消极影响——尽管在 20 世纪，这样的人种分类确曾激励过我们以炎黄子孙自居。

黄种人的自觉并非完全消极的，并非完全没有产生过积极推动力。这就是历史感。我们作为历史研究者，不能只要看到某个非科学性观点就判定它必然带来消极影响。就此而论，孙江可能没有展开去谈。

他可能有自己的考虑。稍后，我也想听听他的意见。

当然，看完本书后，我认为也仍存在很多我想看到，却还没有看到的内容。这可能更多是因为孙江有意识地将全书篇幅限制在10万字左右。因此，很多东西根本不能写进去，也没法写进去。有本书叫《民种学》。我们都知道且都认为这是关于中国体质人类学的第一本专著。对此，孙教授曾专门考证过。并且，这部哈伯兰（Michael Haberland）的代表作也是很有影响的。无论是从中国接受人种学的知识的角度，还是从翻译的角度，都应该考察这两者之间存在什么样的关联。我个人认为，孙江是应该论及这个问题的，但不知为何，他并未对此展开讨论。由于我对这个问题感兴趣，所以我也想向孙江请教，他是如何思考这个问题的。

另外一个问题是，日本的大和民族内部是否存在各种族的分别？当时的日本人是如何讨论国内的种族问题的？和中国有无关系？这些也是我关心的问题，因为我多年前读过姚文栋翻译、由总理衙门出版的一本日本地理书。该书起初是日本陆军读物，后来成了小学教材。它不仅介绍地理，也涵盖人、风俗民俗和宗教信仰。但我不知道当时日本人是怎么处理相关话题的。

前文提及，在全球化之前，中国人虽然没有严格的人种概念，但也感知过外来的种族。比如，当西方人来了，我们就看他的毛发皮肤，并且会说英国人是红毛，荷兰人也是红毛。而且，我们也会对他们做出一些不那么恭敬的评价。不仅如此，对于本国的边疆民族，我们也会将他们的穿戴和形象描绘出来。这类现象该如何理解。或者说，它们和后来的人种概念如何发生融合。就这些问题，我也想借机向孙江请教。

概念史及其中国实践

方维规

黄兴涛方才的发言深入而精辟。他对《人种》一书的总结极为准确和深刻，尤其是前面提到的两点，我完全赞同。此外，我也有两点体会，并且和黄兴涛的发言有一定关联。以下，我将从两方面谈个人所感。

第一是孙江的渊博知识与精练写作。《人种》展现的渊博知识和宽广的学术视野是显而易见的。书中横跨东西方300年的历史，涉及众多复杂的文化背景和历史事件，足以说明孙江的学术功底。然而，由于这本书的篇幅限制，他在内容取舍上做得非常克制而精妙。写作中，他始终保持着适度的节制，去掉了许多冗杂细节，最终呈现了一个精练而引人入胜的故事。我常常向自己的学生提到这一点：当你撰写一篇文章时，假如出版方只允许六七千字，那么你就必须学会有所取舍，把不必要的部分剪掉。很多时候，正是这份节制让作者能够突出核心思想，留下最精华的内容。孙江在《人种》中，显然也体现了这种写作功夫。他为读者保留了最具价值的思想精髓，去除了那些可有可无的部分，这一点尤为值得称道。

我认为，这种写作态度对于学术界的每位研究者都极具启发性。我们往往在研究中积累了大量资料和想法，但若要在有限的篇幅中呈现最重要、最核心的内容，就需要使用一种非常精妙的技巧。在孙江的书中，我们可以清楚地看到他的学术功力：他不仅具备广博的知识体系，东西南北各个领域都涉猎广泛，而且他有能力在有限的篇幅内将这些知识凝练成一个清晰、精练的叙述。这就是一种极为高明的学术能力。

第二是讲故事的艺术。《人种》不仅是一部学术著作。它在叙事方式上也具备极强的吸引力。孙江擅长通过讲述历史背后的故事来揭示深层次的学术思想。全书娓娓道来，既有趣又富有深意。正如李里峰提到的，这本书的结构和体例非常简洁，同时又深入浅出，既适合学术研究，也吸引普通读者。这种叙事方式使学术内容不再显得枯燥，而是带有一种自然流畅的美感，仿佛读者正跟随作者一同穿越历史的长河。

就此而言，我深有共鸣。作为学者，我们常常在写作时面临如何将深奥的学术思想用通俗易懂的语言表达出来的挑战。我也接到了出版社的邀请，撰写一部关于“经济”概念的书籍。虽然合同已经签订，但我迟迟没有动笔，不是因为缺乏材料或思想，而是因为我在思考如何做到“深入浅出”。清楚地介绍一个复杂概念的传播史，并让读者产生兴趣，是一件极其困难的事。孙江在《人种》一书中的表现，给了我很大启发。他不仅讲好了故事，还保持了学术的严谨。这让我意识到，要写好一本书，不仅需要扎实的学术功底，还需要在叙述方式上下功夫。

此外，黄兴涛也提到了本书的标题。从全书整体而言，标题均非常简洁，包括目录里的那些词汇。将这些东西提炼出来既饱含乐趣，也极具难度。

我在阅读中最关心的问题是：人种到底是什么？我想，我们以前谈的人种可能是伪命题。因为西洋人把这个概念介绍到中国和日本的时候，两国的很多思想观念也是相通的。并且，我们可以发现，自从相关著作诞生后，无论是译文还是基础性知识介绍，其实都存在相互借鉴、彼此雷同的现象。比如，它们都会谈到人分三种、四种或五种，都会描述发肤颜色是黄的、白的还是黑的，然后可能还会在此基础上加入一些迷信的内容，尽管每个人的表达可能不一样。并且，这些文献在谈到人种的时候，马上就会指涉其他一些概念和领域。这就触及了孙江提到的概念的“政治化”问题。

但是，若把人种这个概念换成日本人，换成中国人，似乎也未尝不可？而且，中西方似乎都会从某个意识形态——甚至固有偏见——出发来看待相关问题。例如，鸦片战争时，中方的一些上层人士声称英国人不堪一击，因为他们眼睛是蓝色的，见不得太阳，而且他们的腿是直的，弯不了，我们用竹竿就能将其打倒。显然，我们有时会在贬义维度上去谈论人种问题。当然，尤其在19世纪末，梁启超、康有为等人会论及黄白之争和联合黄种人的话题，并相信黄种人是有可能与白人一争高下的。

回到人种。它其实夹杂着很多与社会、历史、政治相关的内容。虽然人种比较具有蛊惑性，比较能够煽动人心，但它有时只是一个借口。而且，从今天的角度看，它已经被其他的很多因素沾染了。特别是有些关于人种的言论是具有高度意识形态色彩的，而意识形态往往是根深蒂固的。中国似有一种说法叫“一白遮百丑”。这种根深蒂固的观念从何而来？这大概是由近五百年、近两百年来的诸多因素导致的。我们在谈论人种的时候，往往会自觉或不自觉地联想到文明的等级。欧洲中心主义在19世纪时达到了高峰。因此，时人会相信西方是文明的，我们中国是半开化半文明，而其他有些地方则是野蛮的。很少有人会去分析我们为什么落后。这个是由我们的肤色导致的吗？事实上，这是历史、社会、经济等因素造成的。

我们在谈很多东西的时候，也会察觉到等级之分以及类似差异。比如，有的地方的人自感高人一等。即使是在黄种人里边，也有人鼓吹

“脱亚入欧”。在谈论日本的时候，我们就容易忽视他们自身不会从黄种人这个角度来探讨这个问题。我在德国东西部都生活过，发现两个地区的人虽然都属于日耳曼民族，却很不一样。朝鲜半岛的南北双方也同属一个民族，但也有很多差异。这些现象和人种有关吗？事实上，政治意识形态和价值观等都是造成上述现象的原因。我认为本书的精彩之处就在于后面的大半部分，即从政治学和思想史来分析某些事件。人种是一个非常广的概念，学者们可以从很多角度对它进行研究。

我有两个问题想请教。第一点是关于人种概念的接受方面。人种学是西学的产物。我们接受的只是翻译过来的学说。但当这个概念进入中国后，是否有人批判性地接受它？有多少人曾试图自行解释这个概念？第二点，我想提及人种心理学这个概念。19 世纪和 20 世纪之交时，它在西方得到了较多讨论。就这个概念，日本称之为民族性还是民主性？另外，刚才李里峰提到了本书后记的最后一句话，即“探寻契合中国情境的概念书写”。我认为，从你们准备写作到现在已经发表的成果来看，我们是必定可以从中发现中国情境性的。李里峰把它解释为全球本土化，我觉得很有意思。孙江在另一篇大作里谈到“概念史的中国转向”，我也觉得很有意思。

我最后想讲的可能与你们的观点有不同之处。而且，我在比较文学方面也和很多人意见不一致。如果说我们要建立中国学派，却用外国的理论来研究中国的问题，我们能说这样就建立起了所谓的中国学派吗？我认为，若按照这个分法，中国周围就有十个学派，比如俄罗斯学派、蒙古学派、朝鲜学派、韩国学派、日本学派等。至少对我而言，这样做的理由并不充分。由于发言时间有限，我暂且只讲到这里。

人种：三重维度下的人文语义关怀*

张宝明

我将结合近期河南大学人文社科高研院同仁关注的人文语义学命题，从知识史、概念史与观念史三重维度出发，谈谈《人种》触动的思考以及引发的种种可能性。

法国年鉴学派重要学人马克·布洛赫（Marc Bloch）曾在《历史学家的技艺》一书中提出"历史有什么用"①的问题。这个出自他小儿子之口的问题，正中历史学科的要害。如果说哲学是人类诗意的栖居，那么我们可以说历史或许就是让人类扎根于世界的锚。文明总是以历史为坐标底座。"我是谁"这样的哲学之问，是人类这一物种特有的逻辑思维形式。无论是个人还是群体，总是归属于某个地域、某种文明、某类人种。"人种"作为社会建构的基础概念，是实现历史之"用"必然要考察的关键词。孙江的新著《人种》对"人种"一词进行了长时段、多维度、跨学科研究，以历史哲学视野完成了对"人种"的话语体系考订。作为"学衡尔雅文库"的第七本专著，《人种》一书还呈现出社会思想史范式，潜隐其中的知识史、概念史、观念史等多层次、立体化的研究理路，

---

* 本次发言经整理后，以论文形式发表，参见张宝明：《〈人种〉：三重维度下的人文语义关怀——从知识史、概念史与观念史出发》，《上海师范大学学报（哲学社会科学版）》2024 年第 2 期。

① 马克·布洛赫：《历史学家的技艺》，张和声译，北京师范大学出版社 2014 年版，第 21 页。

为我们呼之欲出的人文语义学研究提供了极具参考价值的资源与范式。

首先，这是一次以丰富有力的史料为基础完成的“人种”知识史爬梳。知识史研究知识之历史，那么何为知识？当今对“知识”一词的运用，很大程度上取决于“信息”一词的流行。新技术造就了信息时代，同时也提出了如下疑问：“当我们获取信息时，知识又哪里去了？”[①]这种来自日常的疑问为知识史研究提供了思路，但并非知识史关注的全部。作为与知识史有重要关联的学科，知识社会学为此提供了学术背书。

知识社会学产生于20世纪20年代的德国，由社会哲学家马克斯·舍勒(Max Scheler)创立。该学科与法兰克福学派几乎同时同因，都源自对人类在新到来的资本主义工业社会中生存困境之出路的探寻。知识社会学借鉴了马克思主义、尼采哲学和历史主义。其中，历史主义强调了人类思想具有不可避免的历史性，“对历史主义的继承，使得知识社会学家表现出对于历史的强烈兴趣并且倾向于采用一种本质上是历史性的研究方法”[②]，由此初现知识史研究之端倪。

继舍勒之后，卡尔·曼海姆(Karl Mannheim)以下定义的方式，明确了何为知识社会学：“知识社会学是社会学最年轻的一个分支，作为一种理论，它试图分析知识与存在之间的关系，作为历史—社会学的研究，它试图追溯这种关系在人类思想发展中所具有的表现形式。”[③]由此可见，对知识之历史的考察始终是知识社会学的题中之义。到了20世纪60年代，彼得·伯格(Peter Berger)与托马斯·卢克曼(Thomas

① 彼得·伯克：《什么是知识史》，章可译，北京大学出版社2023年版，第9页。

② 彼得·L.伯格、托马斯·卢克曼：《现实的社会建构：知识社会学论纲》，吴肃然译，北京大学出版社2019年版，第10页。

③ 曼海姆：《意识形态和乌托邦：知识社会学引论》，霍桂恒译，中国人民大学出版社2013年版，第285页。

Luckmann)将知识社会学中的“知识”，从科学知识拓展为日常生活知识。知识社会学必须关注社会中所有被当作“知识”的事物。“与‘思想’相比，常识性的‘知识’才是知识社会学的焦点，正是这种‘知识’构造出了所有社会赖以维系的意义之网。”[①]对于《人种》而言，作者同时关注到了作为思想的人种和作为常识的人种，与知识社会学的主张不谋而合。

近年来在知识史领域卓有成就的彼得·伯克，在论著中勾勒了知识史的研究范畴，如知识之表达、构建、定位、分类、掌控、传播、获取，[②]追溯了知识史的两条学脉：书籍史和科学史。[③] 具备了操作概念和研究版图的知识史日益勃兴，回溯之下更易看清知识史研究的切入点和抓手，即知识之载体。在符号意义上，文字成为知识最重要的载体。无论科学知识，还是生活常识，大多借助语言符号记载流通。因此，考察语言之生产过程就构成了知识史研究的一个重要观照。《人种》中对“人种”的知识史爬梳，在某种意义也是对“上穷碧落下黄泉，动手动脚找材料”之“语文学”(Philology)[④]知识考古的旁注与佐证。

《人种》作者查阅大量资料、史料，不仅包括了中文关于“人种”的记叙，还直接使用了大量英文文献，并间接关注了法文、德文、俄文等文献。在文献类别上，不仅关注与“人种”相关的学术专著，探寻面向大众的报刊等对“人种”一词的解释和使用，还将百科辞典、教科书中的“人种”纳入。在此基础上，《人种》勾勒出了“人种”研究中的关键、核心文本，比如布鲁门巴赫的《论人类的自然种类》、钱伯斯的《人种志》、高桥

---

① 彼得·L.伯格、托马斯·卢克曼：《现实的社会建构：知识社会学论纲》，第20页。

② 彼得·伯克：《知识社会史(上卷)：从古登堡到狄德罗》，陈志宏、王婉旎译，浙江大学出版社2016年版。

③ 彼得·伯克：《什么是知识史》，第7—8页。

④ 沈卫荣：《回归语文学》，上海古籍出版社2019年版，第15页。

义雄的《日本人种改良论》、林纾等译的《黑奴吁天录》等。作者将人类社会围绕"人种"一词进行的知识生产、知识建立、知识迁移、知识再生产置于观念的链条上，以确证的资料回答了"人种"最早始于何处、出自何人、如何分类、怎样被使用，以及叠加在"人种"之上的种族的、文化的、经济的、政治的等多重意涵。这种资料扎实、视域开阔的知识确证式梳理，为学界进一步研究奠定了基础，也提供了一个极具典型意义的范式与遵循模板。

与此同时，《人种》作者善于将典型的"故事"(素材)与典型环境(语境)有机结合起来寻求语义，从而使叙事在以"故事"为手段、以"真理"(语义)为目的的统一中实现相得益彰的效果。当作者讲述日本人冈本监辅用汉文撰写的历史教科书《万国史记》传入中国，一版再版并畅销一时这个事件时，同时关注到了该书中的"人种"知识进入全新语境后，立即与满汉问题发生效应，导致改良派只关注"人种"来源和等差，革命派更关注黄白黑所代表的种族力量以及中国在其中的位置。[①] 也就是说，当"人种"的故事或叙事进入中国当时的社会语境中时，语义所发生的变化不容回避，且只有回归语境，才有可能挖掘其本身的语义。

其次，《人种》以全球视野还原"人种"的概念史体系。如果说知识史的爬梳更像是从因到果，那么概念史的研究或许可以说是从果到因。概念史研究在知识爬梳的基础上更进一步，以知识生产之果为因，深究词与物之间的桥接。概念是语词的抽象，语词是概念的活体。在抽象与活体之间，就必然加入一时一地特定的社会体认和文化记忆。在从古至今越发绵密的中西交流中，语词和概念跨越山川河海的旅行由来已久。比如 1903 年严复最早将斯宾塞的社会学引入中国，译为"群

---

① 孙江：《人种：西方人种概念的建构、传布与解构》，江苏人民出版社 2023 年版，第 82 页。

学”。“Society”在中国从群学到社会学的演变，其间所经历的观念变迁和社会革新，正是概念旅行、变形的鲜活呈现。正如孙江在《人种》一书的楔子中坦言：“人种概念涉及中国人如何接受西学的问题，要厘清该概念在中国的再生产，有必要进行跨语言和跨文化的比较研究。”[①]他在对“人种”这一概念进行考察时，亦是在这样的研究思维下，立足全球，循着时间脉络步步展开，还原出“人种”的概念史体系。

当“人种”作为一个概念出现时，就已经表明自己的身份。它不再仅仅对应一种指称，而是多重意义的合成。《人种》对“人种”概念体系的梳理，先后经过基准、谱系、东渐、差序、竞争等程序，一生二，二生三，在概念传播和再造过程中，发展出“人种”概念的枝枝蔓蔓。细看之下，作者在对“人种”进行谱系梳理之后，开始关注“人种”在不同地理空间、政治文化空间的传播。比如，作者通过考据发现，早期传递“人种”知识的欧洲人对中国人为“黄色”的说法并不认同，他由此出发进一步考察了“黄恐”如何产生。“黄祸”的“歧视话语不是凭空制造出来的，而是有着理论化的知识体系作为支撑”[②]。作者对此做了抽丝剥茧的处理，首先梳理“黄祸”话语的来历，继而解析“黄祸论”的内在矛盾，最后概观中国知识界对“黄祸论”的批判。

在概念东渐的过程中，原本的谱系固然提供了内核，但只有开放了外延解释权，才会有从地理学、格致学等方面对“人种”进行的多维叙事。回归科学知识本身，《人种》作者细致比对了英文与不同日译本、中译本对“人种”的定义和分类。书中“人种”在时空中的不停变换、从科学知识到政治工具的反复横跳，无不彰显出作者概念史研究的全球视野。由此可见，对于“人种”这样一个关乎人类社会全体的概念，也唯有

① 孙江：《人种：西方人种概念的建构、传布与解构》，第 6 页。
② 孙江：《人种：西方人种概念的建构、传布与解构》，第 106 页。

在全球视野下进行审视，尽量避免西方中心主义或东方主义，才能确切触及概念之本真。“在这一意义上，概念史斡旋于语言史与事件史之间。它的任务之一就是分析历史进程中所产生的概念与实情之间关系的一致性、偏移性或差异性。”[①]从古典的语文学到现今的人文语义学，学人们无不心向往之。

最后，《人种》是从文化、环境、历史与政治等多重维度搭建“人种”之观念世界。与概念史相比，观念史更有人情味。这里所说的人情味，是指观念的形成、传播、变迁等都是以人为介质和中心。观念史与内核清晰、边界明确的思想史既相通又相异，观念史是思想史的分支，思想史是观念史的核心。观念史所关注的，不仅仅是影响广泛深远的思想之产生，同时还有潜藏在其中的思想习惯之运行。王汎森提出，“思想是生活的一种方式”[②]，其中依稀可见观念史的影子。循此思路，关于未来观，就不再仅是康有为《大同书》里系统论述的思想体系，同时也是人们面对现实时是“向前看”还是“向后看”的惯习。

《人种》的作者在解剖“人种”二字时，不仅关注到知识史和概念史，同时延伸至观念史层面。正如《人种》指出的那样，西方对“人种”的建构与东方对“人种”的解构，以及概念本身的不断重构，延展出多种迥然不同、大异其趣的“人种”观念。当白、黄、黑、棕等颜色与人种结合时，所代表的就不仅是表面上肤色的不同，更加意味着文化差异，甚至被附加上优与劣的区分。《人种》作者由“人种”出发，关注到民族、国家、文明、政权等诸多方面。作者对“人种”观念之考察，不仅有时间脉络上的谱系纵深，同时具备不同地理空间、文化场域中的“人种”观念再生产，

---

① 赖因哈德·科泽勒克：《概念史》，载斯特凡·约尔丹编：《历史科学基本概念辞典》，孟钟捷译，北京大学出版社 2012 年版，第 20 页。

② 王汎森：《思想是生活的一种方式：中国近代思想史的再思考》，北京大学出版社 2018 年版，第 1 页。

此外还关注到被政治“收编”的人种观念。多个切面的考察，使“人种”观念以立体、丰富、多维的形式呈现出来。

需要对“人种”的观念世界的复杂性与多变性进行深入辨析。洛夫乔伊在《存在巨链》中提出，“观念史研究的另一个特点是：正如我希望对之加以界说的，它特别关心在大量的人群的集体思想中的那些特殊单元—观念的明晰，而不仅仅是少数学识渊博的思想家或杰出的著作家的学说或观点中的单元—观念的明晰性，它试图研究被分离出来的——在细菌学的意义上的——那类因素的作用”[①]。孙江对“人种”观念史世界的建构涵盖了洛氏所提倡的“思想家”和“大量的人群”。他从两方面入手：一方面是知识分子的“人种”观念，如孙中山、李大钊等如何接触到经由日本而来的“人种”知识，如何对“人种”观念加以批判，如何利用“人种”观念推进革命事业等；另一方面是群体的“人种”观念，比如日本的教科书中如何介绍“人种”，小学教科书和中学教科书对“人种”的不同处理方式。再比如，孙江对《黑奴吁天录》在中国传播的个案考察，借助不同读者对这本书的阅读反馈，呈现出时人对该书背后的民族、种族观念的接受和理解。此种研究理路正是观念史的特色，与新文化史的研究转向共情，同时也构成了《人种》的一大亮点。

从语词切入，既是《人种》的“表”，也是《人种》的“里”。就其“表”而言，《人种》旗帜鲜明地开展关键词研究；就其“里”而言，则是如何从内在理路中寻找生发逻辑。换言之，在当今的学科发展和学术背景下，扎根于语词、概念的文化史，如何找到打开“人种”之谜的密钥？孙江多年积累，广搜资料，分别考察了作为语词的“人种”、作为知识的“人种”、作为概念的“人种”和作为观念的“人种”，虽笔墨不多、篇幅不长，但对问

① 阿瑟·O.洛夫乔伊：《存在巨链》，张传有、高秉江译，商务印书馆2015年版，第24页。

题之思考视野宏阔，对看似简单、实则复杂，看似明晰、实则模糊的“人种”二字做了全面描摹和立体阐释，既关注作为科学概念的“人种”，也考察作为政治文化装置的“人种”，游走于“人种”所及的各个社会层面。考察意义之沉淀、语词之生成、概念之变迁，同时在传统与现代、本土与外来、学术与生活、精英与大众等多场域进行打通式思考。这是陈寅恪所言“凡解释一字即是作一部文化史”[①]的成功实践。《人种》给出的“人种”答案是词与物、名与实、情与理交织生成的，“表”“里”如一的切实回答。

当然，作为知识社会史、概念史、观念史上共执的关键词，“以上所有方法都普遍接受这样的观点，即社会秩序、政治秩序与经济秩序的变迁体现在语言或概念的变迁中，并被语言或概念所激发，它们留待历史学家去认识和重构”[②]。尤其是涉及观念史的方法与路径，“永恒的主题”以及非语境的语义都可能对人文思想史的写作构成威胁。而且，在有意识地倡导学科交叉的同时，会产生一些与生俱来悬而未决的问题。这是必然的，也是可以理解的。令我们欣喜的是，《人种》“历史”地给出了“思想”之写作，却非常成功地规避了因一味——或者说因过度——强调“连续性”而招致的误读、拼接与偏差。即是说，在对洛夫乔伊的“存在巨链”给予足够重视的同时，也与斯金纳之思想史写作“意涵”（文本）与“意图”（语境）之并立方法异曲同工。[③] 一言以蔽之，在特定语境中寻绎特定的思想意蕴并力求做出历史的回答，乃是《人种》作者的基本诉求。

---

① 陈寅恪：《致沈兼士·二》（1936年4月18日），载陈美延编：《陈寅恪集·书信集》，生活·读书·新知三联书店2001年版，第172页。

② 路易斯·朔恩-许特：《观念史》，载斯特凡·约尔丹编：《历史科学基本概念辞典》，孟钟捷译，北京大学出版社2012年版，第149页。

③ 昆廷·斯金纳：《观念史中的意涵与理解》，任军锋译，载丁耘编：《什么是思想史：〈思想史研究〉第1辑》，上海人民出版社2006年版。

应该看到，“人种”问题是史学研究中一个基本元命题。梁启超就曾在《中国史叙论》中单列“人种”一节说：“种界者，今日万国所断断然以争之者也。”[①]他在《新史学》中更是一语中的：“历史者何，叙人种之发达与其竞争而已。舍人种则无历史。”更有甚者，“若在今日，则虽谓人种问题为世界独一无二之问题，非过言也”[②]。时下看来，此言仍不为过。凡此种种，足见这一命题之巨。也正是在这个意义上，《人种》作者立体化的“人种”构建之意义非同小可。梁任公当年“其始也简，其毕也巨”的感叹，用在孙江《人种》以及“学衡尔雅文库”的学术工程上适得其所。这也是人文语义学这一交叉学科的同仁们希望看到的情形。[③] 对此，学界不能不给予足够的重视。

当然，《人种》也有呼之未出、读来不甚过瘾或说解渴的缺憾，比如“人种”与“民族”的关系辨析欠缺，“色即是空”（毕竟还有“空即是色”另一半）等富含思想史与社会史元素的多重因子亟须激活。尽管作者极尽文字之功，炉火纯青的隐喻话语博采其中，但毕竟还有更多的读者期待着作者的期待。以此文字，期待于将来。

---

① 梁启超：《新史学》，夏晓虹、陆胤校，商务印书馆2014年版，第72页。

② 梁启超：《梁启超史学论著四种》，岳麓书社1998年版，第253页。

③ 张宝明：《人文语义学：一门关乎人类语际书写的知识体系》，《探索与争鸣》2023年第3期。

概念史与思想文化史的新境界*

李恭忠

关于中文学界“全球本土化”的概念史研究趋势，以及孙江《人种：西方人种概念的建构、传布与解构》(以下简称《人种》)这部新著的学术特色，前面各位专家已经讲得比较透彻。我与孙教授共事十余年，近距离见证了这项研究成果的由来，也了解其间经历的曲折和困难。这里主要针对此项工作的学术背景，结合个人从事相关研究的实践，从学术旨趣、学术特色和学术价值等方面，谈谈概念史对于深化思想文化史研究的可能意义。

一、聚焦概念的思想文化史

什么是概念史？对于这个问题，中文学术界已有不少阐释和示范。包括方维规和孙江在内，一些学者专门做过理论探讨。[①] 然而关于什么是概念史，它跟通常的思想文化史有何异同，学者们还是会有一些不同的理解或困惑。甚至有人以为，但凡讨论某个具体词语、术语的来源和运用情况，就属于概念史研究。因此，到底何为概念史，这是一个需

---

* 本次发言经整理后，以论文形式发表，参见李恭忠：《概念史与思想文化史的新境界》，《上海师范大学学报(哲学社会科学版)》2024 年第 2 期。

① 孙江：《概念史研究的中国转向》，《学术月刊》2018 年第 10 期；张凤阳：《现代性研究的“语言方案”——科塞勒克概念史方法论旨趣的政治哲学释读》，《学术月刊》2018 年第 12 期；方维规：《什么是概念史》，生活·读书·新知三联书店 2020 年版。

要不时进行思考和反思的基础问题。

何为概念史，这需要从“概念”与“观念”的关系说起。“概念”是一种抽象的、自在的存在，对于个人来讲是一种先验的、外在的存在。“观念”则不一样，它是人们头脑中对于一些确定的、先验的概念的认识。人们出生之前，某个“概念”就已经存在于世间，但一个人的头脑中能否具备与此“概念”相关的“观念”，则还需要一个主观认知、理解和接纳的过程。比如，“理性”是一个“概念”，但是不同的人对它有不同程度、不同层次的理解和认识，这种不一样的理解和认识就是“观念”。

通常的思想文化史研究，主要以不同时期人们对于概念和事物的理解与认识的系统表述作为基本内容，一般聚焦出类拔萃的对象，关注著名的、经典的人物和文本所表述、传达的观念，而且往往是从人物到人物，从文本到文本。这样的研究往往是偏于“内向”的，重在探究人们头脑中思考、认知层面的内容，深入揭示一个人的思想、观念的内在脉络。

偏于“内向”的思想文化史也有其难以措手之处。个体的观念之间如何构成相互交错的图谱？在特定的人群范围之内（不管是乡土范围，还是今日被称为民族、国家的范围之内），以及跨语言、跨族群、跨国的环境之下，不同主体的不同观念如何求同存异，借助一系列基础性的概念达成文化的沟通乃至认同，进一步形成文化共同体，乃至人类共同体？这是一个复杂的过程，涉及政治、经济、军事、外交等方面的行为、技术、设施和体制要素。对于这些头脑之外的、实实在在的内容要素，通常的思想文化史研究确实不那么重视。因此，梳理、分析、呈现这种内容，需要在通常的思想文化史基础上，进一步扩大视野，重点关注一系列近代基础概念的传播、接受、实践和流变情况。这样就有了概念史。

概念史以近代以来形成的一系列基础概念为基本研究对象，将这些基础概念作为观察人类历史进程的重要切入口，其学术旨趣或许可以概括为通常的思想文化史加社会史。概念史既关注概念的内涵、对概念的相关理解和认识，又特别重视跨文化语境下一系列近代基础概念的传播、接受、实践和流变情况。这样书写出来的历史，一方面，既建立在词汇史、翻译史、思想史、文化史的基础之上，又跟通常的思想文化史不大一样，更不止是词汇史、翻译史；另一方面，既离不开政治史、社会史、传播史的支持，又不是通常的政治史、社会史、传播史。

陈寅恪先生曾经说过，“凡解释一字即是作一部文化史”[①]。如果接着这一说法往下讲，也可以说概念史是一种新的文化史。但因为“文化史”和“新文化史”这两个术语的含义都很宽泛，使用“概念史”一词更加贴切，更容易抓住这种跨学科研究的学术旨趣，即聚焦一系列近代基础概念的生成与演变，在动态、实践、跨文化的视野中探究概念所凝聚的人类历史过程，进而对现代性作出深层次的历史反思。

孙江的新著《人种》就是一个范例。这部书不是围绕“人种”概念打转，不是单讲“人种”在思想内涵层面如何定义，而是将“人种”放在跨文化的实践过程中，更多地关注概念的传播、理解、接受、反驳、颠覆。由此，书中得以呈现近代“人种”概念的建构、传布和流变情况，进而剖析近代西方文明话语的内在悖论，或者说西方现代性的“原罪”。

二、融会贯通的思想文化史

概念史的一大学术特色，就是聚焦关键概念和知识体系，基于多学科融会贯通的学术取向，勾连思想、文化、社会和政治等不同的维度。

---

① 陈寅恪：《致沈兼士·二》(1936 年 4 月 18 日)，载陈美延编：《陈寅恪集·书信集》，生活·读书·新知三联书店 2001 年版，第 172 页。

这种学问有助于拓展和丰富通常的思想文化史研究，对于中国历史，特别是近代思想文化史的书写具有特殊的补充和推进效果。

通常的思想文化史研究一般聚焦于出类拔萃的对象。那些貌似更加平庸的对象，虽然数量更加庞大，却往往难以被纳入研究的视野，不怎么受到重视。比如研究中国近代思想史，当论及“甲午”后二三十年里思想文化的变革时，往往会强调和重视康有为、严复、梁启超等著名人物的著作。但是，当时也有很多新兴的报刊(包括商业性的)，比如创始于 1872 年的《申报》、1904 年创刊的《东方杂志》。从思想的高度、精度和系统性而言，这类报刊所载文本的“段位”相比著名人物的著作可能要低，因而在通常的思想史文化领域，往往不被视为核心材料，而只被视为“边角料”。打个比方，出类拔萃的经典文本、著名人物，好像是巍峨高耸的山峰，商业性报刊上的材料则像是连绵起伏的低丘，而且往往是比较低的小丘。对于登山运动员和爱好者来说，他们当然希望攀登那些高峰，低丘、小丘则并不起眼，“食之无味”。

貌似平庸的材料尽管在通常的思想文化史研究中不太容易受到应有的对待，但它们毕竟构成了一个时代的文化景观。20 世纪 80 年代至 90 年代社会史研究活跃起来之后，不少学者认识到这类貌似平庸的材料其实非常重要，对于理解思想、政治和社会变革必不可少。为此，学术界先是提出一个术语“社会思潮”[①]，后来又逐渐形成了“社会文化史”[②]的说法，努力去发掘、理解那些貌似平庸的材料的特定意义。当然，研究、利用报刊上的这些材料，可能会有一个“失焦”的问题。这类

---

① 冯契：《中国近代社会思潮研究丛书总序》，载杨奎松、董士伟：《海市蜃楼与大漠绿洲：中国近代社会主义思潮研究》，上海人民出版社 1991 年版；吴雁南、冯祖贻、苏中立、郭汉民编：《中国近代社会思潮：1840—1949(全四卷)》，湖南教育出版社 1998 年版。

② 刘志琴：《青史有待垦天荒(代序)》，载刘志琴编：《近代中国社会文化变迁录》第 1 卷，浙江人民出版社 1998 年版。

材料内容庞杂，头绪纷乱，可谓“众声喧哗”。如何从中找到聚焦点，仍然是一个挑战。

针对通常的思想文化史在视野和研究对象上的局限，有学者尝试扩展其内涵和关注范围。比如葛兆光的《中国思想史》[①]，不仅关心精英和经典思想的发展，而且特别重视其“基盘或底线”，也就是作为这些思想的土壤的“一般知识、思想与信仰世界的历史”。这样的思想史书写，在题材内容和资料运用范围上相比以往均有极大扩充（比如小说、话本、唱词、碑刻、书画、公文均可作为思想史的资料），也更能够呈现历史上若干重要阶段“知识、思想与信仰世界的一般状况”。这样的思想史让人耳目一新。但是，葛兆光后来也指出，思想史存在着“思想史的中心和边界在哪里”的问题，因而仍需处理好思想史与社会史、文化史、学术史之间的畛域冲突或者领域重叠。[②]

同为扩充、丰富思想史面貌的尝试，概念史研究以一系列基础性的概念作为切入口，像一根金丝线，可以串起众多分散甚至不无杂乱的史料，综合处理“乔木”“灌木”和“杂草”丛生的近代文化变革景观，由此彰显自身的学术特色和优势。如同黄兴涛早前提出的，近代中国涌现的一系列新名词，一方面具有“沟通各领域、各门类专门思想，成为其背后共享的某些思想依据、概念工具之有机组成部分”的特点，能够反映思想的综合整体性；另一方面又是“上层精英思想和下层民众思想互动的媒介和彼此共享的内容，是社会生活和思想价值观念之间互相影响、凝为一体的概念纽带”，能够反映思想的广泛社会性。因此，近代新名词对于“一般思想史”的研究别具意义和关注价值。如果就“一般思想史”

---

① 葛兆光：《中国政治思想史》，复旦大学出版社 2001 年版。

② 葛兆光：《思想史的写法——中国思想史导论》，复旦大学出版社 2004 年版，第 9 页。

各部分的整合意义而言，新名词的视角更能显示出某种为人所忽略的独特价值。[①] 近20年来，中文学界的相关研究取得了长足进展，从最开始的近代新名词、关键词研究逐步发展为具有理论方法自觉的概念史研究[②]，分化出基于量化数据库的观念史研究[③]、"全球本土化"的概念史研究[④]、历史语义学[⑤]、人文语义学[⑥]等不同的探索领域和实践路向。

概念史是一门具有鲜明融会贯通取向的学问。跨学科研究近20年来颇受学界重视，但也面临诸多困难。有学者曾经感叹，不要说跨越历史学和其他一些学科，就是在历史学内部，要跨越思想史、社会史、政治史等子学科的藩篱，即已颇不容易。[⑦] 问题确实如此，学者们也在做各种尝试，想去沟通不同的学科领域。概念史作为一种跨学科的尝试，努力结合思想、社会、文化等几个不同的维度，兼取、兼有通常的思想史、社会史和文化史的长处，同时避免各自的不足。它既兼容通常的思想文化史所具有的深度内涵，也包容那些貌似平庸的文化现象、文化景观。它不仅勾连"阳春白雪""下里巴人"这样两个高低不同的维度，还贯穿更多的元素，比如知识和媒介、观念和制度、结构和行动、个体和群体、本土和域外。多元的维度、多样的元素，在不同的研究领域各有侧

---

① 黄兴涛：《近代中国新名词的思想史意义发微——兼谈对于"一般思想史"之认识》，《开放时代》2003年第4期。

② 孙江：《序言：语言学转变之后的中国新史学》，载孙江编：《新史学（第二卷）：概念·文本·方法》，中华书局2008年版。

③ 金观涛、刘青峰：《观念史研究：中国现代重要政治术语的形成》，法律出版社2010年版。

④ 孙江：《序：概念、概念史与中国语境》，载孙江、刘建辉编：《亚洲概念史研究》第1辑，生活·读书·新知三联书店2013年版。

⑤ 冯天瑜：《"历史文化语义学"刍议》，载冯天瑜、刘建辉、聂长顺编：《语义的文化变迁》，武汉大学出版社2007年版。

⑥ 张宝明：《人文语义学：一门关乎人类语际书写的知识体系》，《探索与争鸣》2023年第3期。

⑦ 罗志田：《提倡和而不同、多元开放的学术对话》，《中国社会科学》1999年第4期。

重，概念史则有可能将它们融为一体。由此，概念史既可以是一种包容貌似平庸人物、文本的思想史，也可以是一种有思想高度和深度的社会史，还可以是一种通天接地、会通中外的文化史。这样一种融合的取向和可能境界，构成了概念史的明显优势。

概念史在写作方面有一个特点，即它是包容故事和事件的思想史。通常的思想史、观念史、知识史、学术史，一般不太关注故事，因为它们需要照顾到“观念”“知识”这些研究对象本身艰深玄妙的特点，需要充分尊重揭示对象本身的特点，不能够把研究对象庸俗化。那么，思想史家笔下呈现出来的效果，就可能会影响到最终成果的故事性和可读性。但是，概念史毕竟跟通常的思想史、文化史、观念史、知识史、学术史不太一样，它会更有意识地把“观念”“知识”放在不同文化背景、不同人群的互动过程中去观察。由此，历史学善于“讲故事”的传统本领，便可以在概念史书写中得到保留与发扬。孙江的《人种》就是一个范例。乍一看书名，读者可能会觉得它是在讲一个枯燥、陈旧的概念。但只要打开目录一看，就会发现这本书既有思想内涵，同时也有好的“故事”，阅读起来别具趣味。

三、知识考古的思想文化史

如前所述，概念史既是一种包容平庸的思想史，又是一种有思想高度的社会史，还是一种通天接地、会通中外的文化史。概念史研究始终围绕近代基础概念和知识体系的生成演变，重视中外知识和文化要素之间的沟通、互动、互鉴，最终落脚于从历史脉络中对现代性进行深层反思。概念史研究的这种学术旨趣和特色，对于中国自主知识体系建设，对于中华民族现代文明建设，都具有不容忽视的学术价值和现实意义。

近代以来人类知识体系的构建，本来就是中西各国各种语言、文化主体之间多元互动的过程。一方面，这种互动过程并不是平等的。近代知识体系在欧洲率先建立起来，然后向日本、中国、其他的亚非拉地区扩散，这当中又伴随着殖民扩张等不平等因素。另一方面，这种互动过程包含相互观照、互为启发、相互成就的因素。不管是西方还是中国的近代知识体系，都不是孤立形成的。西方近代知识体系的形成，很大程度上离不开对世界其他地方——如近东、远东——的探索与认知。类似地，中国近代知识体系的形成，也直接受到了域外近代知识传入的影响。

对于这样一种全球知识体系的形成过程，学术界以前有很多研究，特别是在中外文化交流史这个学科领域之内。全球史潮流近年在中文学界兴起，知识体系这方面的内容也会受到关注。但是，不管是中外文化交流史还是全球史研究，各自都有丰富的研究对象，知识体系只是它们的研究对象之一，而且还不是特别重要、核心的题材，甚至只是边缘的题材。相比之下，概念史着眼于一系列近代基础性的重大概念，基于全球本土化的视角去聚焦知识体系的生成、传播和流变过程，因而最适合对近代全球知识体系进行集中研究，并在这方面显示出特殊的优势。

尤其是在当下的中文语境里，概念史作为历史书写——特别是思想文化史书写——的新路径，独具一种知识考古、助力话语反思的学术功能和时代价值。在全球近代知识体系建构这一宏阔视野之下，从一系列近代基础概念在中文语境里传播、接受、实践和流变的脉络入手，通过系统的知识考古工作，中国学者有可能进一步反思晚清以来形成的关于中国历史、中国文化的基本概念、学术体系和话语体系，厘清其中的是非得失。[①] 冯天瑜关于现代汉语中“封建”话语的探究，即为一个示例。[②] 更进一步，概念史有可能在全球互动的视野下，发掘和彰显

① 孙江：《近代知识亟需“考古”——我为什么提倡概念史研究？》，《中华读书报》2008年9月3日。

② 冯天瑜：《“封建”考论》，武汉大学出版社2006年版。

中国本土文化在过去100多年甚至更长时期中的独特经历、体验和主体性。有了这样的学术基础工程，建设中华民族现代文明就有了学理基础。

历史学到底有什么用，这是一个延续了上百年的老问题。从个体认知层面而言，历史学原本可以成为一种反思之学，通过历史学的工作反思我们自己的认知，反思我们头脑中所接受的一些格式化、固化的观念。而概念史作为历史学的一种独特"路数"，尤其可望帮助历史学彰显其反思之学的品格。通常的政治史研究、经济史研究、文化史研究等分门别类的研究，包括中国通史的叙事，其实都是在"甲午"以来的120年中，基于一系列近代基础概念的传播、引入、落地、理解、接受与运用，才逐步构建起来的。"甲午"之后的三四十年里，众多近代基础概念逐渐定型、变成新常识。这些新常识又被当作新的知识工具，用于认知近代以前乃至更加遥远的古代历史事物，进而形成一系列新的学术体系、话语体系。在此过程中，也可以看到这样一种现象，即不假思索地拿20世纪20年代至30年代之后定型的一些新概念直接去套中国历史，一讲到中国历史即如此，似乎理应如此。由此，对于中国历史的研究、表述和书写，一方面呈现出不同于此前两千年的新面貌，另一方面也难免流于机械，沦为新的俗套。现在大力提倡讲好中国故事、加强自主知识体系和文化自信建设，这对于历史学作为反思之学的功能提出了新的要求。概念史系统深入的知识考古工程，对于反思近代以来中文世界概念体系、学术体系、知识体系和话语体系建设的利弊得失，无疑具有重大价值。系统开展中文世界的概念史研究，本就属于中国自主知识体系建设的题中应有之义。

概念史目前在中文学界已经属于"热门"话题，这种情况有点像20世纪80年代中期社会史研究的发展情形。在那之前的几十年，中文的历史学研究太过政治化，面貌过于单调、僵化，所以学界和公众对于历史研究、历史书写提出了一些新的期望，对于新的路径和方法尤为渴望。社会史适逢其时，得以快速发展，十几年后成为一种人所共知的学问。相比以政治史为主导，特别是政治化的历史书写，社会史研究极大地扩充、丰富了史学的面貌。同时，“社会史”也变成了一个标签，被视为一种流行的史学研究方法。近些年来，概念史俨然业已成为一种流行的研究方法，其影响并不限于历史学科，更不只是在思想文化史领域，而且经常被很多学科、不同专门领域的研究援引。由此也可反映，概念史确实为历史书写找到了新的可能性，为人文社会科学的转型升级提供了新的启迪。

当然，概念史流行的同时，也难免存在一些误用和滥用的现象。在这种情况下，示范性的概念史研究作品变得尤为重要。此前的学者们做过一些很好的研究，出版、发表过一些重要的作品，比如黄兴涛关于现代汉语中“她”字的文化史探源，以及关于近代“中华民族”观念生成演变过程的研究。[①] 但总的来看，中文学界堪称示范性的概念史研究作品仍然太少。回到孙江的《人种》，这本书的出版可谓正当其时。该书属于南京大学学衡研究院组织出版的“学衡尔雅文库”[②]之一，后者正是通过概念史路径重新书写中国历史的一次大型尝试。期望这套丛书的陆续问世，能够助力中文学界的概念史研究更上一个台阶，呈现一幅脉络清晰、错落有致、深邃别致的整体思想文化史图景。

---

① 黄兴涛：《“她”字的文化史：女性新代词的发明与认同研究（增订版）》，北京师范大学出版社2015年版；《重塑中华：近代中国“中华民族”观念研究》，北京师范大学出版社2017年版。

② “学衡尔雅文库”由孙江主编，江苏人民出版社出版。2023年，首批七本著作面世。除了《人种》一书，还包括李晓东的《法治》、冯天瑜的《封建》、李青的《功利主义》、李冬木的《国民性》、王东杰的《国语》、沈国威的《科学》。

作者谈*

孙　江

我常引用科塞勒克的一句话来强调概念史研究的重要性：没有共同的概念，就没有共同的社会，更不要说行动的政治领域。然而，越是重要的概念，越容易被误读，甚至被滥用。120年前，在清末留日知识人中流传的一本《和文汉读法》小册子，望文生义地将“概念”解为“大概想念”，将“观念”释为“观而念之”。今日谈概念史的学者，或将概念史等同于词语史，或将概念史视为观念史，甚而将概念史仅仅作为历史研究的方法。窃以为均未揭示概念史的精髓。套用一位哲人的句式，“概念是历史之家”。概念即历史，历史知识储存于人们的经验中，经验的断裂处恰是期待的起始点。一些概念之所以成为历史性的基础概念，是因为它们凝聚了过去的经验空间和未来的期待地平线。

一、跨语际之间

我们生活的现代世界与英国工业革命和法国革命密切相关。长期浸淫于革命的中国人对法国革命的人物、事件与符号耳熟能详，“法国大革命”一词散发着特殊的历史韵味。然而，恰如托克维尔所说：“历史

---

* 本次发言经整理后，以论文形式发表，参见孙江：《博爱，还是友爱——Fraternité 的跨文化之旅》，《上海师范大学学报（哲学社会科学版）》2024年第2期。

犹如画廊里的绘画，原作甚少，多为仿品。”[①]我们关于法国革命的知识亦是如此，其中包括“自由、平等、博爱”三字诀。

细细咀嚼三字诀，不难发现有两个与“博爱”有关的不对称。

第一，fraternité 与其汉译“博爱”存在不对称。中文版《列宁全集》是这样翻译三字诀的：“这些革命家是为资产阶级的利益服务的，不过他们没有意识到这一点，他们被自由、平等、博爱的词句蒙蔽了。”[②]“博爱”的俄语是 братство，意为“兄弟”。米涅（F. A. Mignet）的《法国革命史》初版于 1824 年，三字诀被汉译为“以自由、平等、博爱的名义向群众灌输最强烈的热情”[③]。“博爱”原文 fraternité，即英文 fraternity，词根为拉丁语 frater——“兄弟”。在拉丁语中，fraternitas 是“兄弟爱”。因此，fraternité 直译应为“兄弟爱”，进而可译为如兄弟般的爱——“友爱”。在西文语境里，“博爱”另有对应语：一个是 philanthropy（人类爱），来自古希腊语φίλάνθρωπος（人类爱），由φίλος（爱）和άνθρωπος（人类）构成；一个是拉丁语 caritas（博爱），是 charity（慈爱）的词源。“兄弟爱”或“友爱”是平行的人与人之间的血缘或模拟血缘关系，是限定性的，而“人类爱”是无等差的。fraternité 不能译作“博爱”，此点不待多言。其实，φίλάνθρωπος和 caritas 也与汉语“博爱”大相径庭。“博爱”语出《孝经》：“先王见教之可以化民也。是故先之以博爱，而民莫遗其亲。陈之以德义，而民兴行。”[④]这里的“博爱”是指儒家的“仁爱”。

第二，撇开汉译问题，回到法文三字诀——Liberté、Égalité、

---

① Alexis-Charles-Henri Clérel de Tocqueville, *Ancien Régime et la Révolution*, Paris: Michel Lévy frères, 1856, p. 123.

② 《列宁全集》第 36 卷，人民出版社 1985 年版，第 354 页。

③ F. A. Mignet, *Histoire de la Révolution française depuis 1789 jusqu'en 1814*, Paris, 1824, p. 337.

④ 李学勤：《孝经注疏》，载《十三经注疏》，北京大学出版社 1999 年版，第 20 页。

Fraternité，三者之间也存在不对称。“自由”关乎人的价值，“平等”涉及社会。革命旨在打破等级，实现人的解放，何以要缀上超历史的“兄弟爱”或“友爱”呢？概念史研究离不开社会史的依托，只有将概念置于特定的情景中，才能理解概念是如何被生产出来的。

二、不对称的“友爱”

1789 年 7 月 14 日夜，法国国王路易十六（Louis XVI）在日记中写道：今日无事（Aujourd'hui，rien）。当日，巴士底狱发生暴动。暴风起于青蘋之末，一件不起眼的小事成为革命的导火索。8 月 26 日，制宪议会颁布《人权宣言》，“自由”和“平等”成为革命追求的目标。在此后颁布的所有宣言或宪法中，“自由”和“平等”均被提及。[①] “友爱”出现在 1791 年 9 月颁布的宪法中，其第 1 篇《宪法保障的各种基本规定》写道：“保持法国革命的记忆，为了养成市民之间的友爱（la fraternité entre les citoyens）以及对宪法、祖国和法律的热爱，设立各种国民节日。”然而，革命机器一旦启动，便难以终止。1793 年 1 月 21 日，路易十六被送上断头台，操刀的是巴黎刽子手世家第四代传人桑松（Sanson）。国王必须死，因为共和国必须生。将国王和王后送上断头台的雅各宾派首领罗伯斯庇尔（Robespierre）一年后（1794 年 7 月 28 日）也被送上断头台。颇具讽刺意味的是，1793 年宪法草案制定时，罗伯斯庇尔还在要求追加“国土中的所有人都是兄弟”的条文。研究法国革命的著名学者奥祖夫（Mona Ozouf）对“友爱”有精辟的断语：雅各宾时期的“友爱”同“自由”与“平等”的结合同样存在问题，一个只有敌人与兄弟的社会是没有“平等”可言的，而“自由”常常成为“友爱”嘲笑的

① 关于历版法国宪法的具体文本，可参见法国宪法委员会官方网站：https://www.conseil-constitutionnel.fr/la-constitution/les-consti-tutions-de-la-france。

对象。“友爱”同死亡的结合也成为雅各宾时期的一个特征。对“友爱—死亡”这一组合存在三种解释：要么作为兄弟而死，要么为了兄弟而死，还可以是为了兄弟让别人死。某种程度上，牺牲兄弟成为是否对祖国忠诚的一种考验。因而在这种情况下，不是“友爱”，而是“友爱—死亡”成了革命的标志。[①]

革命即断裂。在革命与反革命、共和与复辟的博弈中，过往的秩序被切断，法兰西人对构成秩序的、兄弟般的“友爱”的渴望愈发强烈，他们将革命者的友爱扩大为国民的友爱。1848 年的宪法中出现三字诀：“法兰西共和国以自由、平等、友爱为旨归。法兰西共和国以家族、劳动、所有权、公共秩序为基础。”不仅如此，“友爱”还成为塑造法兰西民族意识的情感资源。1870 年，历史学家库朗热(Fustel de Coulanges)在《阿尔萨斯是德意志的还是法兰西的》一文中写道：区分民族的标准既非种族亦非语言。当人们是一个有相同思想、利益、情感、回忆和希望的共同体时，他们就会从内心里知道自己同属一个人民，这造就了祖国，也是人们一同前进、一同工作、一同战斗，彼此共患难同生死的原因。祖国就是我们所热爱的，阿尔萨斯或许在种族和语言上是德意志的，但其民族性与爱国情却是法兰西的。你知道是什么使它成为法兰西的吗？不是路易十四(Louis XIV)，而是我们 1789 年的大革命。[②] 1882 年 3 月 11 日，勒南(Ernest Renan)在索邦大学发表的演讲《什么是民族》，被誉为现代民族理论的经典。勒南认为民族的存在是“日常的公民投票”(un plebiscite de tous les jours)，正如个人的存在是一种对生活的反复确认。就法国革命而言，勒南说过的另一句话也许

① Mona Ozouf, “La Révolution française et l'idéede fraternité”, *L'Homme régénéré: Essais sur la Révolution française*, Paris: Gallimard, 1989, pp. 177-180.

② Fustelde Coulanges, *L'Alsace est-elle allemande ou française? Réponse à M. Mommsen*, Paris: E. Dentu, 1870, p. 10.

更为重要:“遗忘,或称之为故意搞错的历史,乃是民族创建的关键因素。”[①]的确,没有和解的历史会以牺牲当下的生活为代价。记忆与遗忘犹如一对孪生兄弟,深嵌在民族的塑造过程中。

三、不对称的“博爱”

19 世纪中叶,法国革命的信息即已漂洋过海,传到中国。但是,在 19 世纪末王韬的《重订法国志略》问世之前,人们对法国史和法国革命的认识还十分有限。王韬游历过法国,但这本书却是依据冈千仞、冈本鉴辅的著述编纂而成的。因此,要知晓 19 世纪和 20 世纪之交晚清知识人关于法国革命的知识,特别是我将要讨论的革命三字诀,需要考察日本明治时代关于法国革命的翻译和书写。

1868 年,日本步入明治时代。以 1889 年《大日本帝国宪法》的颁布为分水岭,明治时代可一分为二,前期为了建设现代国家而推崇“文明开化”,后期为了强固天皇制国家而推行《教育敕语》。因此,启蒙思想和法国革命的相关信息基本上都是在明治前期被译介的。前文提到的米涅的《法国革命史》由河津佑之在 1876—1878 年译为日文,其中,fraternité 被译为“兄弟”,可谓达意。1885 年,德国人律斯勒(Karl Friedrich Hermann Roesler)的《法国革命论》被译为日文,相关词语译作“同胞主义”。1874 年中江兆民留法回国,于 1882 年将卢梭的《社会契约论》译为汉文(《民约论》),中江兆民因此被誉为“东洋的卢梭”。1887 年,中江兆民在其著作《三醉人经纶问答》中,一人扮演三个角色——南海先生、绅士君和豪杰君,纵论现代民主体制。绅士君道:“欧洲诸国,了解自由、平等、友爱之理,何以采用民主制邦国家不多也哉。”

---

① Ernest Renan, *Qu'est-ce qu'une nation?* Paris: Calmann Lévy, 1882, pp. 7,27.

书中另一处提到三字诀时加上修辞："自由之理、平等之义、友爱之情。"[①]考虑到中江的影响力，有理由认为"友爱"之所以固化在三字诀中，与中江不无关系。

日本明治时代关于法国革命的著述影响了清末中国知识人，fraternité 的译词——"兄弟""同胞""友爱"等均出现在清末中国知识人的文章中。1900 年，作者署名为"自强"的《革命之剑》一文提及"自由、平等、友爱"。侯声的《博爱主义》作"平等、自由、兄弟"。《浙江潮》刊载的署名为"大陆之民"的《最近三世纪大势变迁史》一文道："社会的平等，政治的自由，四海同胞之大主义，是亦十九世纪物质的进为特有之现象也。"[②]1902 年，梁启超的《新中国未来记》使用"亲爱"一词，是一个例外。

令人深思的是，无论是改良派的康有为、梁启超，还是革命派的孙中山等，在言及三字诀时常常使用"博爱"。前引侯声之文虽曰"兄弟"，题名却用"博爱"，内容讲的也是"博爱"，且上溯到孔孟和墨子。康有为基于忠君立场，一贯批判法国革命，1905 年其所著的《法兰西游记・法国大革命记》，凡涉"友爱"处均以"博爱"呼之："夫博爱同胞，救举国之人，置于自由平等之地，虽千岁以后，大同之世，至圣大仁，犹难言之。""彼革命者之政论甚高，揭博爱以为名；彼革命党之政策无他，以上断头台为实。""日揭博爱、自由、平等为徽，乃假博爱之名以为屠队，用自由之义以为囚狱，假平等之说以杀夺富资，剪除才望。"[③]与康梁对立的革

---

① 『三醉人経綸問答』(1887)、『中江兆民全集』8、岩波書店、1983 年、第 181、218 頁。

② 大陆之民：《最近三世纪大势变迁史(续第三期)》，《浙江潮》第 6 期，1903 年 8 月 12 日，第 26 页。

③ 明夷：《法国革命史论》，《新民丛报》第 4 年第 13 号(原第 85 号)，1906 年 8 月 20 日，第 21、30 页；《法国革命史论(续第八十五号)》，《新民丛报》第 4 年第 15 号(原第 87 号)，1906 年 9 月 18 日，第 6 页。

命派也惯用“博爱”。汪兆铭在与梁启超关于立宪与共和的辩论中谓：“自由、平等、博爱三者，人类之普通性也……我国民既有此自由、平等、博爱之精神，而民权立宪，则本乎此精神之制度也。”[①]孙中山在作于1906年秋冬的《中国同盟会革命方略》中道：“我等今日与前代殊，于驱除鞑虏、恢复中华之外，国体民生尚当与民变革，虽纬经万端，要其一贯之精神则为自由、平等、博爱。故前代为英雄革命，今日为国民革命。所谓国民革命者，一国之人皆有自由、平等、博爱之精神，即皆负革命之责任，军政府特为其枢机而已。”[②]

近代意义的“博爱”是否亦为“和制汉语”呢？尚难断定。如前所述，日本在描述法国革命三字诀时，比较一致地将 fraternité 译作“友爱”或其他同义词。1898年《知新报》一篇译自板垣退助的批判欧洲人种族歧视的文章中提及：“无平等博爱之德性，则是文明之尸肉。”板垣系“明治三元老”之一，按照当时的翻译习惯，此处的“博爱”应来自日文。1903年11月，堺利彦、内村鉴三、幸德秋水等设立“平民社”，发行杂志《平民新闻》，揭橥其宗旨为“自由、平等、博爱”。幸德秋水是中江兆民的及门弟子，在一篇题为《我直言》的短文中，幸德秋水道出了使用博爱的原因所在：“道德者，非经文、非仪式、非历史，曰仁、曰义、曰自由平等博爱也，实行仁义，即实现自由平等博爱，仅此而已。”[③]

四、友爱与博爱相克

为什么清末知识人（包括日本人）会选择词不达意的“博爱”来翻译

---

① 精卫：《驳〈新民丛报〉最近之非革命论》，《民报》（第4号），1906年5月1日，第29页。

② 孙中山：《中国同盟会革命方略》，载《孙中山全集》（11卷），第1卷，中华书局1981年版，第296页。

③ 幸德秋水、「予は直言す」、月刊『直言』1卷1號、1904年1月5日。

三字诀中的 fraternité 呢？历史学家在发现故事后，有义务给出一个解释。

最早遭遇“友爱”与“博爱”相克的是耶稣会士利玛窦（Matteo Ricci）。1582 年，利玛窦来到澳门，不久进入内陆，经肇庆、韶州、南昌、南京，最后定居北京。利玛窦会通耶儒、调和中西，博得明末士人的好感。1606 年，利玛窦写过一本小册子《交友论》，声言“吾友非他，即我之半，乃第二我也，故当视友如己焉”。《交友论》据说是根据亚里士多德的弟子泰奥弗拉斯托斯（Θεόφραστος）所写的《友情论》改编而成。作为耶稣会士，利玛窦避谈基督“邻人爱”，更不言“兄弟爱”，而是直接上溯古希腊之“友爱”，是有其考量的。

在《新约》里，“兄弟爱”描述一种兄弟般的集体性存在。《新约》将以色列人与上帝的“契约”更改为人与上帝的“契约”，倡言“人类爱”——“邻人爱”。“邻人爱”超越了个人好恶，超越了犹太教爱朋友、恨敌人的律法，把置于血族私领域的“兄弟爱”公共化。奥古斯丁（Augustinus）认为对神的爱和自我的爱统一于“邻人爱”中。利玛窦舍“邻人爱”而讲“友爱”，固然意在避开明代士人对基督教的戒惕，还因为中世纪神学里的神爱有亚里士多德“友爱”的基础。在古希腊城邦政治中，人与人之间自由发表意见，参与公共事务。当意见难以达成一致时，人们需要互相谅解——φιλία（友爱、友情）。φιλία 是城邦共同体成员之间的公的关系，是超越自他的共同性的东西，不是“兄弟爱”的私的关系。所以，亚里士多德说，“朋友超过一万个亲人”。

但是，利玛窦的努力遭到晚明士人的质疑。在儒家思想中，无论是“兄弟爱”，还是“友爱”，都必须纳入君臣、父子、夫妇、长幼、朋友这一五伦秩序中，“友爱”或“兄弟爱”处在下位，服膺“孝”。1823 年，马礼逊编纂的第一部英汉字典——《英华字典》，把 fraternity 释为“友爱”“兄弟”，但将“友爱”诠释为 filial，filial affection——“孝”，说明他已经知道“友爱”乃是“孝”的派生物。在五口通商口岸开埠之前，徘徊在中国沿海的早期传教士用“博爱”来宣扬基督教。自称“爱汉者”的著名传教士郭实腊（Gützlaff）别名“博爱者”。

“兄弟爱”或“友爱”如果不纳入五伦之中，会被视为危险的存在。清前期的《大清会典》写道：“国初定，凡异姓人结拜弟兄者，鞭一百。顺治十八年令，凡歃血盟誓、焚表结拜弟兄者，着即正法。”[①]在流动的世界里，人际关系呈现出复杂的样态，对兄弟结拜——会党——的禁止不可能全部照例行事。最后，清政权立下了一个潜规则：不论会与不会，只问匪与不匪。

清朝统治者的担心不无来由。在现代革命政党的结合原则没有确立之前，“兄弟爱”不仅是人和人结合的纽带，还是用于达成某种政治目的之手段。1894 年，孙中山以会党的方式成立“兴中会”。康梁的弟子欧榘甲先知先觉地发现会党——私会——具有“现代性”，试图仿照美国的体制进行民众动员。但革命之后，孙中山等对自身“兄弟爱”的革命史尽量不谈，其意识中无疑将“兄弟爱”视为下位概念。1919 年 1 月 14 日，孙中山对蔡元培、张相文打算编纂中华民国成立前革命史的想法发表意见：“尊函主《国史前编》上溯清世秘密诸会党，文于此意犹有异同。以清世秘密诸会党，皆缘起于明末遗民，其主旨在覆清扶明。故民族主义虽甚溥及，而内部组织仍为专制，阶级甚严，于共和原理、民权主义，皆概乎未有所闻。其于共和革命关系实践，似宜另编为秘密会党，而不以杂厕民国史中，庶界划井然不紊，此亦希注意及之也。”[②]孙

① 康熙《大清会典》，卷 130《奸徒结盟》，第 16 页；亦见雍正《大清会典》，卷 194《奸徒结盟》，第 36 页。

② 孙中山：《复蔡元培、张相文函》，载《孙中山全集》，第 5 卷，第 8 页。

中山认为会党“组织仍为专制,阶级甚严”,这与崇尚共和与民权的革命主旨背道而驰。但孙中山很清楚,正是会党——“兄弟爱”——给予革命组织创出的契机。1912 年 2 月 15 日,即将卸任南京临时政府大总统的孙中山率黄兴、蔡元培等一众官员祭拜明孝陵,昭告明太祖革命已经成功。

五、结语

综上,我围绕 fraternité 的两个不对称现象进行了粗浅考察。作为暂时性结论,可以举出两点。一方面,跨文化的概念旅行是一条没有归路的“全球本土化”(glocalization)实践。“翻译即背叛”(Traduttore-Traditore),translate 源于拉丁语 transfero,后者意为把东西从一地搬运到另一地,搬运过程中必然会产生转位(dislocation)、解构(deconstruction)和再生产(reproduction)。从法国革命三字诀中 fraternité 而来的汉语“博爱”,是搬运——“全球本土化”——的结果。有意味的是,在汉语中,与“自由、平等、友爱”的不对称相较,“自由、平等、博爱”彼此之间有一定的平衡感,“博爱”与“自由”“平等”一样,都是现实缺少的,因而被置于未来的期待地平线上。

然而,另一方面,“每个人的最大幸福,是他能让自己觉得幸福,这要由他本人也只能由他本人来判断”①。1874 年,英国保守主义史学家斯蒂芬(James Fitzjames Stephen)出版了名为《自由、平等、友爱》的著作,痛陈“自由”是秩序里的“自由”,“平等”是法律面前的“平等”,“友爱”与“自由”“平等”格格不入,“友爱”往往以牺牲当下为代价追求抽象

① James Fitzjames Stephen, *Liberty*, *Equality*, *Fraternity*, New York: Holt & Williams, 1873. 中文译本参见詹姆斯·斯蒂芬:《自由、平等、博爱》,冯克利、杨日鹏译,江西人民出版社 2006 年版,第 5—9 页。

的未来。不消说，斯蒂芬的言说击中了“友爱”“博爱”的痛点。但是，即便如此，我们也不要忘记涂尔干的提醒，“契约中的非契约因素”(non-contractual element in contract)。英国人的“共情”(sympathy)也罢，法国人的“友爱”(fraternité)也罢，中国人的“博爱”也罢，都折射出现代社会及其自身价值的缺失。

第六章
观念史的写法与前景

时　　间： 2023 年 10 月 26 日

地　　点： 线　上

主 持 人： 黄　涛（中山大学副教授）

与谈嘉宾： 朱　承（华东师范大学教授）

唐文明（清华大学教授）

李宏图（复旦大学教授）

张凤阳（南京大学教授）

阅读文本： 陈乔见，《义的谱系：中国古代的正义与公共传统》，商务印书馆 2022 年版

与谈作者： 陈乔见（中山大学教授）

主持人语[*]

黄　涛

观念史在当代中国的展开，是新世纪以来的事情。尽管在 20 世纪 90 年代，也有在题目中带有“观念史”的论文出现，但无论是从数量上讲，还是从质量上讲，观念史在该时期都未得到充分重视。我们能够看到当时的文学批评会关注观念史与文学史之间的关系，但谈不上对于观念史的自觉。值得一提的是，应奇先生于 1999 年在《哲学研究》上发表《两种自由的分与合——一个观念史的考察》，已经敏锐地意识到观念史在政治思想领域的运用。[①] 但在这个时期，我们无论如何都无法看到有关观念史作为一种独特的研究方法的自觉。

如今，当我们提到观念史研究的路向时，基本上会追溯到洛夫乔伊于 1936 年出版的《存在巨链》一书，这本书的副标题是“对一个观念的历史的研究”。观念史研究因洛夫乔伊的工作而广为人知。洛夫乔伊本人甚至在 20 世纪 40 年代创办了《观念史杂志》（*Journal of the History of Ideas*）。他在观念史研究领域的代表作品《存在巨链》[②]直

---

* 本次发言经整理后，以论文形式发表，参见黄涛：《观念史的现状及未来》，《学术探索》2024 年第 12 期。

① 应奇：《两种自由的分与合——一个观念史的考察》，《哲学研究》1999 年第 11 期。

② 诺夫乔伊：《存在巨链：对一个观念的历史的研究》，张传有、高秉江译，江西教育出版社 2002 年版。另参见阿瑟·O. 洛夫乔伊：《存在巨链》，张传有、高秉江译，商务印书馆 2015 年版。

到2002年才被翻译为中文出版。三年后，他的另一部观念史研究的代表作《观念史论文集》[①]被翻译为中文出版。

当代中国的观念史研究并未伴随洛夫乔伊作品的出版而立刻在人文社科领域产生广泛影响。如今有关观念史的讨论更多出现在研究历史和政治学的学者中间，而在21世纪00年代初期，首先映入眼帘的是美术史学界对于观念史的兴趣。其中值得一提的是曹意强先生，他在20世纪90年代负笈海外，师从弗朗西斯·哈斯克尔（Francis Haskell）、贡布里希（E. H. Gombrich）和巴克森德尔（Michael Baxandall）三位艺术史泰斗，在完成题为《艺术史的途径》（Avenues of Art History）的博士学位论文之后回国。自2003年到2006年，他先后在《新美术》杂志发表多篇题为观念史的文章，例如《什么是观念史？》和《观念史的历史、意义与方法》等。尽管曹先生此后并未完全走向观念史领域，但他是21世纪00年代以来第一位在艺术史领域推动观念史研究，并对观念史有一定理论自觉的中国学者。他在这一时期翻译了洛夫乔伊的《观念史研究方法》[②]，并于2003年和范景中一起创办《美术史和观念史》年刊。自此，观念史在艺术史领域就以美术史作为个案而得到展开。

尽管在21世纪00年代初期也有一些以观念史为题的著作出版，但这些著作仅有观念史研究的名称，而并未贯穿洛夫乔伊的观念史研究方法。例如，2008年，巴蜀书社出版了杨光荣先生撰写的《词源观念史》一书，但稍加阅读就会感到，此书不过是对同源词理论发展的一个研究，我们也可以在诸如《电影观念史》这样的书中看到类似研究。

几乎与洛夫乔伊的作品传入中国学界同时，如今风靡的剑桥学派

---

① A. O. 洛夫乔伊：《观念史论文集》，吴相译，江苏教育出版社2005年版。另参见阿瑟·O. 洛夫乔伊：《观念史论文集》，吴相译，商务印书馆2018年版。

② 阿瑟·洛夫乔伊：《观念史研究方法》，曹意强译，《新美术》2003年第4期。

思想史研究开始被较为系统地译介过来。2002年,斯金纳的《近代政治思想的基础》一书被译为中文出版。[①] 李宏图先生是剑桥学派思想史研究在中国的主要推动者,他先是在2002年翻译出版了《自由主义之前的自由》[②],2005年又在华东师范大学出版社主编了五册"剑桥学派思想史译丛"。尽管一般来说剑桥学派是与思想史相关联的,但剑桥学派强调思想出现的时代与历史语境。它以其扎实的历史文献学的功底赢得了当代中国学者的青睐,以至于在某种意义上压倒了观念史研究。但我们或许也可以在一般意义上将剑桥学派的思想史研究视为一种观念史研究的路径。这可以通过剑桥学派的几部核心文献看出。例如,斯金纳的《观念史中的意蕴和理解》一文曾被誉为剑桥学派的奠基性文献。它明确针对洛夫乔伊的观念,写下了这样的评价:"这一方法的危险在于:所要考察的学说被化约为某一实体。只要史学家着手探索这样的观念,某种发展成熟的学说从某种意义上被作为历史上所固有的,即使许多思想家并未'触及'该学说,在不同时期将其'抛诸脑后',或者整个一个时代对之毫无'知觉'。结果,这一过程被描述成一个不断成长的有机体。这样,主体消失了,代之以观念之间的格斗。"[③]又比如说邓恩的《观念史的特性》一文中也有对观念史研究的类似批评,这篇文章的开篇就明确指出,观念史研究只看到了抽象的观念,而没有看到人,"在他们眼中观念史犹如一部传奇,所有的丰功伟绩都是由那些几乎不能做任何事的实体完成"[④]。

---

① 昆廷·斯金纳:《近代政治思想的基础(上、下卷)》,奚瑞森、亚方译,商务印书馆2002年版。该译本在2011年修订之后,以《现代政治思想的基础》为题,另由译林出版社出版。

② 昆廷·斯金纳:《自由主义之前的自由》,李宏图译,上海三联书店2003年版。

③ 昆廷·斯金纳:《观念史中的意蕴和理解》,任军锋译,载丁耘编:《什么是思想史:〈思想史研究〉第1辑》,上海人民出版社2006版。

④ 约翰·邓恩:《观念史的特性》,任锋译,《知识分子论丛》2009年第1期。

如今在回顾21世纪00年代以来中国学界的观念史研究的代表性学术成果时，一般都会提及金观涛和刘青峰出版的《观念史研究：中国现代重要政治术语的形成》[①]，这本书被视为当代中国第一部以观念史研究为主题的著作。这本书围绕一系列政治关键词展开观念史的讨论，涉及"公理""天理"这些相对来说抽象的哲学概念，也涉及"权利""群""社会"这些具体的政治社会关键概念。这本书有一个题为"为什么从思想史转到观念史"的导论，由此可见金、刘二人对于此书中有关观念史的使用有一种充分的理论自觉。只是稍作阅读，就可以知晓这一自觉并非源自洛夫乔伊作品的启示，而也许更多来自雷蒙·威廉斯(Raymond Williams)的启示，因为金、刘二人注意到，观念可以通过关键词来界定，并且较之思想有更明确的方向。不仅如此，观念较思想有更明确的行动方向。由此可见，当代中国学者对于观念史的兴趣，并非洛夫乔伊强调的对于观念单元的兴趣。洛夫乔伊也强调观念史和思想史的区分，他将思想史视为原始的材料，而将观念史视为存在于这些材料背后的、基本的、持续不变的或重复出现的能动的单元。

当代中国学界的观念史研究，并非完全基于洛夫乔伊的观念史研究方法，而是呈现一种多元性。甚至没有证据表明，有哪一部著作是完全基于洛夫乔伊的方法。金、刘二人从思想史到观念史的转变仅是其中一例。剑桥学派又是一例。但我们翻阅21世纪10年代以来的著作和论文，可以看到观念史研究的多元性，即学者们既不是沿着洛夫乔伊的路径，也不是在剑桥学派的意义上展开观念史研究。2006年出版的《中国观念史》[②]对"公私""仁""自然""天道"等中国哲学概念进行了梳

---

① 金观涛、刘青峰：《观念史研究：中国现代重要政治术语的形成》，法律出版社2009年版。

② 张岱年等著，苑淑娅编：《中国观念史》，中州古籍出版社2006年版。

理，意识到概念在中国思想史中的发展。但此书并不像金、刘两位先生的工作那般完整，因此在方法论方面也难以形成一致的自觉。但这本书的编写本身也表明了观念史研究对于该时期学者的影响。华东师范大学高瑞泉先生的《平等观念史论略》[①]则更进一步，集中于讨论“平等”这一观念。该书对于平等观念在近代中国的变迁进行了细致深入的考察，可以说是吸收了观念史研究聚焦于关键词的特征。高瑞泉先生随后对于观念史这一研究方式本身进行了理论反思，并在此基础上进一步提出“中国观念史的学科自觉”。《平等观念史论略》可以说和《观念史研究》共同预示着观念史研究在政治学和中国哲学两个领域将会结出硕果。

最近十年间，陆续出版了一些比较有分量的观念史研究著作，尤其是出版了一些非常有分量的译著，例如日本学者沟口雄三的《中国的公与私·公私》[②]、意大利学者费罗内（Vincenzo Ferrone）的《启蒙观念史》[③]、英国学者克雷斯（Gregory Claeys）撰写的《乌托邦观念史》[④]等等。倘若要列出一个完整的名单，是非常困难的。然而，在此值得重点提及如下三位，尽管他们一般不被列入观念史研究的范畴，但对当下观念史研究来说，这三位的作品却不可忽视。第一位是施特劳斯。尽管施特劳斯并非以观念史学家出场，但其代表作《自然权利与历史》[⑤]一书，无疑对于我们研究观念史来说具有重要的指导意义。特别是，施特劳斯通过对于现代性的批判，以及对于古典政治哲学的解释，呈现了古今之变这一极其重要的观念史视野。第二位是伯林。伯林对浪漫主义的研究，实际上已彰显了一部浪漫主义观念史。而他的《观念的力

---

① 高瑞泉：《平等观念史论略》，上海人民出版社2011年版。

② 沟口雄三：《中国的公与私·公私》，郑静译，生活·读书·新知三联书店2011年版。

③ 文森佐·费罗内：《启蒙观念史》，马涛、曾允译，商务印书馆2018年版。

④ 格雷戈里·克雷斯：《乌托邦观念史》，张绪强译，商务印书馆2023年版。

⑤ 列奥·施特劳斯：《自然权利与历史》，彭刚译，生活·读书·新知三联书店2006年版。

量》[1]《现实感:观念与历史研究》[2]则更为直接地表明了他在观念史领域的不可忽略的地位。第三位是沃格林[3]。有别于洛夫乔伊,当然也不同于剑桥学派,沃格林对于现代性有着深刻的洞见,他穿梭于政治历史与经典文本之间,以敏锐的眼光捕捉不同时期政治观念的演变与发展。

总体来讲,观念史研究对于当代中国学者似乎有一种独特的魅力。无论我们多么强调观念来源的具体历史性,但观念一旦产生就获得了相对的独立地位,我们由此可以考察同一观念在不同时代的变化,而暂时搁置对于变化原因的讨论。进而我们可以讨论某一观念和另一种观念之间的联系,甚至可以针对整个社会观念进行全局性考察。不仅如此,观念也并不如哲学思想那般需要严格意义上的证明。观念可以弥漫在社会生活的各个领域。这就导致了观念史的研究具有两方面的显著特征:第一,观念可以是阳春白雪,也可以是下里巴人,观念史的研究不必拘泥于著名思想家、哲学家的论述,而可以进入普通人的生活之中;第二,观念具有一种跨学科属性。如前所述,我们的观念史研究,一开始并不是在政治思想史研究领域出现,而是在艺术史的研究中出现。观念史可以渗透到人文学科的各个领域,甚至可以进入自然科学领域。这也恰好回应了洛夫乔伊在《存在巨链》中强调的,观念史的书写不能局限在某一个领域,而应该是跨学科的,涉及一切历史领域,比如哲学、科学、文学、艺术、政治学等等。

考虑到观念是抽象的,也是具体的,表达的是对人类生存方式的具体看法,所以,观念史从广义来讲就是描述人类在不同时期对自身和世

---

① 以赛亚·伯林:《观念的力量》,胡自信、魏钊凌译,译林出版社 2019 年版。

② 以赛亚·伯林:《现实感:观念与历史研究》,潘荣荣、林茂译,译林出版社 2011 年版。

③ 2007 年以来,华东师范大学出版社陆续出版了沃格林的八卷本《政治观念史稿》。2007—2011 年出版第一版,2019 年修订之后出版第二版。

界的基本思考方式。这些方式或是彼此有别,或是在根本上没有分别。这些方式或是极其具体的,以至于可以转化为概念,可以对之进行逻辑的描述,但也可以是一种情感表达,只能通过艺术或者象征的语言来加以描述。于是,那些内涵清晰的观念就可能表达为概念,观念史因此就转化为概念史。那些需要通过哲学论证来加以界定的观念,就转变为哲学。而那些零散的,无法统一起来的观念,就变成了一般意义上的思想。或许可以说,观念史已消失,而转变为概念史、思想史和哲学史。于是,我们可以看到,有一些题为观念史的著作,其实也可以归入概念史之列。而有一些作品,即便并不明确声称自己是观念史,却是观念史研究不得不认真对待的。

另一方面,尽管目前在坊间可以发现不少观念史的著作和论文,但其实它们已在很大程度上偏离了洛夫乔伊的方法,甚至也未必深入贯彻了剑桥学派的方法。我们目前讨论的观念史是一个在极其宽泛和模糊的意义上使用的观念史,它似乎凌驾于概念史、哲学史和思想史之上,成为一切理智成果的总称,因而可以称之为 intellectual history(理智史)。这也许是对目前中国学界的观念史研究现状的一个准确描述。这就意味着,目前的观念史还是需要分化,需要形成方法和概念。换言之,要么追随某一种观念史论述,要么如同金观涛和刘青峰那样,在自己的问题意识基础上,给出更狭窄或更具体的有关观念史的定义,从而形成一种方法论的自觉。只有在此基础上,我们才能诞生出真正意义上的观念史,以及不同进路的观念史。

正是在此意义上,本次活动以陈乔见的观念史研究著作《义的谱系》为个案,讨论观念史研究的特征与方法,审查他在这一观念史研究中的优点与不足,追问我们在观念史研究中的方法论自觉。由此展望未来的观念史创作,就显得不无裨益。

“义”的公共维度*

朱　承

今天的讨论涉及中国古代思想的公共传统，这也是我个人一直感兴趣的方向。

陈乔见在开场中提到了梁启超、李泽厚、赵汀阳等学者对中国古代传统的判断。这些前辈的洞见在很大程度上启发了陈乔见的问题意识。值得注意的是，陈乔见的著作中提到了中国古籍中许多关于公共的字眼。我在研究朱熹思想时，也发现他常常谈及“古今公共之哲理”，从而超越了时空的限制。然而，作为一个哲学概念，公共性本身显然是一种现代哲学的话语。通过世界文明的交流与中西哲学的互鉴，我们用许多现代的哲学概念来反思或审视中国传统思想，并对其进行创造性的诠释，这是过去一百多年中学术界无可回避的事实。

杨国荣对此提出过关于本体论事实的观点，即使“公共性”这一词语未出现在古代语境中，但我们不能因此否定古人对于公共性问题的思考。尽管现代哲学话语中的公共性概念并未在古代被广泛使用，但其观念性内涵可以跨越古今。正如陈乔见在研究中指出的，无论是公私辨识，还是“义”的谱系，我们都能看到中国古代思想中存在着某种类似于现代公共性的宏观义务观念，这与我们当下讨论的主题具有深刻

---

* 本次发言经整理后，以论文形式发表，参见朱承：《“义”的公共维度》，《学术探索》2024年第12期。

的关联性。

在现代哲学中，公共性通常与私人性或个体性相对立。陈乔见在书中指出，中国哲学内部对于公共性的讨论已经积累了丰富的成果，尤其是近年来，唐文明等学者对于这一问题的探讨逐渐增多。然而，陈乔见的研究提出了一个挑战，即中国古代"义"的概念不仅与伦理生活相关，也能为我们提供一种公共生活的哲学基础。对此，进一步的发掘和讨论是必要的，这也增强了我们继续研究这一问题的决心。

通常认为，公共性事务在西方政治领域中仅限于涉及政治议题的范畴。举例来说，晚清时期关于公共性话题的研究涉及在咖啡馆中讨论国家大事、战争与和平等问题。正如电影《飘》中描绘的那样，一群南方贵族在庄园里讨论是否与北方开战，这被视为公共性的问题。然而，其他非政治领域的事务则被归类为私人或个人领域。如果我们仅从这个角度来看，"公共"的概念显得过于狭隘，与我们现代汉语或古代汉语对"公共"一词的理解不完全相符。以中国古代的"以群观之"作为参考，我们会发现公共性问题并不局限于政治领域。或者用陈乔见的话来说，在"公私辨"的视角下，我们可以看到，公共性的问题绝对不限于政治范畴。

那么，什么是公共性问题呢？我认为这需要从哲学层面上理解人的存在方式。海德格尔谈到人的一种公共存在的模式，而阿伦特(Hannah Arendt)则指出我们是复数性的存在。由此看来，公共性实际上是一种人在群体生活中不可能孤立的状态。

正如马克思所说，社会性是人的本质属性。在群体生活中，我们需要面对人与人共在的现实，并努力建立良好的群体关系。这正是共在秩序所展现的本质特征。因此，我愿意将公共性理解为人的一种本质属性。这就像我们有交往的需求、爱的需求、归属的需求一样。马斯洛

(Abraham H. Maslow)提出了人的五个层次需求理论，这表明我们都有这样的需求，因此我们可以理解为人具有面向群体关系、面向共在秩序的本质属性。

因此，从这个意义上理解公共性就意味着：承认并尊重人与群体共存的事实；将人视为复数性的存在，并将个体视为群体的一员；在面对个体独特的差异性观念和利益时，期望在异中求同；强调人与世界的本质统一性；强调人与人之间共同的价值观念和现实利益；重视人们共同遵守和维护的规则和秩序；倡导参与公共生活，以自己的努力去改善公共生活，并追求人类共同的美好生活理想。如果将这些视为公共性的外延，我们就会发现公共性可以作为人与人之间共享的价值规则和利益秩序的一个广泛的时代概念。

首先，从内涵上来说，它是人的本质属性。从外延上来看，它涵盖了价值、规则、利益、秩序等方面，包含了人类追求的公共维度。围绕公共性和公共生活展开的思考和讨论，使我们认识到，除了个体的存在——正如庄子所言“独与天地精神往来”，在更多的时刻，我们却是“散于万物而不厌”。[①] 这意味着，我们必须与他人共同生活，这是一个极其重要的事实。孙教授在写《家》时，我曾与他交流，提到“家”其实是我们参与公共生活的一种训练场所，教导我们如何处理与他人相处的关系，这超越了个人的身心范畴。这是一种训练，也是一种训练性场所，让我们学习如何在群体中生活和互动。

如果这样来讨论，公共性就是对智慧活动的追求，它必须涉及公共性的话题。这也是当代政治哲学研究的一个重大课题。自晚清以来，随着中国社会的快速转型，我们社会交往的深度和广度得到了空前的

① 《庄子·天下》。

扩展。原本在祠堂中能够解决的小规模公共性问题，现在演变为全社会需要讨论的话题。在当今社会，由于无处不在的摄像头监视着我们的行为，个体生活很容易被纳入公共生活的范畴。这样的例子在我们日常生活中随处可见。从在公共交通上孩子的哭闹、在公共场合外放音乐或电话，到更广泛的巴以问题、乌克兰危机等，所有这些都成为我们参与公共生活的一种方式。

因此，从这种角度来看，我们日常生活中公私生活的边界到底在哪里？陈乔见的公共性研究中引用了一些重要思想家的观点，而我在研究公共性问题时遇到的最大困惑是：公共生活和个人生活的界限在哪里？私人生活和公共生活的界限究竟如何界定？为什么常常用公共生活的价值原则来规范私人生活，或者用私人生活的美德和品德来评判公共事务？例如，我曾写过一篇题为《"孝"是公共规范还是个人美德》[①]的文章。如果孝是私人美德，那么社会对它的评价以及他人的要求可能就是越界了。如果孝是公共规范，个人就不得不遵守。因此，划分公私生活的边界，明确公共生活的原则，寻求良好的公共治理，筹划稳定的公共秩序以及构建理想的公共生活就显得更加紧迫了。

公共性相关的问题已经成为学界的重要前沿课题。从这个背景来看，陈乔见所著的这本书恰恰反映了当前哲学界的前沿趋势。这本书以中国思想为资源，首先从语文学的角度探讨了"义"这一概念的观念，研究其词源及其发展历程。然后，陈乔见以精英思想家为主要研究对象——同时也兼顾社会层面，以考察从前朱熹时代一直到近代的"义"的观念。这种研究方法类似于思想史中所说的大传统和小传统的结合。陈乔见称其研究属于观念史范畴，但我更倾向于将其视为以"义"

① 朱承：《"孝"是公共规范还是个人美德》，《道德与文明》2019年第6期。

为视角的中国哲学史研究。这一点也得到了郭齐勇的肯定,我对此非常赞同。高老师也提到书中体现的内在丰富性和复杂性,这确实是这本书的显著特点。总的来说,这本书的抱负很大,我个人非常愿意深入学习。从读者的角度来看,陈乔见在介绍演示文稿(PPT)时归纳出四个谱系,但似乎这本书中并没有详细阐述这些谱系。谱系应该为我们勾勒出一条路线图,将每一个元素拼接在一起。然而,目前来看,我感觉书中在结论性观点上并不是特别明确。如何将私人性的东西或正当性的概念演变为权利观念,其演变路径需要与时代背景相结合。我的学术训练受到冯先生对中国古代哲学逻辑发展的影响,认为观念在其历史发展过程中具有自身的内在逻辑,这也是我们常说的历史和逻辑相一致。

在公共性和"义"的问题上,我的理解或变迁路线图还不够清晰。当然,这是我读书的一个感受。我发现陈乔见似乎已经注意到这个问题,并且提到了四个谱系的概念。或许是因为我读书不够认真,没有仔细领会其中的细节。刚才提到的儒家或中国古代哲学的公共性,尤其是"义"这个概念,是其中最突出的一个话题。对我而言,这对理解公共性问题有着巨大的启发。接下来,我想围绕这个话题分享几个方面的感受。

研究公共性对公共生活秩序的遵守非常重要。第一个方面是"义"与公共善之间的关系。谈到公共信任的问题,要成为普遍的共识,必须假定存在一种公共善。儒家讲人性善,认为人性是公共的善,并非仅部分人具备,而是所有人都拥有。良知和四端之心是普遍存在的,人皆有之。这种普遍性是形成公共性的基础。我们之所以能够安心行走于街道上,不必担心遭遇恶意,源自人性论上的公共性,或道德哲学中的公共性,这都来源于我们对世界的理解。因此,哲学可能需要回答宇宙论、本体论和存在的本原问题。这些尝试都是为了给生活在公共场域中的人类提供一个普遍的前提。这个普遍的前提使多样化的世界获得一个总体性和整体性的解释。

陈乔见在书中讨论孔子、王阳明、朱熹时,必须考虑到儒家的道德问题。如果将"义"视为伦理生活中的一个公共性原则,它就为人提供了一种公共普遍性的终极解释依据。在这方面,儒家除了强调义务,还强调合理性。正如我们探讨什么是正义时,它更像是一个形容词。除此之外,儒家规定普遍性存在的概念还有其他元素,如天命、天道、四端、天理、良知等,这些概念更接近于一种本体论的实在。这些时代特征的元素既具有超越性,又具有鲜明性,构成了儒家思想的核心。

总而言之,他们试图用儒家思想来解释世界为何如此,因为儒家信念被视为正确且普遍适用的,是放之四海皆准的。为了说明其普适性,必须从本体论的角度去解释天命的道德原则、价值制度和规范为何具有普遍意义,为何被所有人遵守。这些原则构成了我们在公共生活和私人生活中的最高准则。类似于陈乔见所做的工作,从先秦到宋明的思想学说,都是要为生活世界确立一种超越性、普遍性的公共善。

公共善具有普遍性意义,这对于儒家而言是合"义"的。例如,书中提到,当民间生活符合儒家的"义"时,就体现出一种立场,即合乎儒家的价值观。儒家生活的规范日常随处可见,如"四海之内皆兄弟",我们之间讲义气,交友以信。这些规范代表了合乎儒家某种价值观念的制度安排。同族相序、互相帮助、万物一体等价值观念支撑着这种"义",符合这些价值观念才称为"义",不符合的则为"不义"。因此,正因为这些观念符合"义",它们为我们提供了公共价值的源泉和前提。其逻辑在于,如果世界本质上是一体的,存在着公共善,那么基于此普遍本体和公共善所生发的价值规范和规则就有了共同的本原。

我们在生活中所遇到的差异和争斗并非必然。真正具有必然性的是,我们最终会回归那个共同的本原,拥有共同的公共价值,这才是恰当的、有意义的,也是合乎“义”的。我认为“义”与公共善的关系正是基于此。这是我对这个问题的第一个理解。

第二个方面是“义”和秩序的关系。陈乔见在他的论述中提到,礼可以保证公共秩序。他所讲的不是庄子所提的公共生活秩序,而是儒家所倡导的公共秩序,儒家的公共主义是合乎“义”的。在儒家看来,礼的存在是为了协调众人的行动,因为个体的欲求和行动不尽相同,需要公共的规则来维持秩序。这种确定性就是儒家倡导的,通过礼乐制度为民众树立规则,从而保证社会的有序运行。在这个过程中,礼起到了重要的作用。

简单来说,礼在儒家思想中起着裁决利益纷争的作用。这在荀子的论述中已被明确表现出来。礼提供了一种基于个人身份或董仲舒所说的名号的行为准则。这种准则建立在对生活确定性的认知之上,使生活变得正义、合乎“义”。没有礼的约束,我们的行为就会失去边界,而没有边界的行为往往会损害他人。划定边界,就是合乎“义”,也就是合理和正当的。因此,儒家在强调公共性原则时,强调公共机构必须存在一个公共秩序,而这个秩序由礼来代表。礼为我们的生活提供了秩序基础,规范了言行,成为生活的原则。这就是“义”与秩序的关系。

第三个方面是“义”与公共性优先原则。儒家的价值判断中,无论是义利之辨、理欲之辨,还是王霸之辨,都强调道义优先的原则。我们的生活充满选择,除了出生这件事无法选择,其他的事情,包括死亡的时间,都可以选择。在重大的价值原则中,在义利之辨中,儒家强调道义的原则。在天理人欲之辨中,宿命理学把天理视为公共的义。在私欲面前,公共的公益具有压倒性的优势。例如,黄宗羲在批评君主时承认私是人的本性。像尧舜那样的前人，在治理一段时间后，感到力不从心，于是选择退隐，而像许由这样的人，不愿损害自己的私人利益，也选择退出。只有那些能够抛弃私利的人，才能承担治理天下的责任。然而，后来的君主将天下视为个人的私域，丧失了公益，这正是朱熹所批评的汉唐君主的问题。只有将公共优先的原则视为正义，才能避免私欲的压倒。

儒家强调天理和王霸之辨，认为只有合乎王道的治理手段才是好的。王道能够保证和平有序，而霸道则是以暴力为基础的秩序，这显然是不正义的。儒家将王道视为正义，霸道则为非正义。然而，在荀子那里，这种区分并不那么明显，而韩非更是与儒家相反，认为只有霸道才是正义，这就演变成我们现在所批评的"强权即公理"的观点。儒家的价值原则强调公义，作为一个公共性优先的原则，这就是所谓的公益。正因如此，我们常常说传承中华优秀传统文化和社会主义核心价值观具有契合之处，尤其是在强调公共性优先方面。中国的典籍在讨论国家与个体的关系时，总是在强调公共性原则。

第四个方面是"义"与公共关怀的关系。每个个体的修养最终都应该指向公共关怀。修己安人、修己安百姓，是儒家所倡导的修养方式。理家学者批评佛教徒仅关注自身修养。而只有面向他人，真正关心他人和社会，才称得上是正义的。因此，"义"与公共关怀密切相关。

第五个方面是"义"与理想生活的关系。儒家典型的理想生活体现于"大同"思想中。《礼运篇》中有关于它的标志性阐述。在后世的"三代之治"和"王道"以及"万物一体"的思想中，也能发现它的存在。这些思想论述的核心要义是"天下为公"，即无论是情感上还是利益上，都以公共原则为指导。只有这样的生活才是合乎"义"的。无论是公共善、修养、价值选择，还是理想生活，"义"都作为一个评判标准和修饰的词。

这构想了一套价值信念，设定了一种理想生活，而“义”的定义在于符合儒家的价值信念。因此，儒家的公共义思想就是实现群体生活正义的一种思想。

当然，“义”不仅是一个理论命题，更是一个实践命题。在陈乔见所列的“小传统”中，民间生活实际上致力于构建和设计实现群体生活正义的理想模式。基于此，我们对儒家公共性思想的研究，以及对儒家公共思想的思考，必须经过现代性的批判与审视，并结合当代公共生活的现实背景进行考察，同时努力适应现代生活与全人类共同价值的调适。这需要对其理论逻辑进行创造性的转化和创新完善，特别是增强其对人类生活的解释能力。一个学说如果缺乏解释能力，就注定走向消亡。只有以不断生发的思想姿态融入当代公共生活实践，这一思想形态才能成为有意义且富有生命力的存在。在这一点上，陈乔见在其公私研究和《义的谱系》中，对中国传统公共性思想进行了创新性的阐释。他的工作增进了我们对中国传统公共思想及其对人类生活的解释效力的理解，使其成为当代优秀的思想资源。

从“义”到“权利”*

唐文明

我虽未能逐字细读陈乔见的这本书，但部分章节深入研读后，确实感到内容相当扎实。刚才他本人也提到，这个主题是他从博士学位论文延展而来，聚焦于“从仁政到义政”的转变。这反映了他对现代社会中批评中国古代缺乏公共领域的回应，也体现了他对儒学中“义”的全新理解。这些关切在当前中国哲学界中具有相当的现实意义，尤其是在现代与传统的张力背景下，仍然引发了广泛讨论。众所周知，受到西方影响后，现代观念与古代中国的公私领域划分之间存在诸多差异，而这些差异反映于公共与私人领域中的德行伦理之争。许多问题由此引发，而围绕公德与私德的创造性思考也引起了广泛的争议和讨论。

首先，我认为针对现代的公共与私人领域划分，陈乔见或许可以进行更多反思。例如，朱承刚才提到的孝道是否属于公共性的问题。现代社会普遍将孝视为私人伦理。然而，西方对公共和私人领域的研究，特别是女性主义对传统政治哲学的批判，对自由主义的公私分界提出了挑战。例如，近期的译著《公共的男人，私人的女人：社会和政治思想

---

* 本次发言经整理后，以论文形式发表，参见唐文明：《从“义”到“权利”》，《学术探索》2024年第12期。

中的女性》[①]探讨了洛克等人将家庭划归私人领域的观点，女性主义者批评这一划分忽视了家庭中的公共性，特别是家庭中的性别分工问题。这种观点挑战了传统的公私划分，揭示了其隐含的父权制倾向。这类反思对重新审视传统的公私划分极具启发性。回到中国古代的视角，我不禁想起《礼记》中关于“义”的讨论，特别是“义”被视为外在行为准则的那部分。如果我来撰写这本书，可能会更加强调“义”的特殊性及其与其他伦理范畴的关联。这仅仅是我的一个观点，而从《公私辨》[②]到《义的谱系》，陈乔见的理论关切确实很清晰地反映出来。正如朱承所提及的，陈乔见对中国古代哲学中公共性的探讨，尤其是在儒学传统中的思索，具有重要的理论价值。

其次，我粗略地浏览了整本书，感到前几章的内容非常扎实，使用了大量资料，叙述清晰且富有深度。其中，尤其令我感兴趣的是第16章，因此我选择将“从义到权利”的转变作为今天讨论的重点，而这也反映了我对全书的评价。陈乔见在第16章中对权利概念的追溯极具洞见，特别是他对“义”这一观念在近代中国思想界中的传播进行了深入分析。这一传播过程始于传教士，后经由日本传入中国。在此过程中，陈乔见详尽考察了当时学者对于“义”的不同理解、歧义的重点以及严复等人的新观点。这些材料无论作为观念史，还是作为思想史的研究，均具有极高的学术价值。尤其是对译法的细致分析，展现了作者在文本细读和理解上的功力。

然而，这本书也存在一个显著的不足，即缺乏对于“古今之变”的深入意识。虽然作者的论述中包含了不少精妙的分析，但对于古代和现

① 让·爱尔斯坦：《公共的男人，私人的女人：社会和政治思想中的女性》，葛耘娜、陈雪飞译，生活·读书·新知三联书店2019年版。

② 陈乔见：《公私辨：历史衍化与现代诠释》，生活·读书·新知三联书店2013年版。

代之间的巨大断裂，尤其是现代性自我主张的正当性，作者并未充分探讨。无论我们采取何种立场（现代的视角抑或反对现代性），首先需要意识到古今之间的断裂，然后再进一步思考立场和理论框架。这种古今意识不仅是理解中国古代与现代思想之间关系的基础，也是在进行批判性分析时不可或缺的前提。

具体来说，这本书在分析一些重要问题时，更多的是尝试在中国思想中找到与西方现代观念的对应关系。例如，关于胡适的"一名一权"论述，如果能够引入"古今之变"的视角，分析会更为深入。此外，梁启超提到中国古代缺乏权利观念，其观点是基于现代权利观念，尤其是为权利而斗争的现代性概念。梁的论述与古代拉丁语中的"权利"概念存在巨大差异。施特劳斯在《自然权利与历史》中揭示的"古今之变"表明，这种转变具有颠覆性特征。无论我们是否接受施特劳斯的观点，这种古今断裂是不容忽视的。

在古代哲学框架中，义务先于权利，权利是建立在义务基础上的。例如，在基督教神学中，权利源于自然法或神法，这一自然法由上帝规定，人类通过履行义务，进而获得相应的权利。也因此，梁启超认为中国古代缺乏现代权利观念。这种权利与义务关系的讨论同样体现在西方法律思想中，例如洛克等人强调的自然权利观念是基于自然法的结构。

因此，陈乔见的书如果能够进一步区分古今差异，尤其是在探讨现代话语时，明确古典自然法与近代自然法观念之间的关系，将有助于更深入地理解儒家传统中的权利与义务关系。这是我对第 16 章及全书的一些建议，期望能够对陈乔见的研究有所帮助。

最后，我想谈一下方法上的一些问题。首先是关于观念史或者陈乔见所说的系谱问题。陈乔见做的观念史研究，理论化程度很高，有些地方的语境处理得不错。但这并非完全符合剑桥学派的方式。斯金纳强调要关注观念持有者的行为及其历史背景。高老师在我跟随他的一学期中，非常强调剑桥学派的思路，他跟我谈过许多这方面的内容。我觉得陈乔见的研究更倾向于从哲学角度展开论述，他的观念史研究仍然属于哲学史的范畴，尤其是将“义”这个观念深化。这些是他的贡献。一般的哲学史，甚至政治哲学史或伦理学，可能不会单独针对“义”展开讨论。因此，陈乔见的方法论似乎并不完全是斯金纳的风格。他的研究主要是文本解读，集中在单一观念上。像施特劳斯那样，他会将解读落实在整个文本上，如《理想国》的整体内容，而不会只拎出一个观念来探讨。因此，陈乔见的返璞归真还是更像他一开始提到的范畴史。因此，陈乔见可以再反思一下方法论。比如说，可以思考剑桥学派的学术价值究竟如何。或者说，可以思考的是：从纯粹义理的角度来展开分析，而不太强调历史部分的思路，是否更适合他的研究。这些都是值得考虑的问题。

在探讨范畴史时，我认为存在一个关键问题：当你从整体中抽出一个概念进行解释时，虽然可能会考虑到它与其他概念的关系，但仅讨论这一概念就会导致许多相关问题无法得到充分展现。例如，从“仁”到“义”的过渡。在儒家思想中，“仁”始终被视为核心，“仁”是全德，但“义”也很重要，“仁”与“义”被视为两个互补的概念。只将“义”单独提出讨论，难以呈现儒家思想的全貌。剑桥学派也批判了过分依赖关键词的思路。以孟子的“义利之辨”为例，孟子不仅谈“义”，也谈“仁”，而且“仁”的概念与家庭等方面都是紧密联系的。因此，只讨论“义”而不提及“仁”是不全面的。我认为这个方法本身值得再三推敲，单一概念的讨论可能存在局限。

这本书对中国古代“义”这一观念的历史研究似乎有不足之处。陈乔见在前十章中主要讨论了先秦诸子的思想，其中第一章是关于“义”这一词源的考证，接着涵盖了前诸子时代和朱熹的思想。然而，对于前诸子时代的研究，尤其是涉及六经中的观念，内容显得薄弱。由于六经蕴含了丰富而复杂的思想内涵，若仅以此展开分析，可能会出现很多问题。此外，陈乔见在讨论儒家思想时，涵盖了孔子之前的儒家和孔子之后诸子百家，内容包罗万象，包括墨家、孟子、老庄、黄老以及荀子等，直到第十章才算结束。接下来，第 11 章讨论了汉代，第 14 章涉及了阳明学，第 15 章涵盖了明清之际。这一安排存在一些问题。首先，陈乔见的研究似乎缺乏全面的视角和历史脉络的贯通，先秦部分的讨论太多，而后续历史阶段的探讨也过于广泛。他也没有充分考虑佛教对儒学的影响。同时，儒学的发展脉络在陈乔见的书中呈现得不够清晰。为了对“义”这一观念进行全面的考察，陈乔见需要更加注重历史的连贯性和整体性。

我可能建议，要么就写先秦或者就写儒家。在写儒家思想时，可以将道家或其他相关思想流派作为辅助，讨论它们如何与儒家进行对话。在每个时代，探讨思想的关联性，以及佛教对儒学带来的概念影响。这些方面在陈乔见的研究中尚未得到充分展示，使得历史维度显得比较薄弱。此外，对于陈乔见提到的四个谱系，我也持保留态度。他认为朱子、阳明具有典范性，但他的思路并未充分展示思想发展过程中存在的差异。

最后，我觉得这本书本身写得很扎实，各种材料也都经过了充分的研究，理解也很清晰，逻辑上与他前一本书保持一致。但由于书的范围特别广泛，导致一些内容显得比较松散。例如，关于君臣关系的绝对性的问题，陈乔见在不同的章节中探讨过，但脉络似乎不够明确。这些仅仅是我基于个人观感而提出的一些意见。如有不当之处，还请多多包涵。

观念史研究的路径与限度*

李宏图

无论是从事思想史、观念史的研究还是从事其他相关领域的研究，跨学科或多学科的交叉融合始终是至关重要的学术路径。就我个人而言，尽管我的主要研究领域是历史学，但我从其他学科汲取了丰富的理论和方法论养分。因此，我始终认为，跨学科的研究不仅是思想史研究的关键路径之一，甚至可能是打破学术僵局、推动新视角发展的根本途径之一。我将以陈乔见的著作为例，探讨当代观念史或思想史的研究方法以及理论自觉。在我看来，他在撰写这部著作时，秉持了一种非常清晰的观念史研究路径，并且展现了深厚的理论反思能力。因此，我们不禁要追问：在当前的学术背景下，我们应当如何重新理解观念史的研究范式？观念史是否仍然具有独特的学术价值，值得我们进一步深究？

为什么要讲这个问题呢？我们知道，观念史的研究传统可以追溯至美国著名学者洛夫乔伊。他在 20 世纪 30 年代大力推动了观念史研究的发展，其代表作如 1936 年的《存在巨链：对一个观念的历史的研究》[①]、1938 年的《观念的历史变迁》以及 1942 年的《观念史的反思》，为观念史研究奠定了坚实基础。此外，他在 1940 年创办的《观念史杂

---

* 本次发言经整理后，以论文形式发表，参见李宏图：《观念史研究的路径与限度》，《学术探索》2024 年第 12 期。

① 阿瑟·O. 洛夫乔伊：《存在巨链》，张传有、高秉江译，商务印书馆 2015 年版。

志》，至今仍对学术界有着深远影响，使得观念史成为一个具有重要影响力的学派。

然而，自 20 世纪 60 年代起至 80 年代，观念史持续遭遇了批评和挑战。洛夫乔伊在 20 世纪 30 年代至 40 年代开创的观念史研究范式，尽管曾风靡国际学术界，但到了该世纪 80 年代似乎已不再受到普遍青睐。例如，普林斯顿大学分析哲学系学生公开展示的标语就鲜明地体现了对观念史的批判态度。与此同时，新的学术流派如新社会文化史在同期崭露头角。这种研究方法强调观念的社会史维度，主张观念必须在其特定的社会语境中被理解和解读。其中，达恩顿（Robert Darnton）作为这一流派的代表性人物，其著作在中国广受欢迎，甚至在 2023 年仍有新版问世。

20 世纪 60 年代至 80 年代，在观念史遭遇的批评浪潮中，逐渐形成了几种不同的批判流派。其中，以剑桥学派为代表的批判声音尤为突出。剑桥学派认为，观念的抽象性、普遍性和永恒性并不存在，任何观念都必然与其所处的历史语境和时代问题紧密相连。因此，他们强调观念的历史性和语境化，批判观念史脱离具体语境的普遍主义倾向，并在此基础上发展出了自身的历史语境主义研究范式。

其次，以罗伯特·达恩顿和法国学者罗杰·夏蒂埃为代表的新文化史或新社会文化史研究范式，也对观念史研究产生了深远影响。他们主张研究“观念的社会史”（social history of ideas），而非“社会观念”。正如达恩顿在《启蒙运动的生意》[①]一书中所探讨的，启蒙思想家们的思想观念是如何通过传播在大众中产生影响，进而形塑社会观念的。达恩顿利用当时《百科全书》出版的全套档案等资料，深入研究了

① 罗伯特·达恩顿：《启蒙运动的生意：〈百科全书〉出版史（1775—1800）》，顾杭、叶桐译，商务印书馆 2023 年版。

思想传播的过程和机制。这种研究范式不再局限于精英思想家的思想，而是将目光投向底层民众，探讨他们的观念是如何通过阅读和传播等方式形成的。

此外，与观念史研究密切相关的是概念史研究。观念史强调观念作为研究的基本单元，而概念史则可视为在观念史基础上发展而来的一种研究路径。概念史并不局限于对关键词的研究，它在研究方法和关注点上与观念史存在显著差异。20 世纪 80 年代，随着多种新研究范式的兴起，观念史受到了巨大的冲击，逐渐失去了其曾经的统治地位。

然而，我认为每一种解释范式都有其局限性。第一，观念史虽确有其独特的解释力和研究范式，但也有自身的局限。以新社会文化史或观念的社会史为例，当前许多研究启蒙运动的学者对观念史等传统研究方法提出了批评。他们主要关注 18 世纪启蒙运动时期的社会观念，并试图通过阅读启蒙思想家的著作来探究底层民众社会观念的形成过程。然而，这种研究路径往往忽视了对启蒙思想家思想本身的深入解读。换言之，他们并不关心启蒙思想家如何表达、理解和阐释其观念，以及这些观念蕴含的思想内容。以研究 18 世纪相关历史的罗伯特·达恩顿为例，他并不关注启蒙思想家思想的内涵，而只关注思想文本如何在底层民众中传播和接受，并进而形成他们自己的观念。这种研究取向导致了社会观念史与观念史的脱节，两者缺乏必要的关联性。毕竟，如果不深入研究观念本身，就无法真正理解其优势和问题，以及它在当时所具有的价值和意义。社会观念史似乎是对观念史的一种新开拓，代表着一种全新的研究范式。然而，事实上，两者之间存在明显脱节，甚至可以说互不相通。尽管如此，社会观念史对历史学研究的影响仍然不容忽视。我本人也曾接触并撰写过一些新社会文化史的文章，探讨符号学、象征理论、文化人类学等理论如何汇聚成新社会文化史的理论资源。然而，就社会观念史而言，坦率地说，我个人并未将其作为主要研究方法。原因之一在于，社会观念史对材料的要求极为严苛，需要进行极为细致的文本分析。对于身处中国的我们，在进行世界史研究时，获取如此详尽的材料往往面临较大困难。

第二，关于剑桥学派的历史语境化方法，自其诞生之初就受到一些历史学家的批评。他们认为，过度的历史语境化可能妨碍对思想本身的深入阐释。斯金纳本人曾将思想史研究比喻为“走钢丝”，一边是思想，一边是历史，如何在两者之间保持平衡而不至于顾此失彼，是对学者的巨大考验。他坦言，如果两者无法完美结合，他个人倾向于偏向思想而非历史。虽然剑桥学派整体上更注重历史语境对思想的影响，但斯金纳本人认为应侧重于思想本身。他自信作为历史学家，能够在思想与历史之间取得平衡，实现两者的有机结合。然而，一些后来的剑桥学派学者却认为斯金纳并未充分贯彻历史化的方法。同时，也有不少学者批评剑桥学派过于强调历史语境，反而阻碍了对思想内涵的深入理解。

尽管观念史在 20 世纪 80 年代后受到了来自概念史、剑桥学派的历史语境主义以及社会观念史等多种研究范式的冲击，一度呈现衰落之势，但自 20 世纪 90 年代至 21 世纪初以来，一批历史学家和思想史研究者开始重新审视和比较各种研究范式的优劣。他们发现，在百花齐放的学术格局中，观念史仍然具有独特的生命力。例如，最近出版的《重思现代欧洲思想史》①的开篇论文即为《观念史的回归》。本人也曾撰文探讨观念史研究范式的转换，并提出了“新观念史”的概念。这意

① 达林·M.麦克马洪、塞缪尔·莫恩编:《重思现代欧洲思想史》，张智、左敏等译，上海人民出版社 2023 年版。

味着，在经历了 20 世纪 80 年代各种研究范式的冲击和挑战后，观念史研究者们开始进行反思，探索创新的可能性。因此，当代一些历史学家呼吁“观念史的回归”。

因此，我们翻译出版的这部著作的首篇论文，正是聚焦于“观念史的回归”。观念史作为一种研究范式，其衰落似乎令人难以置信。我认为，在新观念史研究中，一些历史学家重新强调精英思想家的思想，这与观念史的核心关切仍然是一致的。洛夫乔伊曾将观念史与哲学史进行比较，他认为观念史的研究范围更为广泛，其特殊性在于它可以被分解为观念的单元。从这个意义上讲，观念如同化学分析中的元素，可以与其他元素结合，产生各种“化学反应”。因此，观念具有特殊性。

我们如果重提“新观念史”，回到那种在精英层面上呈现观念单元的观念史研究，就会发现：精英思想家的思想在今天依然值得我们深入挖掘。以我研究的欧洲近代思想史为例，霍布斯、洛克、卢梭等思想家的思想，至今仍有探讨的空间。比如，卢梭究竟是共和主义者、自由主义者，还是极权主义者，学界一直存在争议。不同维度的解读带来了不同的解释，这里面显然还有许多值得挖掘的新意。前几天，我还在读一本关于约翰·密尔自由主义学说的新书。虽然我不太了解作者的背景，但明显感觉到这是一位年轻学者，他对密尔的新自由主义内涵提出了新的见解。由此可见，精英思想家或经典著作中蕴藏的思想，永远值得我们去深入挖掘和思考。

我觉得新思想史和新观念史的研究可能需要重新回归长时段的视野，并关注其与即时语境之间的关系。斯金纳对长时段兴趣不大，而是专注于研究社会转型期的短时段及其特定的历史语境，但这种研究路径可能导致碎片化，因为它只关注孤立的点，难以形成整体性的认识。

陈乔见提出的谱系系统概念,正体现了对整体性和系统性的关注。历史学的碎片化问题促使学者重新思考研究方法。阿米蒂奇(David Armitage)作为全球思想史的倡导者,主张回归长时段,认为只有在长时段中才能整合谱系,实现创新,从而更清晰地把握转型时刻的复杂性。因此,新观念史研究也应回归长时段,在更系统的谱系中进行思考。

第三,观念不仅具有民族性,还具有传播性,因此自然带有全球性。在当今世界,观念的全球性愈发凸显,全球思想史的全球流动成为历史学家——尤其是思想史研究者——关注的重要议题。观念的提炼和塑造不再局限于民族国家空间,而应在全球互动中理解和形成。

第四,我认为无论是在观念史的讨论、思想家的学说还是新观念史的研究中,最核心的问题都是要回应时代的焦点问题。每一代思想家都是在回应那个时代的焦点问题或紧迫性问题,并以此展开他们的思考。因此,这对中国学者来说是一个契机。如果说今天我们遇到了时代的紧迫性问题,那么我们可以回归观念史,重新思考我们当下的现实迫切问题。如果从研究理论或观念史的角度来梳理一下这个过程,我觉得乔见遵循了观念史,但是没有把观念史的做法贯彻到底。当然,我没有看过原书,这样讲可能有点武断,这只是我根据你的演示文稿得到的一种感觉。

"义"可以与许多其他观念结合,例如儒家的"仁义""义勇""孝忠义"以及"结义"。如同化学元素一样,观念单元可以与其他单元结合,产生新的"化学反应",从而形成新的意义和内涵。因此,如果从观念史的角度来研究"义",我们不仅要研究其本身,更要推进研究"义"与其他要素结合后形成的新的观念内涵和内容。在具体的历史文本中表现出来的这些新内容,可以丰富我们对"义"的理解,并推进观念史的研究。

此外，延续刚才提到的全球性维度。鉴于“义”是中国古代史中的一个重要概念，那么将其置于中西文化交流的背景下进行探讨，或许能获得更深入的理解。正如唐文明所言，古今之变与中西之变交织影响。近代以来，西方思想大量传入中国，权利、公共性等概念对中国传统文化产生了冲击。在此背景下，探讨中国“义”的概念——尤其是梁启超等思想家的理论中的“义”——是否受到西方思想的影响，以及这种影响如何与中国传统观念碰撞、冲突、交织，将有助于我们更清晰地认识“义”在古今中西维度上的演变。

若从文本本身出发，回到先前讨论的问题，即每次对“义”的重新梳理、考察，或中国古代“义”的每次变化，都必然与特定时代的某种问题相关联。因此，我们需要探究那个时代发生了什么，以便更清晰地把握时代命题。“义”内涵的变化意味着时代可能面临着某种问题，思想家们为何在此时特别强调这一问题。如此一来，时代命题与思想家文本、思想家回应交织在一起，思想家与时代之间的关联性得以凸显。那么，文本解读或可以提供新的视角。在观念史层面，关注精英思想家的思想成长过程，探究其写作动机和关注点，有助于我们理解“义”在中国历史中的流变、连续性与断裂，从而更丰富、更准确地呈现“义”这个观念在历史中的成长与变异过程。文本解读方式多样，但都需要在文本细读上下功夫，并关注文本与时代、文本与思想本身及其组织方式之间的关系，探讨“义”为何在特定时刻成为问题，成为思想家关注的对象，以及思想家如何形成对“义”的再定义或推进“义”内涵的演变。

因此，为丰富对“义”这一观念的研究，不应受制于当前几种思想史研究范式的影响。在我看来，剑桥学派、概念史、新社会史、新文化史等似乎过于追求时髦。坦率地说，回归思想家文本本身，或许是最重要的研究方式。当然，吸收整合不同研究范式，形成独特的研究路径亦未尝不可。具体选择取决于研究者的偏好、获取资料的能力以及个人特质。在此意义上，我期待陈乔见在观念史复兴的浪潮中，继续推进研究，取得更丰硕的成果。

观念史与概念史研究的互补性*

张凤阳

这些年来，尽管我尝试涉足概念史领域，但由于个人知识背景的限制，我对中国哲学并未进行深入的专门研究，因此难以提出独特或新颖的观点。刚才聆听了陈乔见的报告，以及诸位专家学者的精彩点评后，我愈发感到自己的所思所想已经在讨论中被全面涵盖，各位专家的见解既深入又高远，不禁让我思索：自己还能在这场讨论中补充些什么？在此，仅想分享一些个人的阅读感受与参会心得，并期望我的这些外行之见，能为讨论增添一种思考的角度。

今天的议题聚焦于观念史的书写方式，这令人不禁思索：为何会出现这样的书写形式？为何概念史研究在当代学术中逐渐兴起？我常与学生们谈及，某种程度上，这种趋势可以视为学术"内卷"的结果。学术领域如同一场复杂的智力游戏，参与其中的学者，首先需要掌握这场游戏的规则，然后选择如何进行博弈：或是精通既有的学术游戏规则，争取成为领域中的佼佼者；又或是试图改进既有规则，甚至创造新的方法，从而成为业内的领军人物。正是通过不断推陈出新，学术研究才体现了知识的累积性。

所谓知识的累积性，可以用自然科学的例子来说明。牛顿的万有

* 本次发言经整理后，以论文形式发表，参见张凤阳：《观念史与概念史研究的互补性》，《学术探索》2024年第12期。

引力理论在17世纪的经典力学中可谓居于巅峰，而今已成为中学教科书的基础内容。但现代物理学的研究早已突破了牛顿的框架，向更前沿的领域迈进。相比之下，社会上的宣传教育和网络评论可以不断重复相似的观点，以巩固记忆、赢取关注，但学术研究与此不同。学术研究要求创新，必须在前人的基础上有所推进，不能简单重复他人的结论。若学者照搬照抄，轻则显得学术功力不足，重则涉及学术不端。因此，将学术研究视为职业，是一件充满挑战、劳心费神的工作。

进入21世纪，前人留下的学术文献卷帙浩繁，且当代学术共同体的规模日益庞大，研究者的数量激增，学术创新的空间逐渐狭窄。观察近年来博士学位论文的选题范围，便可清晰地看到研究对象日益细化、研究角度愈加微观的趋势。这种趋势，可以说正是学术"内卷"的表现，学者们不断在细枝末节中寻找创新点。我个人对此有深刻的体会。在学术研究的过程中，学者一方面需要找到全新的角度，另一方面也要持续创造新意，推动学术向前发展。当然，我们可以正面理解"内卷"的意义。我对观念史和概念史的研究，也可作朴素的理解。古典时期，百科全书式的学问家和思想家层出不穷。即使到了19世纪，擅长构建理论体系的思想大家仍不难寻觅，如康德、马克思，甚至稍晚的韦伯也可归入此列。彼时，竞争焦点在于构建体系的能力。然而，到了20世纪，尽管体系性的重大理论创新依然存在，但对大多数没有超凡头脑的普通学术从业者而言，百科全书式或体系性的研究路径已难以为继。蜻蜓点水式的研究无法为人类知识宝库增添新内容，炒冷饭更是行不通。因此，更可行、更可取的路径是选择一个小的切口，将自己的专业领域研究得细致深入。

就今天的话题而言，我们可以说，萨拜因式的通才型学者在思想史领域已难得一见。若无法撰写综合性的思想史通论，可缩小研究范围，从众多线索中选择一个观念单元，进行专题性、专门化的研究。在我看来，这便是观念史研究的套路，尽管不一定那么严格。洛夫乔伊以此套路梳理分析了西方史上重要的“存在之链”观念。他的著作于 1936 年问世，相较旧式思想史写法，颇具新意。中国哲学研究亦大致如此。博大精深的中国哲学学者，在 20 世纪尚有冯友兰、汤用彤等通识型大家。但时至今日，即便想缩小范围，研究一个观念单元，也鲜有人具备条件。达到张立文先生的研究水准也是十分困难的。如此一来，中国哲学学术研究如何向前推进便成为问题。

陈乔见的研究很精深，我亦曾与同仁交流自己从中获得的强烈阅读体验。这种体验可被称为“熟悉的陌生感”。作为人文社会科学从业者，对思想史的某些议题理应有所了解，姑且称之为“市面上的熟悉”。然而，当读到一本书，它从全新视角切入，以新颖的学理分析和阐释，对看似熟悉的议题进行深入挖掘，便会给人一种别开生面的感觉。不禁感叹，原来问题还可以这样看待、这样思考，自己为何未曾想到？这便是所谓的“陌生感”，也是我尤为珍视的阅读体验。

当今观念史研究常提及洛夫乔伊，刚才几位学者也提到了他。然而，令人遗憾的是，很少有人论及洛夫乔伊的代表作《存在之链》所提供的思想性或知识性启示，仅提及所谓的“关键词”，这颇为可惜。当年我阅读《存在之链》时，也深感新奇，体验到“熟悉的陌生感”。作为政治学者，我们熟悉“权利”“平等”等观念，也可将其勾连为“权利平等”。若将“权利平等”置于社会结构巨变的历史情境进行长时段考察，便可知现代意义的“权利平等”与传统意义的“身份差等”相对立。从传统身份等级到现代权利平等的结构转型，应被视为巨大的历史进步。

这种进步性观念，固然可以在公共领域反复阐释、不断宣扬。但正如我先前所述，学术研究不同于思想教育和公共评论，它遵循知识累积性原则，不能简单重复前人成果。当然，在“权利平等”等观念上仍可深挖，提炼出更精粹的内涵。但还有另一种更具新意的方式，即如何在人们熟悉的议题上开辟新视角，使人产生“熟悉的陌生感”。我认为，洛夫乔伊在这方面颇具启发性。他的思考聚焦于“存在之链”这一观念，而非“权利平等”。洛夫乔伊指出，“存在之链”在西方文化史上历史悠久、影响深远，其最初回应并始终围绕的核心问题是：如何在一个多样且流变的世界中赋予秩序？这是一个宏大的问题。根据“存在之链”观念，宇宙万物根据与完美的距离，形成高低有别的等级序列，越接近完美，等级越高，反之则越低。这一等级序列构成了所谓的存在之链。在西方文化史的演进中，“存在之链”观念涉及哲学、神学、道德、习俗、政治、社会、人文甚至种族等多个领域。

上次讨论孙江的《人种》[①]时，提到人类被分为白种人、黄种人、黑种人，种族主义宣传也曾借用此类说法。洛夫乔伊对“存在之链”这一观念单元的挖掘，在知识学意义上，为理解西方根深蒂固的等级观念和差等观念提供了全新视角。由此出发，我们可以引申到平等问题和身份平等问题，从这一视角进行思考和讨论。原来问题还可以这样思考，这正是我从洛夫乔伊的观念史研究中获得的阅读体验。

陈乔见的大作亦给我带来类似感受。正如几位学者所言，身为中国人，几乎每个人都能围绕“义”发表些许见解。上至庙堂，下至江湖，从道义、仁义、正义，到结义、仗义、义气，精英与大众皆可言说。“义”在某种意义上已深入骨髓，为众人熟知。然而，熟知不等于真知。我们是否曾对“义”的丰富意涵，及其在中国文化史上的弥散性、穿透性影响，进行过自觉、系统的理论反思？我未曾，想必大多数人也未曾。但陈乔

---

① 孙江：《人种：西方人种概念的建构、传布与解构》，江苏人民出版社2023年版。

见做到了，且做得如此出色。这便是学术眼光、学术见识。读后不禁点头称善，获益良多，眼界大开。在熟悉的议题上开出新意，至少对我这个外行读者而言，确有耳目一新之感。

对中国哲学稍有了解的人，都知道“义利之辨”，如孔子关于君子和小人的论述，我们当年读史书时也略知一二。陈乔见在书中讨论了梁启超的论断，几位学者也提到中国伦理偏于私德，弱于公德。梁启超的问题在于，能否超越私德范围，从“义”中挖掘出某种公共性意涵。士人心系天下，担当道义，难道不是一种公共情怀吗？乡贤在常态时期办义学、赈灾，难道不是承担了类似政府的公共职能吗？陈乔见的这一问题意识，我认为是一个极佳的切入点，从公共性视角挖掘“义”的深层道德和伦理意涵。当然，这种问题意识也受到其他学者启发，如我国台湾地区的学者陈弱水。但从公共性角度对“义”的谱系进行梳理，陈乔见的研究在系统性、广度和深度上都达到了更高水平。

刚才几位学者谈及陈乔见这部著作的方法论问题。我认为，这部书以观念史为主线，同时参考借鉴了德国概念史学派和剑桥学派历史语境分析方法，并将这些方法与中国古典学术传统中的训诂考据、文献字义之学相结合，实属不易。在研究路径上，作者展现了出色的汇通与贯通能力。尽管仍有值得深入讨论的问题，但我认为其贯通能力尤为突出。这部书有很多启发之处，前面几位学者已做了精彩评议，我便不再赘述。

最后，结合我自己的研究心得，从概念史方法论出发，向陈乔见及各位研究中国思想的同仁请教几个问题。依我浅见，德国概念史研究历经几代学者，到科塞勒克时，已形成一套经过深入反思的方法论纲领。我研读科塞勒克时，将其视为一套完整的研究纲领。我不确定陈乔见是否也有类似的方法论反思，并形成了自己的研究纲领。如何理解这套纲领？不同的学者可能有不同的观点和侧重，但我大致将其理解为一套研究现代性的语言方案。

在讨论现代性时，唐文明也提到了“古今之变”，即从传统到现代的转变。关于社会结构、政治结构、文化、经济等方面的转型，已有诸多讨论。德国概念史学者的观点是，古代人的古典传统说话方式与现代人不同，其概念、勾连方式、话语表达方式皆有差异。他们希望从语言维度解析现代性的生成机理。还有一些德国学者提出了“鞍型期”概念，主要描述1750年到1850年间的巨变。虽然有人推崇这一概念，但我认为其重要性不在于具体形状，而在于它所描述的巨变过程。这一巨变对观念史、社会史、政治史，甚至广义的思想史研究都具有启示意义。其中，我认为“四化”假设尤具启发性。近年来，概念史研究已成热点，线上线下讨论频繁。我想，许多人都曾阐述过概念的“四化”，但为方便起见，我还是想再次简要介绍。

若纳入所有词汇，词典将过于庞大，研究也将难以完成。因此，科塞勒克设定了筛选标准。这一标准最初仅用于筛选词条，但后来逐渐演变为他的研究方法。按照科塞勒克的定义，只有当一个词达到或接近“四化”标准时，才能被视为基本概念。首先是“时间化”。这一理念可能受到海德格尔和现象学的影响，当时科塞勒克在海德堡大学学习，深受海德格尔启发。时间化意味着一个词在长时间演变中逐渐沉淀并稳定下来，既能描述过去经验，又能指引未来方向，如“民主”“自由”“平等”等。其次是“民主化”，可理解为“大众化”。例如，康德的“物自体”概念在学术界很重要，但大多数普通人并不了解。民主化意味着这一概念超越狭小的学术界，被广大公众接受，并在更广泛的范围内获得了认同。再次是“政治化”。这意味着词语不能局限于书斋并仅供学院专家使用，而是能在革命、战争等博弈场景中融入社会政治动员。例如，罗尔斯的“无知之幕”概念对他的理论设计至关重要，但无法用于政治动员。而“自由”“民主”等概念则可以。最后是“意识形态化”，这个概念被凝练为高度抽象的观念信条，人们可借此在合法性争夺中表达诉求。科塞勒克用“四化”标准，在耗时二十多年的《历史基本概念》词典编纂中，研究了100多个概念。其中，政治社会领域的政治概念约有五六十个。

然而，我认为科塞勒克的研究纲领无意中揭示了一个重要的结构性发现：迄今为止，中国人谈论现代性的核心词汇，也不过百余个概念。由此，我们可以引申出一系列问题，进行深入思考和讨论。例如，政治文化史中的基本概念，如人民民主、自由民主、公平正义等，究竟经历了哪些重要关节，才逐步达到“四化”标准，并嵌入人们的认知和体验结构，从而深刻影响人们的价值判断和行为取向？

我进一步思考，德国概念史学派提出了这套研究纲领，强调“四化”，但阅读《历史基本概念》词典的一些词条后，我感到即使在标准版本的德国词典中，这一研究纲领也未得到完全贯彻，至少没有在部分词条中得到充分体现。原因可能有多种，如作者背景、学养、偏好不同，组织庞大团队也难以一下子很好地贯彻研究理念等。但也与另一个问题有关，即追问基本政治概念在何种动力机制下，经历哪些重要环节，才逐步达到“四化”水准。这种追问可能超越了概念史本身的研究范畴，概念史无法给出完整回答。那么，概念史擅长回答什么呢？

概念史研究擅长回答概念在语言维度上的呈现方式。例如，“意识形态化”意味着概念成为高度抽象的观念信条，可以为某种行为或取向贴上正当性或不正当性的标签。概念史能揭示这种呈现方式在语言维度上的成立，如“集合单数”的构词方式（如“人民民主”包含自由、平等、正义等），并阐述其特点。但若进一步追问为何会出现这种呈现方式，其背后的动力机制是什么，仅靠概念史研究难以回答。要回答这些问题，或许需要引入其他维度，或将概念史与其他领域（如思想观念分析、政治社会结构分析等）相结合，才可以获得更具理论深度和厚度的解释。有了这一思路，我们可以回过头来看。即使以最苛刻的“四化”标准衡量，中华文化传统中的“义”也是达标的，它肯定达到了时间化、民主化、政治化和意识形态化。

我们可以选取“意识形态化”这一维度，进行一些引申性讨论。正如我先前所述，在政治社会生活中，一旦某个概念被凝练为高度抽象的观念信条，那么若借用黑格尔的话，就可以说它仿佛获得了一种自主的生命，具备了支配人的行为和观念的力量，拥有了某种意义上的标签功能。环顾当今世界，贴上“民主”标签即具有正当性，撕掉则不再具有正当性。有些人或许并不那么欢迎民主，但不得不贴上这个标签。由此可见，在“民主”这一标签下，容纳了极为丰富的内容，有些多元，有些甚至歧义，但都必须贴上同一标签。我想，中华传统文化中的“义”亦是如此。庙堂之上，统治者需为自己的行为贴上“道义”“正义”“仁义”等标签；江湖之中，“义”的标签则体现为“侠义”“仗义”“情义”等。无论在公共论坛还是私人交往中，皆是如此，例如，诚信、讲信义、讲情义等。

因此，我们也可以重复前面的提问：这种标签功能是在何种动力机制下实现的？我一直希望能思考这个问题。乔见的解释向我们展示了中国文化史上一些另类声音，他们对“义”进行了调侃和批评，且言辞犀利。然而，对大众而言，“义”本身的正当性并未从根本上动摇。为何如此？在千百年的文化变迁中，“义”之所以保持了极具弥散性和穿透力的政治社会影响，是否与其标签功能有关？如果有关，是否意味着庙堂与江湖、精英与平民，看似地位悬殊，实则共享着某些价值？

总体而言，在东方传统中，“义”代表了一种正当性，对公共生活和私人生活都展现出强大的支配力。从公共性角度阐释“义”，是陈乔见研究的独到视角，具有启发意义。若不拘泥于西化的“民主化”说法，回到对“义”观念本身的反思，我们会发现“义”并非纯公共性的东西。在中国的传统文化中，它贯通公私。公私之间的关系，以及“义”如何贯通公私，本身也是需要我们阐释的问题。公共性是一个角度，但若将大众问题纳入考虑，过窄的公共性定义是否会妨碍我们理解“义”在中国传统文化中的复杂性和丰富性？

作者谈

陈乔见

一、研究旨趣与概念阐释

首先，我将从写作意图、“义”的简单介绍和“义”的四条谱系三个方面作简要阐释。

写作意图可以概括为：从《公私辨》到《义的谱系》。我的博士学位论文以及博士后期间的研究均聚焦中国传统公私观念。之后，我还在生活·读书·新知三联书店出版了《公私辨》。之所以先探讨这个主题，是因为我在撰写博士学位论文时，主要反思近代国人对传统思想，尤其是儒家伦理的评价或者判断。概括地讲，这种评价或判断的核心就是有私无公，即没有公共性，或者缺乏正义和公义维度。

梁启超讲儒家重私德轻公德（儒家所教十之八九为私德）。费孝通又提出差序格局和维系私人关系的道德。后来，李泽厚发表了以宗教性私德涵摄社会性公德的两德论说。其实，有许多人认为，儒家缺乏“陌生人伦理”。其中的一位当代最著名的代表是赵汀阳先生。此外，在我们读书时代，我的老师郭齐勇先生、邓晓芒先生和刘清平先生之间产生了“亲亲相隐”之争。邓先生和刘先生认为，儒家重血亲，用家庭私德来凌驾社会公德，轻视社会正义的诉求。而我的博士学位论文和博士后出站报告都受到我的导师郭齐勇先生的指导和启示。在撰写过程中，我发现“义”的观念明显挑战了近代以来有私无公的观点。这是因为“义”的社会性或公共性是最强烈的，而且它的规范性内涵也是最强的。

但是梁启超也有一个说法：“大抵中国善言仁，而泰西善言义。”[1]就中国——尤其是儒家传统——而言，我认为国人主要是从宋代开始讲“仁爱”。比如“民胞物与，万物一体”，都是与仁爱观念相关的，因此给人留下一种印象：儒家有讲“仁”的传统。西方是讲“义”，从苏格拉底、柏拉图一直到罗尔斯的时代，正义是西方人特别喜欢讨论的。我觉得梁启超先生非常敏锐，但是他的一些论断往往是有缺陷的，不一定都对。因此，我在导论里提到，重新发现中国“义”的传统。根据我的考察，在宋代理学兴起之前，义的重要性一点都不亚于仁，甚至在有些思想家那里更重要。有这样一个说法，“人为全德”，朱熹和冯友兰都讲过。在先秦古典时代，一些思想家认为“义”是一个全德，比如《尚书》中提到“惟天监下民，典厥义”，意思是老天会主持人间的正义。西周封建宗法制度可以用《左传》中的“多行不义必自毙”来叙述，即“义以出礼”“礼以行义”。也就是说，“义”背后的原理和观念维持着“礼”的原理和观念。此观念最主要的是“等差”，后面会详细论述。《左传》中开篇就讲《郑伯克段于鄢》的故事，最后的结论是“多行不义必自毙”。根据我的考察，整个春秋时代的历史哲学就是围绕此观念展开的，战国时代就更不用说了。孔子“重仁”且善“义”。墨子贵“义”。虽然我们通常认为墨子提倡的是“兼爱”，但我认为“义”是墨子更为根本的观念。孟子强调仁义并重，而荀子则提出了礼义廉耻的概念。除此之外，我们经常会使用“义”所构成的词汇，如公义、正义、义勇、节义等等，还有民间社会经常会讲“江湖义气”等词语。为什么用义气而不是仁气呢？其实

① 梁启超：《论权利思想》，载《新民说》，宋志明选注，辽宁人民出版社1994版，第48页。

我在撰写时，就一直在思考为什么用“义”来形容这些东西。现在我写完了，得出一个结论，即在宋代理学兴起之前，义的重要性一点都不亚于仁。根据陈来先生的考察，儒教文化传到东亚以后，中国重“仁”，日本重“忠”，韩国重“义”。根据我们的观察，发现确实如此。梁启超先生也说，中国传统是讲仁，西方是讲义。他还说，放在当代社会，“义”更重要。我是比较赞同这个说法的。另外，我前几年还写过一篇文章《从“仁政”走向“义政”》[①]。

第三点，讲一下我的研究记录。我主要是从观念史和谱系学来写“义”的谱系，这个标题当中就有。在研究的过程中，我参考了诸位先生的很多论文或者编的文集、书籍等等。简而言之，就是用关键词来考察某个观念的发生、意涵、演化或转化等等。陈寅恪先生曾经说过“凡解释一字即是作一部文化史”。我是按照他的这个说法，围绕“义”做了一部观念史。

我的学长兼同事高瑞泉先生从哲学角度来研究“平等”的观念史，也从理论上反思观念史。我比较认同他的一个观点，即观念史可以分为两种——“实证的观念史”与“解释的观念史”。实证的观念史是偏考证的，比如什么时候出现哪些词语、哪些观念等等。而金观涛先生的一些著作是解释的观念史，偏重哲学的方法。他还指出，观念史不仅研究思想的结构，还研究思想的发展过程，例如，如何从孔子过渡到孟子，再到墨子。观念史不仅分析人们应该如何思考，而且关注人们事实上如何思考。所以，我书中有一部分是讨论民间“义”的观念，就牵涉这个“事实上如何思考”的角度。因此，就某个观念而言，它比哲学史狭窄；就研究对象而言，比如说“义”的文本，它又要比这些宽。

---

① 陈乔见：《从“仁政”走向“义政”——孟子政治理念的内在转换与现代发展》，《哲学动态》2016 年第 10 期。

此外，我主要是在斯金纳的“谱系学”的意义上来进行论述的。他提出了自由的三个谱系：第一，自由就是免于干涉；第二，共和主义的自由就是实现某种自我；第三，他自己所认可的新罗马理论的自由，即自由就是没有依赖关系。这三个谱系不是相互替代的关系，在不同的时代都会存在，只是某一个谱系在特定时期会更加凸显。因此，“义”的谱系就是在他这个意义上来讲的。

接下来，我简要介绍一下“义”的主要内容。本书除了导论、余论和附录，共有十六章。全书可分为五个部分。导论讲“义”的主题。第一章是“原义”，涉及考证、训诂、语义、原初意涵、后世常见的主要意涵、相关词汇、通论，还包括了相关词汇，如正义、公义、礼义、道义。然后，讨论一些精英思想家的观点，包括前诸子时期、诸子（如孔子、墨子、孟子、荀子）时期、宋明时期的思想家（如朱熹、王阳明）以及明清之际的思想家和政治家们对“义”的探讨。诸子里边，我认为最重要的是四人——孔子、墨子、孟子和荀子。另外，王阳明以及明清之际的思想家占据了书的主要内容。第三、第四部分，涉及民间社会中“义”的观念，主要是第12章“中古时代：义的社会性拓展”和附录“中国传统义士及其伦理观念与道德精神”。附录原本要放在书中某一章，但左思右想都觉得不太妥当，因为它主要涉及从先秦到明清的历史，时间跨度比较长。所以，我后来听取了编辑的意见，将它纳入附录。第五个部分就是从“义”到“权利”的近代道德意识转型。此外，著作的副标题，实际上就是回应我写本书的最初意图。我本意是要回应近代国人对中国传统儒家的批评，即所谓“有私无公”。但当我写完以后，我发现最初的意图已没那么重要了。

最后，我再来简要讲一下“义”的谱系。我最初确实想把它勾勒出来，像斯金纳那样简明扼要地勾勒出自由的谱系、国家的谱系。但是，本书没有一个结论性的概括。根据我的考察，我认为这个“义”有最重要的四种谱系。

第一是等差观念，即西周礼义差等体系及其系统化（分位伦理——尊尊、贵贵，义者大者）→荀子礼义差等社会与资源分配（政治哲学）→宋明理学“等差之爱”（伦理学）。这三方面体现了等差观念的三个形态。

第二是普遍的绝对的道义原则，即孔子“无适也，无莫也，义之与比”→墨子“义”道（直觉、天志、功利三合一的论证）→孟子道义（心性论证）。其中，等差观念基本消失，取而代之的是从习俗伦理向后习俗伦理的转变。

第三是至行过人曰义，即历代的义士、义勇、忠义、节义、孝义、义门等高行。换句话说，这里提到的是一种特殊的、美德的伦理，即那些值得赞赏或钦佩的超凡义务，并不要求普遍化。

第四是与众共之曰义，即义井、义桥、义舍、义邑、义庄等，比如民间慈善、社会救济、团结合作。而且根据陈弱水的考察，往往只有民间的这些行为才能被称为“义”，而官府主导下的活动和成果，一般不用“义”来命名。

二、对嘉宾评论的回应

衷心感谢各位对本书的肯定以及提出的宝贵批评。接下来，我将简要回应一些感兴趣的问题。因问题众多，我仅能挑选几个重要的来谈。当然，我更期待听到各位从各自专业领域展开更多精彩论述。

朱承与我相熟已久，近年来他一直关注儒学公共性问题，并撰写了一系列文章。因此，他特别关注公私观念、公私划界等问题，也就是儒学公共性的核心议题。之前我曾到中山大学做过一次关于公共性的讲座。当时，我也向他提及，我们对“公共”的理解可能有所不同。今天，他再次提及此事，表明我们对公共概念的理解确实存在差异。正如朱承和唐文明所提到的，我们对公私的理解存在“古今之变”。

我们现在对公私的理解主要源于自由主义的主流观点，即政治/公共与非政治/私人的二分法。当然，女性主义等思潮对此提出了批评。为何我会在现代语境下，回归我之前的著作，开始反思传统的公私观念？这是因为近代以来，许多人批评儒家缺乏公共性、过于强调私人领域，而这些批评与现代性观念密切相关。因此，我试图回应这些批评，首先承认这种区分的合法性，然后在此基础上进行回应。这基本符合朱承提到的我所讨论的五个方面。在这五个方面中，一个重要问题是关于“义”的形而上学根基——或曰天道、天命的根基。根据我的考察，正如张凤阳所言，按照“四化”标准，“义”绝对是一个基本概念。每个学派都争夺对“义”的解释权，但他们的阐释各不相同。在我看来，即使孟子对墨家批评严厉，但他们对“义”的实质性道德内涵的理解并无本质区别，如不可杀人、不可偷盗等。许多论证都从这些基本点出发。但为何杀人、偷盗是不义的？两人的论证方式不同。这涉及“义”的根据，但并非每个人都有一套完整的形而上学体系。

墨家主要从功利角度或直觉出发，也可说从天地的要求出发来强调殷商传统，认为上天主持正义，青睐义人，而惩罚不义之人。孟子则从人的心性意志出发，认为每个人都厌恶感到羞耻的事情，久而久之，这类事就被认为是不义的。他完全从人的道德情感来论证“义”，且认为每个人都有道德情感，因此“义”具有普遍性。朱熹则从天理角度论证，认为天理之大纲落在人性身上，每个人都有“义”这种德性。可见，不同思想家对“义”的实质道德内涵理解相同，但论证方式不同。还有一种理解是，不同思想流派对“义”的实质道德内涵理解可能存在差异。

例如，荀子吸收了时代的“礼义”观念，强调等级观念；墨家则在先秦诸子中比较强调平等的面向。因此，“义”这个概念既有差别性，也有平等性，既包含义务，也包含前面提到的内涵。

现在简单谈谈“公共”一词。如果我们将朱承的观点与唐文明主编的《公共哲学》中的论述联系起来，即社会性创造公共性，那么在儒家传统语境中，确实存在普遍的“群”概念。我认为，唐文明评论的核心问题在于“古今之变”，即我的研究未注意到这一点，尤其最后一章未意识到古今的深刻变化。在前面部分，我对“义”本身进行了相对客观的探讨，但最后一章似乎更接近现代含义。即便如此，我也是基于梁启超、蔡元培、刘师培、胡适等近代思想家的文本来解读。他们在接受“义”这个概念时，往往会提到传统的“义”，虽然不一定完全对应，但他们常常借助“义”来阐述新思想。我尽量借助他们的阐述，是因为我认为这些思想家对传统非常熟悉，接触到西方前沿概念后，能迅速用“义”来对接或尝试。这本身说明两者之间或多或少存在一定相似性。

我经常引用孟子的话，其大意是：不符合道义的我一分都不要，如果是我的，一分都不让给你；如果是别人的，我一分都不会去侵犯。胡适在 1936 年论述前沿观念时也引用了这句话。这表明，我们的先人也有尊重他人权利的观念，此即“义”。我认为这种解释是相对合理的。在另一篇文章中，我探讨了儒学与公共性的相容论和不相容论。无论是否采用关联式考察，我们都应认识到，西方前沿观念并非自古有之，而是起源于 13 世纪或更早，总之是相对近代的概念。另一个问题是，为何东汉以后关于“义”的论述相对较少，而先秦时期占据了很大篇幅。我在书中对此作过说明，即“义”这一关键词的演变在某些时代并非那么重要，尤其是从精英思想家对“义”这个概念的思想贡献来看。东汉以后，基本没有哪位思想家（包括朱熹和王阳明）将其作为主导概念。

朱熹讲“义”，王阳明讲“万物一体之仁”，都在强调普遍的爱，爱一切人民和万物。同时，他们也认为爱有差等，将爱他人视为“义”。无论是朱熹还是王阳明，都从“义”的角度出发，认为这是天理的自然道理：我们应该爱亲人、爱他人、爱生活。

所以我们发现，“义”实际上一直与等级观念相关。孟子虽然讲亲情、仁民爱物，也讲等差之爱，但他从不用“义”来表达等差之爱。其中发生了很大的变化，即后来的思想家所讲的“义”主要与等差之外的内容相关。根据我的考察，东汉以后基本没有重要的思想家以“义”作为主体来讨论。反而是在民间社会中，“义”得到了广泛应用。对此，我曾举过东汉时期的例子。所以，我用一章的篇幅来讨论从东汉到中古时代的过渡，也是为了弥补这方面的不足。

如果我们硬要找例子，比如王弼注释的《老子》，其重要性可能就没那么突出。另外，为何将老庄放在一起？如果纯粹按照历史维度，老子肯定不会在孟子之后。诸如此类问题，我在引言部分花了大量篇幅说明，阐述每一章采用何种角度的基本原则。当时我也写了一段话，后来可能删除了，因为要尽量精简文字。这段话解释了我为何要先写这个、后写那个。

关于文本和语境，本书到底是更接近剑桥学派还是其他学派？我比较赞同李宏图的观点，每一家都有长处，我不依附于任何一家，而是尽可能汲取他们的优点。有些思想家的生平不那么重要，无法突出，但对于道家，我特别强调他们的身份和意图。至于明清之际思想家，之所以强调他们的时代背景，是因为这对理解他们的思想至关重要。

李宏图提到的新观念史，包括剑桥思想学派等，让我受益匪浅。他谈到的其中一点，我颇有同感：某个学派（我当时没听清具体名称）对启蒙运动观念的传播阐述得很好，但对启蒙运动思想本身的理解可能不够深入，它或许偏重思想观念的传播，而对思想内涵挖掘不足。实际上，学者们可能需要在这两者之间取得平衡。另一派的风格与我在阅读一些中国思想史研究成果时的感受相类似。他们对观念的书写可能与我有所不同，我会更注重孟子、荀子等思想家对“义”的内涵和结构的阐述。李宏图建议将“义”与其他概念进行对比分析。其实，我在第一章有所涉及，但可能不够深入。例如，“仁”与“义”相对，“礼义”构成一个领域，无论是“仁”“礼”还是“理”，或者其他与“义”相近的概念，都强调普遍性。

关于“仁”“礼”等概念，我的体会是：它们更多地与等级观念相关。就宋代人概括的“德行过人”而言，那些内在的孝义并非一般的尽孝，而是要付出生命的代价，是一般人难以做到的。这些行为被称为“义”，而“义士”往往死得很惨。张凤阳最后提到的“四化”，让我深有体会。儒家各派都讲“义”，试图争夺这一高地。这就像现在的政治家都讲平等，但对平等的理解又各不相同。除了老庄可能想解构“义”或者韩非子反对“义”，大部分思想家其实都认同“义”。民间也讲“义”，但对“义”的理解存在差异。这确实与斯金纳的《自由主义及其批评者》中的思想谱系概念有相似之处。我当时也在思考如何呈现这些不同理解背后的实质思想内容。

最后，关于“公私”问题，我简要回应一下。唐文明提到“义”的“门内”与“门外”之别，即家族内部强调恩情、仁爱，家族以外则需斩断恩情、血缘关系。因此，我们常说“义”的规范性更强，这与唐文明最早提出的“仁义相对立”观点相符，即“义”强调爱之是非分明。我强调“义”的规范性相对较强，限制人们不可行不义之事，适用于“门外”的情况，如江湖义气、兄弟结义等，似乎都发生在没有血缘关系的人之间。总结宋代关于“义”的论述，很大一部分涉及的是在非血缘关系中使用“义”这一范畴。